大连海事大学研究生系列教材

轮机设备振动与故障诊断技术

主编 ◎ 李国宾　宋玉超

主审 ◎ 张洪朋

大连海事大学出版社

DALIAN MARITIME UNIVERSITY PRESS

ⓒ 李国宾　宋玉超　2024

图书在版编目(CIP)数据

轮机设备振动与故障诊断技术／李国宾，宋玉超主
编. — 大连：大连海事大学出版社，2024.10.
ISBN 978-7-5632-4607-6

Ⅰ. U676.4

中国国家版本馆 CIP 数据核字第 2024QQ0789 号

大连海事大学出版社出版

地址：大连市黄浦路523号　邮编：116026　电话：0411-84729665(营销部)　84729480(总编室)

http://press.dlmu.edu.cn　E-mail：dmupress@ dlmu.edu.cn

大连天骄彩色印刷有限公司印装　　　　　　　大连海事大学出版社发行

2024 年 10 月第 1 版　　　　　　　　　　　2024 年 10 月第 1 次印刷

幅面尺寸：184 mm×260 mm　　　　　　　　印张：18.25

字数：417 千　　　　　　　　　　　　　　印数：1~500 册

出版人：刘明凯

责任编辑：董洪英　　　　　　　　　　　责任校对：刘宝龙　任芳芳

封面设计：解瑶瑶　　　　　　　　　　　版式设计：解瑶瑶

ISBN 978-7-5632-4607-6　　　定价：55.00 元

内容简介

　　"轮机设备振动与故障诊断"课程以培养轮机工程专业的高层次人才为目标,主要研究与轮机设备相关的故障诊断技术。本教材在机械振动以及信号分析与处理的基础上,对轮机设备中滚动轴承、齿轮箱、旋转和往复式机械的振动特征和信号监测进行了系统阐述,同时,对油液监测和超声波监测技术进行了介绍,最后结合信号处理技术,对小波分析、分形与混沌、盲源信号处理技术等进行了故障诊断应用分析。

　　本教材主要供将从事轮机设备运行、维护、状态监测以及故障诊断方面的高等院校机械类专业本科生、研究生使用。

前　言

在快速发展的绿色智能船舶产业中,绿色智能船舶技术研究的一个重要领域是通过传感器、通信技术和数据分析实现对机舱设备运行状态的智能化监测、控制和管理。如何使轮机设备连续、可靠、安全、高效地运转以适应船舶智能化机舱的要求,是新时代船舶与海洋工程研究的重点问题之一。

船舶机舱设备主要包括柴油机、齿轮箱、泵及轴系等,这些设备的振动信号中蕴藏了大量信息,可用于判断设备运行状态。因此,基于振动分析的机械设备故障诊断是轮机设备振动与故障诊断技术的核心。具体来说,就是对机械设备产生的振动信息进行分析、识别和判断来监测设备是否运行正常,从而进一步实现过程控制以达到智能化机舱标准。

大连海事大学李国宾教授在总结多年来研究成果的基础上,与课程教学团队(宋玉超老师、高宏林老师、邢鹏飞老师等)一起凝练了轮机设备故障诊断方面的工作及教研心得。本教材结构合理、逻辑清晰、理论透彻、案例丰富,反映了当今轮机设备振动与故障诊断技术领域的最新动态和成果。

本教材基于"轮机设备振动与故障诊断"课程进行编写。该课程已被列入船舶与海洋工程学科研究生的培养方案,面向轮机工程、船舶工程和动力工程等专业的研究生。全书共分为6章:第1章介绍了振动监测与设备故障诊断的实施过程,在介绍振动监测与故障诊断含义的基础上,阐述了机械故障诊断的具体研究内容,包括信号采集、信号处理与特征提取、状态识别和诊断决策等。第2章阐述了振动诊断基础,通过振动系统组成、振动参量、振动测量技术,系统地论述了振动分析的详细过程。第3章论述了振动信号分析与处理,从信号的分类及特点出发,对信号的采集与预处理技术及过程进行详细介绍,并在论述信号分析方法的基础上,进行了时频域信号分析案例详解。第4章系统阐述了轮机设备振动诊断技术,包括滚动轴承振动诊断技术、齿轮箱振动诊断技术、旋转机械振动诊断技术和往复式机械振动诊断技术,并针对四大类典型振动诊断技术,分别从故障机理、振动信号特征、适用诊断方法和工程监测案例方面进行了论述。第5章介绍了轮机设备其他诊断技术,包括油样分析技术、声学诊断技术。第6章论述了轮机设备故障诊断新技术,包括小波分析、分形与混沌、基于盲源分离的信号处理技术及其故障诊断方法融合技术。最后,以附录形式给出了相关信号分析和诊断技术的案例分析过程。

本教材的建设及出版得到了"大连海事大学研究生教材资助建设项目"的专项资

助,是"大连海事大学研究生系列教材"之一。本教材参考了国内外相关论著以及相关论文,在此谨向其作者致以深深的谢意。

由于作者水平有限,书中不足之处企盼广大读者批评指正。

编 者
2024 年 5 月

目 录

第 1 章

绪论

机械运动的能量除了做有用功外,还消耗在机械传动的各种摩擦损耗之中并产生正常的振动,如果出现非正常的振动,说明机械发生故障。这些振动信号包含了机械内部运动部件的各种变化信息。

任何机械在输入能量转化为有用功的过程中均会产生振动。振动的强弱与变化和故障有关,非正常的振动感增强表明故障趋于严重。不同的故障引起的振动特征各异,相同的振动可能是由不同的故障引起的。振动信号是在机器运转过程中产生的,可在不用停机的情况下检测和分析故障。因此,识别和确定故障的内在原因需要专门的设备和技术——故障诊断技术。

故障诊断技术是一门紧密结合生产实际的工程科学,是现代化生产发展的产物。随着现代科学技术在设备上的应用,设备的结构越来越复杂,功能越来越完善,自动化程度也越来越高。但是,许多无法避免的因素导致各种故障的出现,使设备自动化程度降低或失去预定的功能,甚至会造成严重的乃至灾难性的事故。因此,故障诊断技术在工业生产中起着越来越重要的作用,生产实践证明,研究故障诊断技术具有重要的现实意义。

1.1 振动监测与故障诊断的内涵与意义

1.1.1 振动监测与故障诊断的定义

振动监测是一种早期故障检测手段。采用振动信号监测机械设备的运行状态来诊断其故障,是一种简单易行、准确可靠的方法,也是一个发展较早和较为成熟的领域。通过对机械运行过程中的工况进行监测,对其故障发展趋势进行早期诊断,找出故障原因,采取措施进行维修、保养,避免设备的突然损坏,使之安全运行,可极大地提高经济效益与社会效益。因此,开展机械设备故障诊断技术的研究及应用具有重要的现实意义。

机械故障包含两层含义:

①故障。机械系统偏离正常功能,称为故障。其主要是因为机械系统的工作条件(含零部件)不正常,但通过参数调整或零部件修复又可以使其恢复正常。

②失效。机械系统连续偏离正常功能,且其程度不断加剧,使机械设备基本功能不

能得到保证,称为失效。一般零件失效可以更换,关键零件失效往往导致整机功能丧失。

根据机械设备出现故障后能否修复,可以把设备划分为可修复的和不可修复的两大类。在机械设备中,大多数产品属于可修复的产品,因而,机械设备故障诊断技术的研究对象多指"故障",而非"失效"。

设备故障诊断技术是一种利用各种检测方法,测取并分析、处理机械设备在运行中的状态信息,确定其整体或局部是正常还是异常,及早发现故障并判定原因,并能预报故障发展趋势的技术。详细来说,就是在设备运行中或基本不拆卸设备的情况下,掌握设备的运行状况,根据对被诊断对象测试所取得的有用信息进行分析处理,判断被诊断对象是否处于异常状态或故障状态,判断劣化状态发生的部位或零部件,并判定产生故障的原因,以及预测状态劣化的发展趋势等。

设备诊断技术的目的是保证可靠地、高效地发挥设备应有的功能。这包含以下三点:

①保证设备无故障,工作可靠;

②保证物尽其用,设备要发挥其最大的效益;

③保证在设备将要发生故障或已发生故障时,能及时诊断出来,正确地加以维修,以缩短维修时间、提高维修质量、节约维修费用,使重要的设备能按其状态进行维修(即视情维修或预知维修),促进当前计划维修体制的改革。

1.1.2　机械设备故障诊断的研究内容和特点

机械设备故障诊断是给机器"看病",包含"监测"和"诊断"两层意思。机械设备故障诊断过程一般包括:信号检查、特征提取、状态识别和诊断决策等。其中,特征提取是经过信号处理和分析,提取机械的状态特征参数;状态识别实质上是一个比较、分类的过程,通过比较当前状态特征与标准(或历史)状态特征或故障特征,判断当前机械状态或故障类别。由于诊断目的和诊断方法不同,其具体的实施过程也有所不同,但基本原理是相同的,如图 1.1 所示。

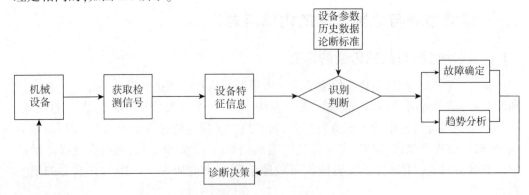

图 1.1　机械设备故障监测与诊断的实施过程

机械设备故障诊断的具体研究内容有:

（1）信号采集

设备在运行过程中,会产生力、热、振动、噪声等各种参数的变化。信号采集过程是按照不同诊断目的和要求,使用传感器、数据采集器等技术手段,采集能表征设备工作状态的不同信息。

信号采集的基本任务是获取有用的信息。这是故障诊断的基础和前提,监测获取到的有用信息越多,监测数据越真实,越容易判断出故障原因。运行过程中,设备的力、热、振动及能量等各种参数的变化,会产生各种不同的信号,根据不同的诊断需要,选择能表征设备工作状态的不同信息,如振动、压力及温度等,是十分必要的。这些信号一般是用不同的传感器来拾取的。只有采集到反映设备实际状态的信号,诊断的后续工作才有意义,因而信号采集是故障诊断技术中不可缺少的重要环节。

常用的信号监测技术主要有:

①振动信号监测技术

对设备的振动信号进行测试和分析,能获得机体、转子或其他零部件的振动幅值、频率和相位三个基本要素。经过对信号的分析、处理与识别,可了解到设备的振动特点、结构强弱、振动来源、故障部位和故障原因,为诊断决策提供依据。故利用振动信号诊断故障的技术较为普遍。

②声信号监测诊断技术

声信号监测诊断技术包括:噪声诊断技术、超声波诊断技术和声发射诊断技术。其中,噪声的分析与诊断通常有两个目的:一是寻找机器发出噪声的主要声源,以便采取相应措施降低噪声;二是利用噪声信号判别故障。从噪声信号中提取特征信号,可以检测出发生故障的部位和原因。利用声信号监测与诊断故障的方法有:声音监听法、频谱分析法及声强法。

③温度信号监测诊断技术

温度参数在许多工业生产中很重要,因为不恰当的温度变化往往意味着热故障的发生。从被测设备的某一部分的温度异常变化可以判断设备是否存在故障。温度信号的测量主要有物体温度的直接测量和热红外线分析技术。

④润滑油分析诊断技术

大部分机械设备运动部件的摩擦表面需涂润滑油来润滑,在润滑油流经摩擦表面后会产生一系列物理化学性能变化,于是润滑油携带了设备运转状态的内在信息。润滑油分析诊断技术即监测润滑系统的某些物理化学特性,从中获取设备内部的故障信息。润滑油分析诊断技术主要有:油品的理化性能分析技术、油样所含磨损金属颗粒的铁谱分析技术以及润滑油的光谱分析技术。

⑤其他无损检测诊断技术

无损检测是在不损坏工件或不破坏原材料工作状态的前提下,对被检验部件的表面和内部质量进行检查的一种测试手段。它可以检测出设备、零部件的表面及其材料内部、零部件之间的结合部是否有缺陷,包括气孔、夹渣、裂纹及腐蚀等缺陷。

常规无损检测方法有:超声检测(Ultrasonic Testing, UT)、射线检测(Radiographic Testing, RT)、磁粉检测(Magnetic Particle Testing, MT)、渗透检测(Penetrant Testing, PT)、涡流检测(Eddy Current Testing, ET)。

非常规无损检测技术有:声发射(Acoustic Emission,AE),泄漏检测(Leak Testing,LT),光全息术(Optical Holography),红外热成像(Infrared Thermography),微波检测(Microwave Testing)。

(2)信号处理

信号处理是对采集到的信号进行分类处理、加工,获得能表征机器特征的过程,也称特征提取过程。信号处理是故障诊断技术的核心之一,也是理论研究的热点之一。它实际上就是特征量的选择提取技术,几乎包括现代所有的信息处理技术所能提供的手段,如数字信号处理、时间序列分析、信息理论、图像识别及应用数学等。频谱分析技术是传统的信号分析和处理方法,如 FFT 分析、倒谱分析、傅里叶分析和 Wigner-Ville 分布等,在传统的工程中占有非常重要的地位。但倒谱分析和傅里叶分析只适合平稳信号的分析,而对于工程领域中广泛存在的非稳态信号,虽然引入了傅里叶分析和Wigner-Ville 分布,但两者的分析能力并不理想。近年来出现的小波分析、几何分形及混沌等新的信息处理技术,在诊断领域得到了很好的应用。小波分析作为"数学显微镜",具有很优秀的"探微"能力,无论多复杂的信号,只要选取适当的小波,进行适当次数的变换,就可以发现其中所包含的特征量。几何分形和混沌则以模拟自然界的方式来处理信息。

(3)状态识别

对设备进行状态监测的目的是识别设备是否运转正常。当监测出设备出现故障时,要判定该故障属于哪类故障,并确定故障的原因、性质、程度,因此设备诊断过程就是对设备运行状态的识别过程。

状态识别是将经过信号处理获得的设备特征参数与规定的允许参数或判别参数进行比较,以判断机器的运行状态是否存在故障,确定故障的性质、类别、部位和原因,预测故障的发展趋势。状态识别将经过信号处理后获得的设备特征参量,采用一定的判别模式、判别准则和诊断策略,对设备的状态做出判断,确定是否存在故障以及故障的类型、性质和程度等。

为此,应正确制定相应的判别准则和诊断策略。故障状态识别方法如下:

①对比诊断法

对比诊断法目前应用较广,首先对多种工艺参数的多种信息进行数据采集和存储,这些信息包括振动幅值、频率、相位、转速、位移、模态、温度、压力和流量等。然后建立相应信息的数据库,同时作出趋势分析等图谱,即将机器设备正常运行状态的多种信息保存下来,当设备发生故障时,把当前数据和正常运行状态的数据进行比对,再结合故障表现的信息特征,利用诊断知识,做出关于故障原因和故障状态的判定。

②函数诊断法

故障征兆和故障原因之间存在着一定的函数关系,通过对设备运行参数的计算,可以预测故障或者识别设备已经存在的故障。这在设备设计阶段也是必需的。

③模拟试验诊断法

很多设备故障表现的征兆与故障原因之间的关系是未知的或是不确定的,必须通过模拟试验,研究故障形成的机理和特征,分析产生这种故障的原因,得到表现这种故障的特征参数以及各种特征参数之间的定量关系等。

④故障树诊断法

故障树诊断法不仅是可靠性设计的一种有效方法,也是故障诊断技术的一种有效方法。它是从研究系统中最不希望发生的故障状态出发,按照一定的逻辑关系从总体到部件进行逐级细化,推理分析故障形成的原因,最终确定故障发生的最初基本原因、影响程度和发生概率。其分析步骤是:选择顶事件—建立故障树—求故障树的结构函数—定性分析和定量分析。

⑤模糊诊断法

模糊数学能够处理各种边界不明的模糊集合的数量关系。由于在机械设备故障分析中,复杂的机械设备系统可能会出现各种故障,在大多数情况下,故障原因和相应征兆之间的相互关系一般没有明确的规律可循,常出现边界不明的模糊情况,因此很难甚至不可能用精确的数学模型来描述。利用模糊数学分析方法就能将各种故障及其征兆视为两类不同的模糊集合,它们之间的关系能够用一个模糊关系矩阵来描述。在两个模糊集合中,集合之间的相互关系就可以通过映射来确定。

⑥神经网络诊断法

人工神经网络模型是在现代神经生理学和心理学的研究基础上,模仿人的大脑神经元结构特性而建立的一种非线性动力学网络系统,由大量的简单的非线性处理单元高度并联、互联而成。它利用计算机仿真,并行处理信息,具有对人脑某些基本特性的简单的数学模拟能力。人工神经网络在故障诊断领域的应用主要集中在三个方面:一是从模式识别角度应用神经网络作为分类器进行故障诊断;二是从预测角度应用神经网络作为动态预测模型进行故障预测;三是从知识角度建立基于神经网络的诊断专家系统。

⑦专家系统诊断法

故障诊断专家系统,是人们根据长期的实践经验和大量的故障信息知识,设计出来的一种智能计算机程序系统,用以解决复杂的难以用数学模型来精确描述的系统故障诊断问题。这种智能程序与传统的计算机应用程序有着本质的不同。在专家系统中,求解问题的知识已不再隐含在程序和数据结构中,而是单独构成一个知识库。每个知识单元描述一个比较具体的情况,以及在该情况下应采取的措施。专家系统总体上提供了一种推理机制,根据不同的处理对象,从知识库中选取不同的知识元构成不同的求解序列,或者说生成不同的应用程序,以完成某一指定任务。这种分离为问题的求解带来极大的便利,且具有灵活性。通常,专家系统由五个部分组成:知识库、推理机、数据库、解释程序以及知识获取程序。

(4)诊断决策

诊断决策是指根据状态识别的结果,决定采取的对策、措施,同时根据当前的检测信息预测机械设备运行状态的可能发展趋势,进行趋势分析。

以上四个步骤构成了一个循环,一个复杂、疑难的故障往往并不能通过一个循环就正确地找出症结所在,通常需要经过多次诊断、重复循环,逐步加深认识的深度和判断的准确度,最后才能解决问题。

从故障诊断的流程看,通常诊断系统由信号采集、信号处理、状态识别和诊断决策四大部分构成。其中,信号采集是基础,信号处理是关键,状态识别(包括判断和预报)

是核心,诊断决策是最终目标。

机械故障诊断并不是一一对应的简单求解过程,如果仅从某一个参数或某一个侧面去分析而做出判断,一般很难做出正确的决策。应该从随机过程的理论出发,运用各种现代多学科融合的分析工具,综合判断机械故障的现象、属性、形成及发展趋势。

整体上故障诊断技术具有以下特点:

①机械运行过程是动态随机过程。一是在不同时刻的观测数据是不可重复的;二是表征机器工况的特征值不是不变的,而是在一定范围内变化的。即使是同型号的机械设备,由于装配、安装及工作条件上的差异,也往往导致机器的工况及故障模式不同。

②从系统特性来看,机械设备由成百上千个零部件装配而成,零部件间相互耦合,决定了机械设备故障的多层次性。由多层次故障构成的故障与现象之间没有简单的对应关系。

③机械故障诊断是多学科融合的技术。机械故障诊断涉及机器学、力学、材料科学、信息学、测试及信号处理、仪器科学和计算机技术等,其应用领域也非常广泛,如电力、石化、冶金、航空航天和机械加工等领域。

1.1.3 机械设备故障诊断的方法及其分类

机械设备有各种类型,其工作条件又各不相同,针对不同机械设备的故障往往需要采用不同的方法来诊断。一般来说,机械设备故障诊断方法可以按以下几种方式进行分类。

(1)按诊断的方法分类

①基于信号处理的方法。对测得的振动量在时域、频域或时-频域进行特征分析,用于确定机器各种故障的类型和性质。

②基于知识的方法。此方法通过处理测量到的输入输出信号来实现故障诊断。例如,贝叶斯分类方法、神经网络分类方法和支持向量机等方法。其前提是必须拥有大量的关于系统故障的先验知识,具有实测的大量各类故障样本数据。这样才能够从这些故障样本实例中学到故障模式集,并对未知的故障模式进行判别。

③基于解析模型的方法。利用测得的振动参数对机器零部件的模态参数进行识别,以确定故障的原因和部位。此方法需要建立被诊断对象的较为精确的数学模型,其最大的优点是对于未知故障具有固有的敏感性。

④基于推理的方法。这种方法不依赖于系统的数学模型,而是根据人们长期的实践经验和获得的大量故障信息,由专家和知识工程师把这些专家用自然语言表述的抽象知识转换成计算机可以理解的表示形式,如产生式规则、框架表示、逻辑表示等。常用的方法有两类:基于专家系统的故障诊断方法和基于模糊逻辑的故障诊断方法。

(2)按诊断的目的和要求分类

①功能诊断和运行诊断

功能诊断是针对新安装或刚维修后的设备,检查其运行工况和功能是否正常,并且按检查的结果对设备进行调整。

运行诊断是针对正常运行的设备,监视其故障的发生和发展。

②定期(离线)诊断和连续(在线)诊断

定期诊断,也称离线(Offline)诊断。定期诊断采用巡检方式采集现场数据,就地分析与诊断,或回放到计算机,由计算机软件进行监测与诊断分析。离线分析对突发故障无能为力,但可精细分析。

连续诊断,也称在线(Online)诊断。连续诊断时,传感器及数据采集硬件、控制计算机及监测分析软件均为固定式,与被测设备连在一起,可以实时、在线监测设备的当前状态,捕捉突发故障并及时进行精细分析。

采用哪种诊断方式,取决于设备的关键程度、设备事故的严重程度、运行过程中性能下降的快慢以及设备故障发生和发展的可预测性。一般来说,大型、重要的设备多采用在线诊断;中小型设备往往采用离线诊断。

③直接诊断和间接诊断

直接诊断是直接确定关键部件的状态,如主轴承间隙、齿轮齿面磨损程度、燃气轮机叶片的裂纹大小以及在腐蚀环境下管道的壁厚等。直接诊断往往受到机器结构和工作条件的限制而无法实现,这时需采用间接诊断。

间接诊断是通过二次诊断信息来间接判断机器中关键零部件的状态变化。多数二次诊断信息属于综合信息,例如,用润滑油温升来反映主轴承的运行状态。因此,在间接诊断中出现误诊和漏检两种情况的可能性都比较大。在大多数情况下,机械故障诊断属于间接诊断。

④简易诊断和精密诊断

简易诊断一般通过便携式简单诊断仪器,如测振仪、声级计或红外测温仪等对设备进行人工监测,根据设定的标准或凭经验确定设备是否处于正常状态。

精密诊断一般先采用先进的传感器采集现场信号,然后采用精密诊断仪器和各种先进分析手段进行综合分析,确定故障的类型、程度、部位和原因,了解故障的发展趋势。

⑤常规工况下诊断和特殊工况下诊断

多数诊断是在机器正常工作条件下进行的,有时需要在特殊的工作条件下拾取信息。例如,动力机组的启动和停车过程,需要跨过转子扭转、弯曲振动的几个临界转速,对启动和停车过程的振动信号做时频分析等,能够得到许多在常规工况诊断中得不到的诊断信息。

(3)按诊断信号及诊断手段分类

①振动诊断技术。对机器主要部位的振动值如位移、速度、加速度、转速及相位值等进行测定,并对测得的上述振动量在时域、频域、时–频域进行特征分析,判断机器故障的性质和原因。

②噪声诊断技术。通过对机器噪声的测量来了解机器运行情况并寻找故障源。

③温度、压力等常规参数诊断技术。机器设备系统的某些故障往往反映在一些工艺参数,如温度、压力、流量的变化中。例如,火车轴温在线监控系统,就是利用车轴轴承的温度来监控轴承的运行状态的。常规参数检测的特点是价格低廉、形式多样,例如,目前在一些特殊场合使用的红外测温仪和红外热像仪等,都采用非接触方式测温。

④无损诊断技术。无损诊断技术包括超声波探伤法、X射线探伤法、渗透探伤法和磁粉探伤法等,这些方法多用于材料表面或内部的缺陷检测,应用面较广。例如,在役

铁路轨道的超声波探伤技术,锅炉或输油(气)管道焊缝的 X 射线探伤法等。

⑤油液分析技术。油液分析技术可分为两大类:一类是对油液本身的物理、化学性能的分析;另一类是对油液污染程度的分析,具体方法有光谱分析法与铁谱分析法。

1.2 设备故障诊断技术发展概况

前沿科技运用于设备故障诊断技术是故障诊断学的发展方向。当今故障诊断技术的发展趋势是传感器的精密化、多维化,诊断理论、诊断模型的多元化,诊断技术的智能化。随着人工智能技术的迅速发展,特别是知识工程、专家系统、模糊逻辑和神经网络在诊断领域中的进一步应用,故障诊断技术将得到更加深入与系统的研究,主要表现在以下方面:

(1)故障机理与征兆联系方面的研究

故障机理研究的目的是掌握各种故障的成因,研究故障征兆与故障原因间的关系,弄清故障的产生机理和表征形式。转子裂纹、磨碰、轴系扭振以及现代大型复杂机电系统机电耦合机理问题都是目前研究的重点。故障机理与征兆联系方面的研究主要依赖机械振动力学等相关的基础学科知识,建立相应的动力学模型,进行计算机仿真计算,是设备状态监测与故障诊断的基础。目前,国内外学者在这方面的研究已经取得了显著成果。

(2)多种故障诊断方法的融合及复合诊断技术

随着新的信号处理技术方法在设备故障诊断领域中的应用,传统的基于快速傅里叶变换的机械设备信号分析技术有了新的突破。国内外主要应用的诊断理论、技术和方法层出不穷,如神经网络、模糊理论、小波分析、数据融合技术、混沌理论、分形理论、灰色理论、粗糙集理论等。每一种故障诊断理论和方法都存在自己的优点和缺点,这些方法交叉融合,进而构成复合故障诊断方法,充分利用各种特征信息,提高诊断速度和精确度,实现优势互补,在机械设备的故障诊断中显示出极大的潜力。

(3)故障诊断的远程化、网络化

随着网络技术的发展,实现多专家与多系统共同诊断的一种有效解决途径就是建立基于网络的远程故障监测与诊断系统。一方面,网络化的远程设备故障诊断系统中储存了多种设备的故障诊断知识和经验,可满足不同监测现场用户的使用要求,避免系统的重复开发和维护,显著降低了系统的费用。另一方面,由于其构造于网络之上,系统知识库中的专家知识来源广泛,可以不断得到充实。诊断规则可以来自企业单位的经验,也可以来自从事设备故障理论研究的科研单位,知识库资源比较丰富,相应地也增强了诊断能力。

基于互联网的智能诊断系统将设备诊断技术与计算机网络技术相结合,用若干台中心计算机作为服务器,在企业的关键设备上建立状态监测点,采集设备状态数据;在技术力量较强的科研院所建立分析诊断中心,为企业提供远程技术支持和保障。建立远程在线分布式全系统智能诊断系统,是计算机科学、通信技术与故障诊断技术相结合的一种新的设备故障诊断模式。这可以实现异地多专家对同一设备的在线协同诊断以及多台设备共享同一诊断系统,有利于诊断案例的积累,以弥补单个诊断系统领域知识的不足,提高诊断的智能化水平,促进诊断学的综合发展。

（4）多元传感器信息的融合技术

现代化的大生产要求对设备进行全方位、多角度的监测与控制,以便对设备的运行状态有全面的了解。可以采用多个传感器同时对设备的各个位置进行监测,然后利用迅速发展起来的信息融合技术对多传感器的信息进行融合,这样可以对设备进行全方位、多角度的监测与维护,以便对设备的运行状态有整体的、全方位的了解,从而得到较好的诊断结果。

（5）故障诊断与控制

故障诊断与控制把诊断系统和控制系统进一步结合起来,集监测、诊断、控制和管理于一身,根据当前设备的运行状况判定设备是否存在故障,及时决定设备运行的方式或策略,采取相应措施,从而防止故障的发生,是目前诊断技术的最高目标。

总之,随着科学技术的发展,单一参数阈值比较的机器监测与故障诊断方法正开始向全息化、智能化监测方法过渡,监测手段从依靠人的感官和简单仪器向精密电子仪器以及以计算机为核心的监测系统发展,应用领域也从应用较多的石化、电力等行业向一般的机械制造业等行业发展。

第 2 章

振动诊断基础

振动是物质运动的一种基本形式,振动无处不在,如图 2.1 所示:一个运动的钟摆处于振动状态,被拨动的吉他弦产生振动,行驶在颠簸路面的汽车不断振动,地质活动引发大面积的振动形成地震。

图 2.1　常见的振动

机械振动是系统在某一位置(通常是静平衡位置)附近做往复运动。振动的强弱用系统的位移、速度或加速度表示。在工程实际中,几乎所有设备都处在振动环境中,并以各自特有的形态进行着振动,这不仅有碍产品功能的发挥,而且会损害操作者的身心健康,污染环境。同时,随着科学技术的发展,产品结构日趋复杂,对其工作性能的要求越来越高,为使产品能够安全可靠地工作,必须保证结构系统具有良好的动态特性。

机械振动可以有各种形式,一个机械部件可能产生大位移或小位移的振动,快或慢的振动,可感知的热或声音的振动。机械振动可用于实现一定的功能。除此之外,在其他情况下,机械振动可能是非期望产生的并会导致机械损害。

2.1　振动的分类

(1)按产生振动的原因分类

按产生振动的原因,振动可分为三种类型:自由振动、强迫振动和自激振动。

①自由振动。在系统受到初始干扰力而破坏了其平衡状态后,仅靠弹性恢复力来维持的振动称为自由振动。以切削等机械加工过程为例,若材料硬度不均或工件表面有缺陷,工艺系统就会产生这种振动,但由于阻尼作用,振动会迅速衰减,因而对机械加工的影响不大。

②强迫振动。在外力有规律的作用下产生的振动,具体来说在系统内部或外部周期性干扰力持续作用下,系统被迫产生的振动称为强迫振动。可分为机内振源和机外振源引起的强迫振动。例如,厂房结构在荷载作用下产生的振动对于工艺设备来说属于机外振源引起的强迫振动。

强迫振动本身不能改变干扰力,干扰力消除,振动停止。强迫振动的频率与外界周期干扰力的频率相同,或是它的整数倍。干扰力的频率与系统的固有频率的比值等于或接近于1时,产生共振,振幅达到最大值。强迫振动的振幅与干扰力、系统刚度及阻尼的大小有关。干扰力越大、系统刚度及阻尼越小,则振幅越大。强迫振动的位移变化总是比干扰力在相位上滞后一个相位角 φ,其值与系统的动态特性及干扰力频率有关。

③自激振动。系统在未受到外界周期性干扰力(激振力)作用下产生的持续振动称为自激振动。维持这种振动的交变力是由振动系统在自身运动中激发出来的。

(2)按激振频率与工作频率的关系分类

①同步振动。机械振动频率与旋转频率相同(即激振频率等于工作频率)的振动称为同步振动。例如,转子不平衡会激起转子的同步振动。

②亚同步振动。机械振动频率小于旋转频率的振动称为亚同步振动。滑动轴承的油膜涡动频率约为同步旋转频率的一半,是典型的亚同步振动。

(3)按振动所处频段分类

按振动所处频段,振动可分为以下三个频段:

①低频振动,$f<10$ Hz

采用低通滤波器滤除高频信号,进行谱分析等处理。这个频段通常包含设备的直接故障频率成分,故不需要太复杂的信号处理手段,其缺点是各种部件的故障频率混叠在一起,一些部件的微弱故障信号分离与识别困难。

②中频振动,$f=10\sim1\,000$ Hz

采用高通或带通滤波器滤除低频信号,再进行相关谱分析等处理。这个频段通常包含设备的结构共振故障频率成分,可采用加速度传感器获得。通常需要采用包络解调或细化等特殊信号处理方法,提取结构共振频率调制的低频故障信息,避免其他部件的低频段故障频率的影响。

③高频振动,$f>1\,000$ Hz

这个频段仅用于滚动轴承诊断的冲击脉冲法,采用加速度传感器的谐振频率来获取故障的冲击能量等。

目前,频段划分尚无严格规定和统一标准。不同行业,或同一行业中对不同的诊断对象,其划分频段的标准不尽一致。

(4)按描述系统微分方程分类

按描述系统微分方程,振动可分为线性振动和非线性振动。线性振动可用常系数线性微分方程来描述,其惯性力、阻尼力及弹性力分别只与加速度、速度及位移成正比;

非线性振动不存在这种线性关系,需要用非线性微分方程来描述。

(5)按振动系统自由度分类

按振动系统自由度,振动可分为单自由度振动和多自由度振动。自由度是指在任意时刻确定机械系统位置所需的独立坐标数目。

(6)按振动运动规律分类

按振动运动规律,振动可分为如图 2.2 所示的几种类型。

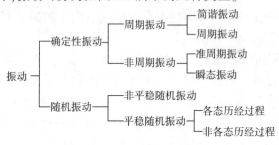

图 2.2　振动的分类

2.2　振动系统及振动的描述

2.2.1　振动系统

以单自由度振动力学系统模型为例,如图 2.3 所示。

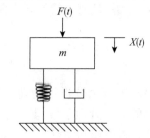

图 2.3　单自由度振动力学系统模型

$$m\ddot{x} + c_e\dot{x} + kx = F(t) \tag{2.1}$$

式中,m ——系统的质量;

$m\ddot{x}$ ——惯性力;

c_e——阻尼系数;

$c_e\dot{x}$——黏性阻尼力;

k ——刚度系数;

kx ——线性弹性力;

$F(t)$ ——外载荷函数。

假设无外力作用,则式(2.1)可变形为

$$\ddot{x} + \frac{c_e\dot{x}}{m} + \frac{k}{m}x = 0 \tag{2.2}$$

假设初始条件为零,利用拉氏变换可得

$$s^2 X(s) + \frac{c_e}{m} s X(s) + \frac{k}{m} X(s) = s x(0) + \dot{x}(0) + \frac{c_e}{m} x(0)$$

可以改写为

$$\left(s^2 + \frac{c_e}{m} s + \frac{k}{m} \right) X(s) = \left(s + \frac{c_e}{m} \right) x(0) + \dot{x}(0) \tag{2.3}$$

使 $X(s)$ 的系数等于零,则得

$$s^2 + \frac{c_e}{m} s + \frac{k}{m} = 0 \tag{2.4}$$

可以将其变成特殊形式

$$s^2 + 2\xi\omega_n s + \omega_n^2 = 0\,(\text{特征方程}) \tag{2.5}$$

式中:

$$\omega_n^2 = \frac{k}{m}\,,\ \omega_n\ \text{为无阻尼的固有频率} \tag{2.6}$$

$$2\xi\omega_n = \frac{c_e}{m}\,,\ \xi\ \text{为阻尼比}(0 < \xi < 1) \tag{2.7}$$

$$\xi = \frac{c_e}{2\sqrt{km}}$$

解式(2.5),其根为

$$S_1, S_2 = \frac{-2\xi\omega_n \pm \sqrt{(2\xi\omega_n)^2 - 4}}{2} = -\xi\omega_n \pm \sqrt{\xi^2\omega_n^2 - \omega_n^2}$$

$$= -\xi\omega_n \pm j\omega_n \sqrt{1 - \xi^2} \tag{2.8}$$

当绘在 S 平面时($S = \sigma + j\omega$ 和 $\omega = 2\pi f$),根 S_1 和 S_2 通常如图 2.4 所示。在绘出两个根时,已假定系统是稳定的,且 $0 < \xi < 1$,由图 2.4 可得

$$\xi = \cos\theta \tag{2.9}$$

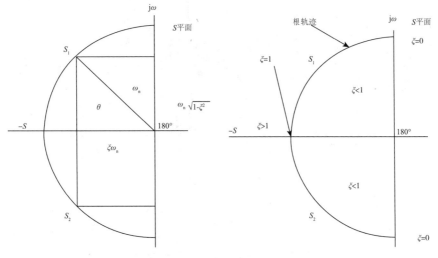

图 2.4　二阶动力系统的标准定义和根的位置

情况 1：$\xi < 1$——欠阻尼系统

根 $S_1, S_2 = -\xi\omega_n \pm j\omega_n \sqrt{1 - \xi^2}$，于是系统响应的形式为

$$x(t) = Ae^{-\xi\omega_n t}\cos\left(\omega_n\sqrt{1 - \xi^2}\, t + \theta\right)$$

情况 2：$\xi > 1$——过阻尼系统

根 $S_1, S_2 = -\xi\omega_n \pm \omega_n\sqrt{\xi^2 - 1}$，于是系统响应的形式为

$$x(t) = Ae^{-(\xi\omega_n + \omega_n\sqrt{\xi^2-1})t} + Be^{-(\xi\omega_n - \omega_n\sqrt{\xi^2-1})t}$$

情况 3：$\xi = 1$——临界阻尼系统

根 $S_1, S_2 = -\omega_n$，于是系统响应的形式为

$$x(t) = Ate^{-\omega_n t} + Be^{-\omega_n t}$$

情况 4：$\xi = 0$——无阻尼系统

根 $S_1, S_2 = \pm j\omega_n$，于是系统响应的形式为

$$x(t) = A\cos(\omega_n t + \theta)$$

因此，对于一定的 ω_n，根是阻尼比 ξ 的函数。

不同阻尼比时，系统响应具有显著区别，具体见图 2.5(a)~(f)。

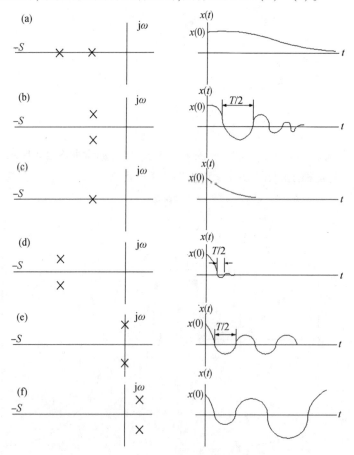

图 2.5　作为根位置函数的系统响应

（a)过阻尼系统。系统响应比较慢,需要很长时间恢复到平衡位置。其根位于负实轴上,是两个不相等的实根。

　　(b)欠阻尼系统。系统响应快,越过平衡位置,最后振荡被阻尼降低。其两根位于平面之内,是对共轭复根。

　　(c)临界阻尼系统,是(a)和(b)之间的过渡。其两根为实根且相等。

　　(d)欠阻尼系统。但是因为阻尼比(b)的大,所以振幅降低很快。

　　(e)无阻尼系统。系统将永远等幅振荡下去。各根都位于 $j\omega$ 轴上且共轭。

　　(f)不稳定系统。系统的振幅将随时间的延长而增大。其根位于 S 平面的右半部分,因而 $j\omega$ 轴是系统稳定和不稳定的分界线。我们研究的系统将始终是稳定的。

　　当 $\xi = 1$ 时,出现临界阻尼,此时 $c_e = c_c$(c_c 为临界阻尼),于是

$$\xi = 1 = \frac{c_c}{2\sqrt{km}} \tag{2.10}$$

因而可得到临界阻尼值

$$c_c = 2\sqrt{km} \tag{2.11}$$

所以临界阻尼比经常写为

$$\xi = \frac{c_e}{c_c} \tag{2.12}$$

2.2.2　机械振动的描述

　　(1)简谐振动

　　简谐振动可用如图 2.6 上半部分所示的弹簧质量模型来描述。当忽略摩擦阻力时,在外力的作用下,将质量块离开平衡点后无初速度释放,在弹簧力的作用下,质量块会在平衡点做连续的左右振动。如果取其平衡位置为原点,运动轨道为 x 轴,那么质点离开平衡位置的位移 x 随时间 t 变化的规律如图 2.6 下半部分所示。如果没有任何阻力,这种振动便会无衰减地持续下去,这便是简谐振动。

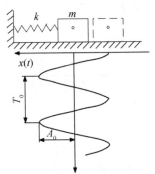

图 2.6　简谐振动

　　简谐振动 $x(t)$ 的数学表达式为

$$x(t) = A_0 \sin(2\pi f_0 t + \varphi_0) \tag{2.13}$$

式中,t ——时间,s 或 ms;

　　　A_0 ——振幅或幅值,μm 或 mm;

　　　f_0 ——频率,Hz;

　　　φ_0 ——初始相位,rad。

其中，A_0 表示质点离开平衡位置($x = 0$)时的最大位移的绝对值，称为振幅。振幅反映振动或故障的强弱。振幅不仅可以用位移表示，也可以用速度和加速度表示。由于振幅是时变量，在时域分析中，通常用峰值 $|A_0|$、峰–峰值 $2A_0$ 表述瞬时振动的大小，用振幅的平方或有效值表示振动的能量。例如，很多振动诊断标准是根据振动烈度来制定的，而振动烈度就是振动速度的有效值。

在图 2.6 中，T_0 是简谐振动的周期，即质点再现相同振动的最小时间间隔。其倒数称为频率 f_0，$f_0 = 1/T_0$，表示振动物体（或质点）每秒钟振动的次数，单位为 Hz。频率是振动诊断中一个最重要的参数。在机械设备中，每一个运动的零部件都有其特定的结构固有振动频率和运动振动频率，某种频率的出现往往预示着设备存在某种特定类型的故障。由此，可以通过分析设备的频率特征来判别设备的工作状态。

频率 f_0 还可以用圆频率 ω_0 来表示，即 $\omega_0 = 2\pi f_0$。

φ_0 称为简谐振动的初相角或相位，表示振动质点的初始位置。相位测量分析在故障诊断中亦有着相当重要的地位，可用于谐波分析、设备动平衡测量或振动类型识别等方面。

简谐振动的特征仅用幅值 A_0、频率 f_0（或周期 T_0）和相位 φ_0 三个特征参数就可以描述，故称这三个特征参数为振动三要素。

简谐振动的时域波形（也称简谐信号）如图 2.7（a）所示，其为复杂的曲线形式，不易识别。如果从振动的三要素的频率成分来看，它只含有频率为 f_0、幅值为 A_0 的单一简谐振动成分，可以用如图 2.7（b）所示的幅频关系图来描述，这样的图称为离散谱或线谱。同理，相频关系也可用图 2.7（c）来表示。在工程信号处理领域，图 2.7（b）和图 2.7（c）分别称为如图 2.7（a）所示时域波形的幅值谱和相位谱，俗称频谱。可见，频谱可以把一条复杂的简谐曲线（由若干点组成）表示成一根谱线（一个点），其具有信息简化和易于识别等特点，这是频谱表示方法的优点之一。

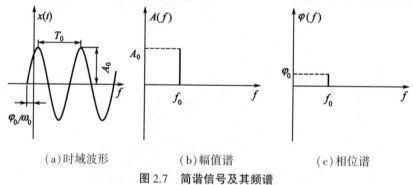

（a）时域波形   （b）幅值谱   （c）相位谱

图 2.7　简谐信号及其频谱

简谐振动（信号）是最基本的振动（信号），不可以再被分割。对于复杂的信号，可采用傅里叶变换等方法，先把其变换为多个或无限个简谐振动（信号）的叠加过程，然后绘制频谱。

（2）周期振动

实际上，很多机械振动并不具备简谐振动的特征，但在时间域上仍然呈现周期性，称为周期振动，或称为非简谐周期振动。对于周期振动，当周期为 T_0 时，对任何时间 t 应该有

$$x(t) = x(t \pm nT_0), n = 1, 2, 3, \cdots \qquad (2.14)$$

式中，T_0 为振动周期，s。

图 2.8 所示为两个简谐振动信号叠加成一个周期振动信号的例子。两个简谐信号 $x_1(t) = 10\sin[2\pi(2t) + \pi/6]$［见图 2.8（a）］和 $x_2(t) = 10\sin[2\pi(3t) + \pi/2]$［见图 2.8（b）］的合成信号如图 2.8(c) 所示，虽然可以看出其具有周期信号特征，却难以辨别其所包含的频率成分。

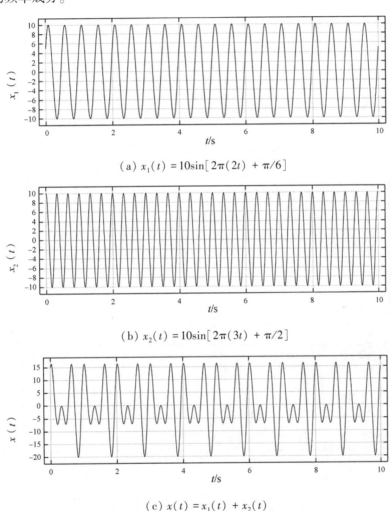

（a）$x_1(t) = 10\sin[2\pi(2t) + \pi/6]$

（b）$x_2(t) = 10\sin[2\pi(3t) + \pi/2]$

（c）$x(t) = x_1(t) + x_2(t)$

图 2.8　两个正弦信号的叠加（有公共周期）

多个振动信号叠加后的公共周期是所有叠加信号的周期的最小公倍数，因此，如图 2.8 所示的 $x_1(t)$ 和 $x_2(t)$ 的周期分别为 $T_1 = 1/2$、$T_2 = 1/3$，则 T_1、T_2 的最小公倍数为 1。即叠加后信号的合成周期 T_0 为 1，其倒数 $f_0(f_0 = 1/T_0)$ 称为基波频率，简称基频。

（3）非周期振动

①准周期振动

准周期振动信号具有周期信号的特征，实质为非周期信号。例如，图 2.9（c）所示的信号 $x(t) = 0.9\sin[2\pi\sqrt{3}t] + 0.9\sin[2\pi(2t)]$ 由 $x_1(t)$、$x_2(t)$ 两个信号组成。$x_1(t)$ 信号

的周期 $T_1 = 1/\sqrt{3}$；$x_2(t)$ 信号的周期 $T_2 = 1/2$。由于 $\sqrt{3}$ 为无理数,理论上,T_1 和 T_2 的最小公倍数趋于无穷大,合成信号 $x(t)$ 为非周期信号。实际上,$\sqrt{3}$ 只能取其近似值,例如:当 $\sqrt{3}$ 的近似值为 1.7 时,$T_1 = 1/1.7$,合成周期为 $T = 17/T_1 = 20/T_2 = 10$;当 $\sqrt{3}$ 的近似值为 1.73 时,合成周期为 $T = 173/T_1 = 200/T_2 = 100$。因此,实际信号呈现的是周期信号的特征。

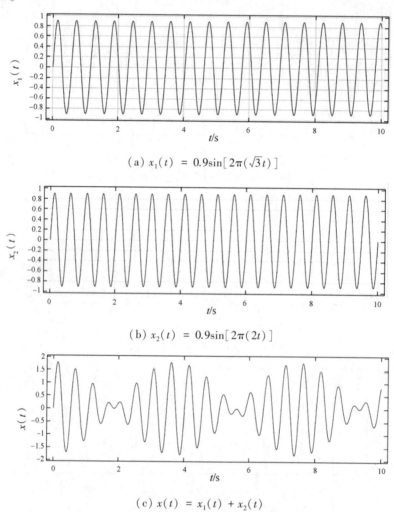

(a) $x_1(t) = 0.9\sin[2\pi(\sqrt{3}t)]$

(b) $x_2(t) = 0.9\sin[2\pi(2t)]$

(c) $x(t) = x_1(t) + x_2(t)$

图 2.9 两个正弦信号的叠加(无公共周期)

②瞬态振动

瞬态振动只在某一确定时间内才发生,不具备周而复始的特性,是非周期振动信号,也可以说它的周期 $T \to \infty$。因此,可以把瞬态振动信号看作周期趋于无穷大的周期振动信号。

自由衰减振动[见图 2.10(a)]是一个典型的瞬态振动。瞬态振动信号的频谱特征是连续的,如图 2.10(b)所示。

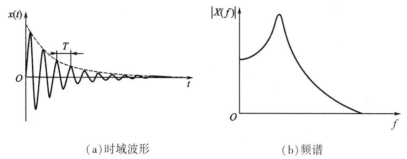

（a）时域波形　　　　　　　　　（b）频谱

图 2.10　自由衰减振动

（4）随机振动

随机振动是一种非确定性振动,不能用精确的数学关系式加以描述,仅能用随机过程理论和数理统计方法进行处理,其时间历程曲线如图 2.11 所示。

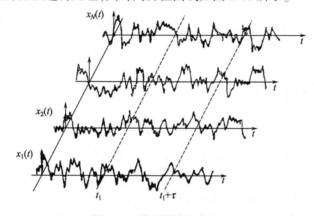

图 2.11　某机器的振动信号

通常把图 2.11 所示的所有可能得到的振动信号 $x_k(t)$ 的集合称为随机过程 $\{x(t)\}$,而每一条曲线 $x_k(t)$ 称为随机过程 $\{x(t)\}$ 的一个样本。

随机过程 $\{x(t)\}$ 的统计特性可由其总体均值 $\mu_x(t_1)$ 和自相关函数 $R_x(t_1,t_1+\tau)$ 来评价。其中

$$\mu_x(t_1) = \lim_{N \to \infty} \frac{1}{N} \sum_{k=1}^{N} x_k(t_1) \tag{2.15a}$$

$$R_x(t_1, t_1 + \tau) = \lim_{N \to \infty} \frac{1}{N} \sum_{k=1}^{N} x_k(t_1)\, x_k(t_1 + \tau) \tag{2.15b}$$

若 $\mu_x(t_1)$ 和 $R_x(t_1,t_1+\tau)$ 不随 t_1 的变化而变化,则随机过程 $\{x(t)\}$ 是平稳的,否则是非平稳的。

也可以用随机过程 $\{x(t)\}$ 中的某个样本 $x_k(t)$ 来计算上述统计参数,如

$$\mu_x(k) = \lim_{T \to \infty} \frac{1}{T} \int_0^T x_k(t)\, \mathrm{d}t \tag{2.16a}$$

$$R_x(\tau, k) = \lim_{T \to \infty} \frac{1}{T} \int_0^T x_k(t)\, x_k(t + \tau)\, \mathrm{d}t, k = 1, 2, \cdots, N \tag{2.16b}$$

如有下面两个式子存在

$$\mu_x(t_1) = \mu_x(k) = \mu_x \tag{2.17a}$$

$$R_x(t_1,t_1+\tau) = R_x(\tau,k) = R_x(\tau), k = 1,2,\cdots,N \tag{2.17b}$$

则该平稳随机过程是各态历经的平稳随机过程。

对于各态历经的平稳随机信号,单个样本的统计特征与总体相同,所以可以使用单个样本代替总体。也就是说,如果能够证明某个随机过程是平稳且各态历经的,只需采集一个样本进行分析即可,这是随机信号处理的基础之一。

但是,上述计算需要大量的统计数据,显然是不可能实现的,通常只能根据经验来进行评估。一般来说,工程中所见的振动信号多数是平稳且各态历经的,如电机在稳定载荷和稳定转速下的振动信号,刀具在一定吃刀量和稳定走刀速度下的切削力信号等。电机在启停过程中的振动信号,以及刀具在进刀和退刀过程中的切削力信号即为非平稳信号。

设备在实际运行中,由故障引起的振动一般具有一定的周期成分,往往被淹没在随机振动信号之中。当设备故障程度加剧时,随机振动中的周期成分会加强,从而使整台设备振动增大。因此,从某种意义上讲,设备振动诊断的过程就是从随机振动信号中提取和识别周期性成分的过程。

2.3 测量参数与判断标准

2.3.1 测量参数

对转动设备振动的测量可以使用便携式状态检测仪进行简易监测,还可以通过其他仪器进行精密监测。

振动一般可以用振幅(mm)、振动速度(振速,mm/s)、振动加速度(mm/s^2)表示。振幅是表象,振动速度和振动加速度是转子激振力的程度。测量振动可用位移、速度和加速度三个参数表述。这二个参数代表了不同类型振动的特点,对不同类型振动的敏感性也不同。

(1)振动位移

在低频段($f < 10$ Hz)的振动测量。因为振动位移传感器对低频段的振动灵敏,在低频段的振动,振动速度较小,可能振动位移很大。如果振动产生的应力超过材料的许用应力,就可能发生破坏性的故障。

(2)振动速度

在中频段($f = 10 \sim 1\ 000$ Hz)的振动测量。在大多数情况下,转动机械零件所承受的附加载荷是循环载荷,零件的主要失效形式是疲劳破坏,疲劳强度的寿命取决于受力变形和循环速度,即与振动位移和频率有关,振动速度又是这两个参数的函数,振动能量与振动速度的平方成正比。因此,将振动速度作为衡量振动严重程度的主要指标。

(3)振动加速度

在高频段($f > 1\ 000$ Hz)的振动测量。当振动频率大于 1 000 Hz 时,动载荷表现为冲击载荷,冲击动能转化为应变能,使材料发生脆性破坏,多用于滚动轴承的检测。

以上这三个参量可以互为辅助性的补充和参考。

2.3.2　振动判断标准

①绝对判断标准。此类标准是对某机器长期使用、维修、测试的经验总结,由行业协会或国家制定的图表形式的标准。使用测出的振动参数值与相同部位的标准数值相比较来做出判断。一般此类标准是针对某些重要回转机械制定的。例如,国际通用标准 ISO2372 和 ISO3945。

②相对判断标准。对同一设备的同一部位定期进行检测,按时间先后做出比较,以初始的正常值为标准,以实测振动值超过正常值的多少来判断。

③类比判断标准。在相同工作条件下,对多台相同规格的运行设备的同一部位进行振动测量,如果某台设备的振动值超过其余设备的振动值 1 倍以上,则视为异常。在无标准可参考的情况下,可采用此方法。

以上的各种判断标准要根据不同设备、不同使用条件和不同环境来选择。还要总结实践经验和参照维修数据进行分析,丰富和修正使用的标准。

关于振动判断的显示,一般采用统一的颜色来表示设备的运行振动状态:

深绿色:良好;

浅绿色:合格;

浅红色:容许值;

深红色:劣化状态。

2.4　振动测量与系统组成

2.4.1　振动分析准备

(1)振动分析的一般步骤

①现场故障分析时,首先对信号特征进行识别,找出振动的表层原因;然后对信号特征做出机理分析,由此找出振动的深层次原因。

②再按故障机理寻找具体的振源,找出具体的振动原因;由具体的振动原因确定故障的来源,观察振动特征信号的发展及变化。

③在分析和诊断故障时,应首先观察各监测参数的发展变化。为此,应注意积累和研究机器正常运行状态下的振动数据,包括基频的幅值和相位、次谐波和高次谐波的幅值和相位、其他重要频率分量的幅值等。

④利用振动分析仪对当前机器的振动信号进行各种观察和分析时,应与正常运行状态下的振动进行比较。但首先确定是否由于运行参数改变而引起特征参数改变,如负荷是否有大的改变等。

进行振动测量前,传感器需要连到被测量的机器上。加速度传感器能产生电信号,该信号与其相连振动部件的加速度成比例。加速度信号通过加速度计传递到振动分析仪上,振动分析仪可将该信号转换成速度信号。速度信号既可以速度波形来显示,也可以速度频谱来显示。速度频谱是通过快速傅里叶变换(FFT)数学计算从速度波形中获得的。

（2）实施振动测量时的注意事项

①传感器

振动的测定是由安装在轴承处（或需要测量的部位）的振动传感器来测得振动信号的。传感器的类型主要有涡流传感器（测量位移）、磁电传感器（测量速度）和加速度传感器，可根据不同的需要选用。

②测量位置（测点）

测量位置应选择在振动敏感点、传感器安装方便、对振动信号干扰小的位置，如轴承的附近部位。

③测量方向

由于不同的故障引起的振动方向不同，一般测量互相垂直的三个方向的振动，即轴向（A 向）、径向（H 向，水平方向）和垂直方向（V 向）。例如，对中不良引起轴向振动；转子不平衡引起径向振动；机座松动引起垂直方向振动。对高频或随机振动，测量径向；对低频振动，测量三个方向。总之，测量方向和数量应全面描述设备的振动状态。

2.4.2　振动测试系统的分类

振动测试的目的是对机器设备的振动进行定量检测，进而分析产生振动的原因，找出发生故障的部位。为了获取机械设备的振动信息，可以采用不同的振动测量与分析系统。

图 2.12 所示为一种最简单的振动测量系统。加速度传感器将被测的机械振动量信息转换成电量信息输入振动计，从振动计上可以直接读出振动量的位移、速度和加速度的有效值等参数，主要用于现场测量与诊断。有些超小型振动计可以将加速度传感器和放大器直接安装在仪器中，非常适合设备点检等定期诊断工作。

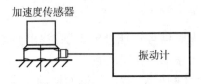

图 2.12　最简单的振动测量系统

图 2.13 所示为目前应用较普遍的便携式测振与分析系统。数据采集分析仪（也称数据采集器）能把现场的振动信号采集并记录下来。仪器本身具有现场频谱分析等功能，也可以通过串行通信方式或移动存储设备与计算机进行数据交换，由计算机完成振动数据的分类、存储及更高级的信号处理工作。为了现场使用方便，系统中的仪器多采用电池供电，而且体积小，便于携带。

图 2.13　便携式测振与分析系统

对于在役的大型重要设备，例如汽轮机组，多数采用固定式在线振动监控系统，如

图 2.14 所示。振动数据(如振动位移等)一般经现场仪器监控表后,再进入在线监控计算机或离线的便携数据采集器。仪器监控表主要完成振动烈度或有效值的实时监测,并根据设定的安全阈值来控制或启动安全控制系统,保证设备能在振动超限时及时停止,避免恶性事故发生。这种系统一般检测参数较多,成本较高。

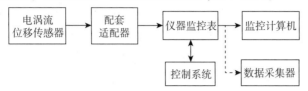

图 2.14　固定式在线振动监控系统

为了在试验室中获取振动信号,往往采用若干个独立仪器组成的测试诊断系统,如图 2.15 所示。该系统可针对故障模拟试验台等设备进行振动(例如加速度)检测与分析,其特点是组成和分拆容易,适合多种检测方式,可提高仪器设备的利用率。

图 2.15　试验室振动测试诊断系统

2.4.3　振动传感器的分类

机械振动故障信号测取传感器常采用电涡流位移传感器、磁电式速度传感器和压电式加速度传感器三种,可以分别获取振动的位移、速度和加速度三种信号。

(1)电涡流位移传感器

电涡流位移传感器是一种非接触式测振传感器,其工作原理基于涡电流效应。金属导体置于变化的磁场中或在磁场中做切割磁力线运动时,导体内将产生呈旋涡状的感应电流,此电流叫涡电流,这种现象叫电涡流效应。

图 2.16 为电涡流位移传感器原理图,该传感器主要由线圈和被测金属导体组成。根据电磁感应定律,当线圈通以正弦交变电流 I_1 时,线圈周围空间必然产生正弦交变磁场 H_1,使置于此磁场中的金属导体中产生感应涡电流 I_2,I_2 又产生新的交变磁场 H_2。根据楞次定律,H_2 将反作用于原磁场 H_1,由于涡流磁场的作用,原线圈的等效阻抗 Z 发生变化,变化程度与线圈和导体间的距离 δ 有关,还与金属导体的电阻率 ρ、磁导率 μ 以及线圈的激磁电流频率 f 有关。

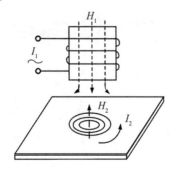

图 2.16　电涡流位移传感器原理图

如果保持其他参数不变,而只改变其中一个参数,传感器线圈阻抗 Z 就是这个参数的单值函数,通过与传感器配用的测量电路测出阻抗 Z 的变化量,即可实现对该参数的测量。

电涡流位移传感器具有线性范围大、灵敏度高、频率范围宽(从直流到数千赫兹)、抗干扰能力强、不受油污等影响等特点。其结构如图 2.17 所示,这类传感器采用非接触方式测量,能方便地测量运动部件与静止部件的间隙变化,例如轴与滑动轴承的振动位移等。试验证明:表面粗糙度对测量几乎无影响,但表面微裂缝和被测材料的电导率及磁导率对灵敏度有影响。所以在测试前最好用和试件材料相同的样件在校准装置上直接校准以取得特性曲线。这类传感器在汽轮机组、空气压缩机组等回转轴系的振动监测和故障诊断中应用甚广。

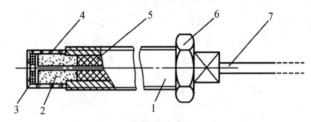

图 2.17　电涡流位移传感器结构图

1—外壳;2—填充物;3—电涡流线圈;4—探头壳体;5—固定支架;6—紧固螺母;7—输出缆线

(2)磁电式速度传感器

磁电式速度传感器也称电磁感应传感器,其外形如图 2.18 所示,它是基于电磁感应的传感器。它通过磁电作用将被测量(如振动、转速、扭矩)转换成电势信号,利用导体和磁场发生相对运动而在导体两端输出感应电势,属于机-电能量变换型传感器。其优点是不需要供电电源,电路简单;性能稳定,输出阻抗小。

磁电式速度传感器的工作原理基于法拉第电磁感应原理。根据式(2.18),当匝数为 N 的线圈在磁场中运动而切割磁力线,或通过闭合线圈的磁通量 Φ 发生变化时,线圈中将产生感应电势 e。

$$e = -N\frac{\mathrm{d}\Phi}{\mathrm{d}t} \tag{2.18}$$

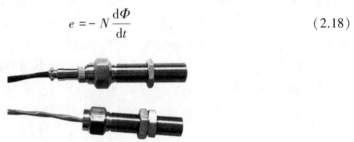

图 2.18　磁电式速度传感器外形

磁电式速度传感器在使用时存在误差,主要为非线性误差和温度误差。磁电式速度传感器直接输出感应电动势,且通常具有较高的灵敏度,不需要高增益放大器。但若要获取被测位移或加速度信号,则需要配用积分或微分电路。图 2.19 为磁电式速度传感器测量电路方框图。

(3)压电式加速度传感器

压电式加速度传感器又称压电加速度计,也属于惯性式传感器。它是典型的有源

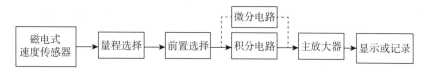

图 2.19　磁电式速度传感器测量电路方框图

传感器,利用某些物质(如石英晶体、人造压电陶瓷)的压电效应,当它受振时,质量块加在压电元件上的力也随之变化。压电敏感元件是力敏元件,在外力的作用下,压电敏感元件的表面上产生电荷,从而实现非电量电测量的目的。

压电式加速度传感器一般由壳体及装在壳体内的弹簧、质量块、压电元件和固定安装的基座组成。压电元件一般由两片压电片组成,并在压电片的两个表面镀银,输出端的一根引线由银层或两片银层之间所夹的金属块上引出,输出端的另一根引线直接和传感器的基座相连。在压电片上放置一个质量块,用硬弹簧对质量块预加载荷,然后将整个组件装在一个基座的金属壳体内。压电式加速度传感器组成框图如图 2.20 所示,原理图如图 2.21 所示。

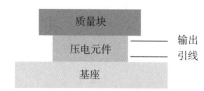

图 2.20　压电式加速度传感器组成框图

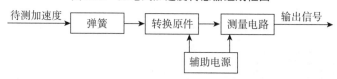

图 2.21　压电式加速度传感器原理图

实际测量时,将图 2.21 中的基座与待测物刚性地固定在一起。当待测物运动时,基座与待测物以同一加速度运动,压电元件受到质量块与加速度相反方向的惯性力的作用,在晶体的两个表面上产生交变电荷(电压)。当振动频率远低于传感器的固有频率时,传感器的输出电荷(电压)与作用力成正比。电信号经前置放大器放大,即可由一般测量仪器测试出电荷(电压)大小,从而得出物体的加速度。

压电式加速度传感器的压敏元件采用具有压电效应的压电材料,换能元件以压电材料受力后在其表面产生电荷的压电效应为转换原理。当沿着一定方向对压电材料施力而使它变形时,其内部就产生极化现象,同时在其两个相对的表面上便产生符号相反的电荷;当外力去掉后,它又重新恢复不带电的状态;当作用力的方向改变时,电荷的极性也随之改变。其中,弹性体是传感器的核心,其结构决定着传感器的各种性能和测量精度。因此,弹性体结构的设计对加速度传感器的性能至关重要。

2.4.4　振动传感器的安装

许多机械包含旋转机构,如电动机、泵、压缩机、风扇、皮带运输机、齿轮箱等涉及旋转机构,并在机械领域广泛应用。旋转机械设备通常由轴承支撑旋转部件的重量和旋转运动与振动所产生的力。因而,轴承是经常发生损坏且最先出现征兆的部位。

以测量轴承振动为例,通常把加速度传感器安装在轴承上或轴承附近。安装加速度传感器的注意事项包括:

①尽可能靠近轴承安装;

②确认加速度传感器连接牢固;

③确认加速度传感器方向正确;

④在相同位置安装相同加速度传感器;

⑤在坚固的物体上安装加速度传感器;

⑥注意加速度传感器的维护;

⑦注意人身安全。

第 3 章

振动信号分析与处理

振动特性是通过对振动信号的测量、处理和分析确定的。在确定结构振动特性时，数据采集应归于测量，而出于分析的需要，将信号进行数据离散（变换）、截断（加窗）、滤波等可狭义地归为处理。传统的看法是将变换视为分析，这也是一种处理。但广义地说，处理也是一种分析手段。

3.1 信号的概念及分类

信号是表示消息的物理量，如电信号可以通过幅度、频率、相位的变化来表示不同的消息。这种电信号有模拟信号和数字信号两类。信号是运载消息的工具，是消息的载体。从广义上讲，它包含光信号、声信号和电信号等。按照实际用途区分，信号包括电视信号、广播信号、雷达信号、通信信号等；按照所具有的时间特性区分，则有确定性信号和随机性信号等。

不同类型的信号将有不同的分析方法，可以选定不同的分析参数。按照振动信号本身的特性，最基本的分类可概括为稳态信号和非稳态信号两类，如图 3.1 所示。

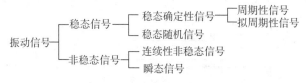

图 3.1 振动信号的类型

稳态信号是其统计特性不随时间而变化的信号，它可以分为稳态确定性信号和稳态随机信号。其中，稳态随机信号可认为是一种其平均特性不随时间变化，因而可以用任意一条样本记录来决定的随机信号。这也是所谓稳态的一般含义，无论对于确定性信号或对于随机信号皆是如此。但对于随机信号来说，稳态不是意味着从不同的记录样本所得到的结果都必须完全一样，而只意味着它们是等价的。

稳态确定性信号对于任意稳定的时刻，其信号值是可以预知的。而对于稳态随机信号，只能确知其统计特性，如平均值、方差等。

非稳态信号可粗略地分为连续性非稳态信号和瞬态信号，语言信号是典型的连续性非稳态信号。两者最基本的区别是，瞬态信号可以作为整体处理，而连续性非稳态信号一般可分成若干短时信号段来处理，每一段常常可以看成是拟稳态的。

稳态确定性信号是完全由具有离散频率成分的正弦信号组成的信号,又可分为周期性信号和拟周期性信号。对于周期性信号来说,所有离散频率成分均表现为某种基频的倍数。拟周期性信号不同频率成分的频率之间不具有谐波关系。极端地说,在这些频率成分中,至少有两个频率成分之比为如 $\sqrt{2}$ 这样的无理数。但实际上,拟周期性信号的典型情况是它由互相独立的两组或两组以上谐波信号复合而成,如双转子轴流式发动机的高低压转子系统所产生的合成信号,即可认为是拟周期性信号。

周期性信号数学表达的通式为

$$x(t) = x(t + nT), n = \pm 1, \pm 2, \cdots$$

正弦信号和余弦信号

$$x(t) = A\sin(\omega_0 t + \theta)$$

周期方波

$$x(t) = \begin{cases} A, & 0 \leq t \leq T/2 \\ -A, & -T/2 \leq t \leq 0 \end{cases}$$

幅值 A、角频率 ω_0、初相角 θ 可完全确定一个正弦信号。方波为多频率结构,要明确多频结构,必须设法获得方波的频域描述。

3.2 信号的采集与预处理

3.2.1 信号处理的重要术语

(1)AC 与 DC

AC 和 DC 是交流和直流耦合的简称,在选择输入模式时,选择不同的耦合方式可能会影响到数据中的频率成分。大多数信号有 AC 成分和 DC 成分。AC 成分是信号中的交变部分,包含信号中所有的非零频率成分;DC 成分是 0 Hz 的部分,对应时域信号中的直流分量(或称为直流偏置),如图 3.2 所示。

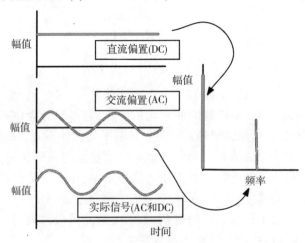

图 3.2 信号 AC 与 DC

如图 3.2 所示,交变的 AC 部分围绕 DC 偏置波动,有时称这个直流分量 DC 部分为基线,即信号围绕基线波动。对直流偏置进行 FFT 分析,得到 0 Hz 的成分。对交变部分进行 FFT 分析,则得到信号中的非零频率成分。

AC 耦合只允许信号中的交变部分通过,移除信号中的直流分量(DC 部分)通常使用隔直电容器实现。AC 耦合可有效地阻隔掉信号中的 DC 部分,使信号的平均值为 0。DC 耦合同时允许信号中的交变部分(AC)和直流部分(DC)通过。因此,耦合方式会影响信号中的直流偏置(实际上还有少量低频成分)。

(2)带宽与宽带

FFT 分析时,信号分析的最大频率范围称为带宽,通常是采样频率的一半,如图 3.3 所示,分析的最高频率为 4 096 Hz,因此带宽为 4 096 Hz。也就是说,带宽是频谱分析时能观测到的最大频率上限。

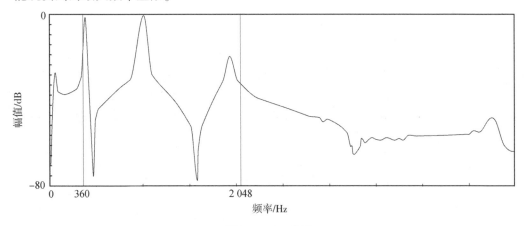

图 3.3　PSD 曲线

宽带是指信号的频率分布,若信号频率范围很广(信号频率成分是连续的),可以认为是一个宽带信号。锤击法是一种宽带激励技术,这是因为力脉冲对应的力谱是一个连续的宽频信号,能激起很宽的频率区间内的模态。

带宽和宽带都可以认为是一个频率区间,但带宽一定是指 0 至半个采样频率的频率区间;宽带是指信号的频率分布在一个连续的宽频带。

(3)宽带与窄带

与宽带相对应的是窄带,假设信号的频率宽度为 B,中心频率为 f_0,如图 3.4 所示。通常认为窄带信号满足信号的频率宽度 B 远小于中心频率 f_0,通常要求 $B/f_0<0.1$。例如,单频信号属于窄带信号,以及我们大多数情况下测量的信号只包含若干个单频成分,这也是窄带信号。窄带信号对应的频谱称为窄带谱。如使用步进正弦进行激励,则这种激励技术是一种窄带激励技术,因为每一时刻只有一个频率成分。

另外,也可以从频率成分来理解宽带与窄带:若信号相邻频率成分相差很小,则可认为是一个宽带信号,如宽带随机信号;若信号相邻频率成分相差甚远,则属于窄带信号,如正弦信号。

宽带与窄带并没有严格的区分,如信号频率宽度在多少以下为窄带,在多少以上为宽带。因此,两者是一个相对的概念。

(4)谱线与线谱

FFT 分析得到的频谱不是连续的,而是离散的,相邻两个离散频率点的间距为一个频率分辨率,这些离散的频率点对应一条条谱线。或者说,带宽按频率分辨率,划分为

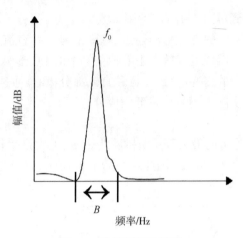

图 3.4　信号频率示意图

很多等份,每个等分处为一条谱线,如图 3.5 中的虚线所示,这些谱线处的频率是频率分辨率的整数倍。若带宽为 400 Hz,频率分辨率为 1 Hz,则有 400 条谱线,频率对应 1~400 的自然数。FFT 计算得到的结果只分布在这些谱线上,其他地方没有数值。这些谱线并不是真实的线条,只是代表在这个位置上有一个 FFT 计算数值。

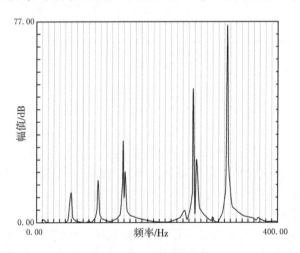

图 3.5　谱线

线谱是指信号的频率成分近似为一条直线,是从频谱的形状上来说的。例如,对正弦波做 FFT 分析,如果信号截断刚好是周期的整数倍,得到的频谱结果就是线谱,如图 3.6 所示。

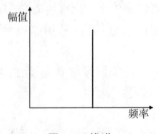

图 3.6　线谱

（5）时间分辨率与频率分辨率

对时域信号进行采样时，两个采样点之间的时间差称为时间分辨率，其大小等于采样频率的倒数。因此，采样频率越高，则时间分辨率越低，采集到的信号越接近真实信号。

频率分辨率是指两条离散谱线之间的距离（即频率间隔），其大小为一次 FFT 所取时域信号长度（一帧数据）的倒数。在进行频谱计算时，信号的频率误差在半个频率分辨率之内。因此，为了获得准确的频率值，应该提高频率分辨率。提高频率分辨率则要求在 FFT 分析时截取更长的时域信号。

（6）平均

平均是指对各帧时域数据的频谱（图 3.7 中的 S 表示 FFT 频谱）进行平均，最后得到平均的频谱结果。对瞬时频谱进行平均时，不是最后才进行平均，而是边计算边进行平均。如图 3.7 所示，第一帧数据的频谱结果 S_1 与第二帧数据的频谱结果 S_2 进行第一次平均得到结果 A_1，然后 A_1 与第三帧数据的频谱结果 S_3 进行第二次平均得到结果 A_2，如此进行，直到与最后一帧数据的频谱结果进行平均，得到最终的结果为止。

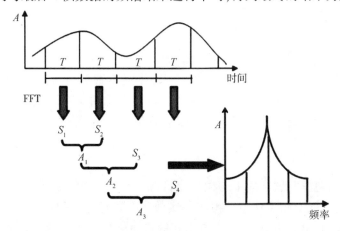

图 3.7　频谱平均示意图

平均的方式有很多种，如线性平均、能量平均、指数平均等。每一种平均方式的计算公式都是不一样的，因此，在做 FFT 平均时，还需要选择合适的平均方式。

（7）重叠与步长

FFT 分析只能对有限长度的时域信号进行变换，在频率分辨率确定以后，每次 FFT 变换的时域数据块长度是固定的，或者说一帧数据的长度是固定的，它等于频率分辨率的倒数。因此，FFT 分析所截取的时域信号长度是固定的，但每次如何截取这一段固定长度的时域信号，就可能会采用不同的方式了。常见的方式有重叠和步长（时间步长或转速步长）。

如果采用重叠的方式，通常用百分比来表示相邻两帧数据之间重叠的比例。例如重叠 50%，表示这一帧的信号将与下一帧的信号有 50% 是共用的，也就是第一帧的后 50% 作为第二帧的前 50%。

步长又分为时间步长和转速步长。以时间步长为例，每次截取的一帧数据时间长度是固定的，隔多长时间截取一帧，就是所谓的步长或增量，如图 3.8 所示。

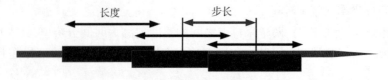

图 3.8　分析步长

当步长小于长度时,相邻两帧数据之间有重叠,重叠率计算公式如下

$$重叠率=(长度-步长)/长度×100\% \tag{3.1}$$

当步长等于长度时,相邻两帧数据之间无重叠,但两帧数据刚好无缝连接。

当步长大于长度时,相邻两帧数据之间无重叠,但有间隙,也就是有部分时域数据是不参与 FFT 计算的。

若频率分辨率为 1 Hz,时间步长为 0.5 s,则重叠率为 50%,因此,实质上重叠与步长只是不同的表示方式,本质上是相同的。

如果用转速步长方式,则表示转速每变化多少截取一帧数据,如转速每变化 40 r/min 截取一帧。按转速步长方式时,每帧数据的重叠情况与时间步长方式类似,此时与转速改变速率有关。

(8)稳态与跟踪

FFT 分析时有两种模式:稳态和跟踪。稳态模式得到的结果为所有帧时域数据对应频谱的平均结果,且是一张二维频谱图。跟踪模式不做平均,而是分别计算各帧时域数据对应的频率,将这些频谱按时间或转速先后顺序排列保存起来。每个瞬时频谱也是一张二维频谱,但如果要显示所有的频谱结果,则需要用瀑布图或 colormap 图来显示跟踪模式的结果。

(9)自谱与互谱

自谱也称为自功率谱,本质上是由频谱计算得到的,它是复数频谱与共轭的乘积。因此,自谱是实数,没有相位信息。由于是实数,它可以进行线性平均。由于是复数频谱与共轭的乘积,自谱有平方形式,平方形式的自谱称为自功率谱。对平方形式的自谱再求平方根,得到对应线性形式的线性自功率谱。

互谱也是通过频谱计算,即通过一个信号的频谱乘以另一个信号的频谱的共轭得到的,结果为复数形式,有幅值和相位信息,任一频率下的相位为两个信号的相位差。因此,计算互谱时,一定是两个信号。因互谱只有平方形式,故互谱一定是互功率谱。如果对互谱进行线性平均,两个信号不相关的成分将会被弱化。

互功率谱蕴涵两个信号之间在幅值和相位上的相互关系信息。一方面,它在任意频率处的相位值,是这两个信号在该频率的相对相位(相位差),因此,可用于研究两个信号的相位关系。另一方面,相位移动表示的是时间移动,因此,可利用互谱检测和确定信号传递的延迟。

自谱与互谱的典型应用是计算频响函数 FRF 和相干函数。例如,进行 H1 估计时,用的是响应与激励的互谱除以激励的自谱;而进行 H2 估计时,刚好相反,用的是响应的自谱除以响应和激励的互谱。

(10)自相关与互相关

自相关函数描述信号某一时刻瞬时数值与另一时刻瞬时数值的依赖关系。自相关函数是偶函数,函数值可正可负,但在 0 时刻有最大值,这个最大值为信号的均方值。自相关函数属于时域分析方法,它与自谱是一对傅里叶变换对关系。由于自相关在时间轴上是偶函数,当取时间大于 0 的一半来计算频谱时,得到的频谱称为半谱。自相关可用于检测混淆在无规则信号中的周期性信号。

两个信号的互相关函数表示这两个信号之间一般的依赖关系。互相关函数也是一个可正可负的函数,不一定在 0 时刻有最大值,也不一定是偶函数,但如果两个信号互换,则函数对称于纵轴。互相关与互谱是一对傅里叶变换对。若两个信号是两个相互独立的信号,则它们的互相关函数为零;反之,若互相关函数不等于零,则可用相关函数来表述它们的相关性。

(11)相关分析与相干分析

通过上面的描述,我们已经明白相关分析是时域的分析方法,用于检测信号间的相关性。实质上,相关分析是一种线性滤波。相关分析主要应用于以下几个方面:

①对信号本身的分析,主要找出隐藏于不规则信号中的规律信号;

②求两个信号之间的关系;

③对系统动态特性的测量;

④以相关函数为基础,进行 FFT 变换计算自功率谱和互功率谱。

相干函数的定义为输入和输出信号的互功率谱的平方除以输入信号自功率谱和输出信号自功率谱的乘积。因此,相干分析是频域的分析方式,可用于检验互功率谱和传递函数测量的有效性。

相关分析与相干分析有一定的联系:用时域内互相关函数获得的信息,可以用频域的相干函数来获得。这是因为相干分析用到的互功率谱函数可以由时域互相关函数求得。

(12)阶次分析与阶次跟踪

阶次分析是从频域对阶次进行分析,但阶次跟踪是从阶次域对阶次进行分析。如图 3.9 和图 3.10 所示,虽然两者的最终目的都是提取到想要的阶次,但又有很多差异。阶次跟踪更偏向于对高阶次进行分析,如齿轮箱、离合器等结构。两者都需要测量转速,但阶次分析测量的转速用来跟踪做频谱分析,而阶次跟踪测量的转速用于获得等角度采样数据。阶次分析是频域的,阶次跟踪是阶次域的。阶次分析是等时间采样的,阶次跟踪是等角度采样的(变采样频率)。阶次分析对于共振测量是有帮助的,阶次跟踪却起不到这个作用。对于高阶次而言,阶次分析效果不如阶次跟踪效果好。阶次分析时频率分辨率固定不变,阶次跟踪时阶次分辨率固定不变。阶次跟踪不存在泄漏,无须加窗,但阶次跟踪需要加窗。

3.2.2 信号的采集

在采集振动信号时应注意以下几点:

①振动信号采集模式取决于机组当时的工作状态,如稳态、瞬态等;

②变转速运行设备的振动信号在有条件时应采取同步整周期采集方式;

③所有工作状态下振动信号的采集均应符合采样定理。

(1)信号适调

由于目前采用的数据采集系统是一种数字化系统,所采用的 A/D 芯片对信号输入

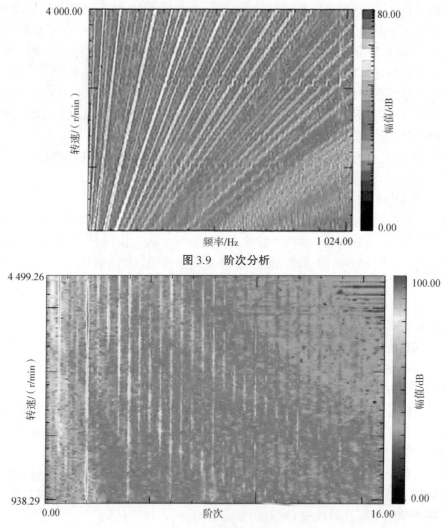

图 3.9　阶次分析

图 3.10　阶次跟踪

量程有严格限制,为了保证信号转换具有较高的信噪比,信号在进入 A/D 以前,均需进行信号适调。适调包括强信号的衰减处理和弱信号的放大处理,或者对一些直流信号进行偏置处理,使其满足 A/D 输入量程要求。

（2）A/D 转换

A/D 转换包括采样、量化和编码三部分。

①采样

采样（抽样）,是利用采样脉冲序列 $p(t)$ 从模拟信号 $x(t)$ 中抽取一系列离散样值,使之成为采样信号 $x(n\Delta t)$ $(n=0,1,2,\cdots)$ 的过程。Δt 称为采样间隔,其倒数（$1/\Delta t=f_s$）称为采样频率。采样频率的选择必须符合采样定理的要求。

②量化

由于计算机对数据位数进行了规定,采样信号 $x(n\Delta t)$ 经舍入方法变为只有有限个有效数字的数,这个过程称为量化。由于抽样间隔长度是固定的（对当前数据来说）,当采样信号落入某一小间隔内,经舍入方法而变为有限值时,产生量化误差。如 8 位二进

制为 $2^8 = 256$，即量化增量为所测信号最大电压幅值的 1/256。

③编码

振动信号经过采样和量化后，按照一定的协议进行编码，成为处理器可以处理的数据。

采样定理解决的问题是确定合理的采样间隔 Δt 以及合理的采样长度 T，保障采样所得的数字信号能真实地代表原来的连续信号 $x(t)$。

衡量采样速度高低的指标称为采样频率 f_s。一般来说，采样频率越高，则采样点越密，所获得的数字信号越逼近原信号。为了兼顾计算机存储量和计算工作量，一般保证信号不丢失或不歪曲原信号信息就可以满足实际需要了。这个基本要求就是所谓的采样定理，是由 Shannon 提出的，也称为 Shannon 采样定理。

Shannon 采样定理规定了带限信号不丢失信息的最低采样频率为

$$f_s \geqslant 2f_m \text{ 或 } \omega_s \geqslant 2\omega_m \tag{3.2}$$

式中，f_m 为原信号中最高频率成分的频率。

采集的数据量大小 N 为

$$N = T/\Delta t \tag{3.3}$$

因此，当采样长度一定时，采样频率越高，采集的数据量就越大。某连续信号 $x(t)$ 的采样过程如图 3.11 所示。

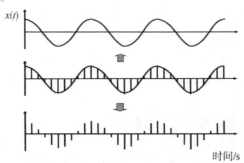

图 3.11　采样过程示意图

使用采样频率时有以下几个问题需要注意：

i.正确估计原信号中最高频率成分的频率。对于采用电涡流传感器测振的系统来说，一般最高分析频率为 12.5X，采样模式为同步整周期采集。若选择频谱分辨率为 400 线，需采集 1 024 点数据；若每周期采集 32 点，采样长度为 32 周期。

ii.同样的数据量可以通过改变每周期采样点数来提高基频分辨率，这对于识别次同步振动信号是必要的，但降低了最高分析频率，如何确定应视具体情况而定。

3.2.3　采样的确定

在确定信号采样的过程中，需要确定以下三个采样条件：

（1）采样频率控制最高分析频率

采样频率（采样速率）越高，获得的信号频率响应就越高。换言之，当需要高频信号时，就需要提高采样频率，采样频率应符合采样定理的基本要求。

这个条件看起来似乎很简单，但对于一个未知信号，其中所含最高频率信号的频率究竟有多高,实际上我们是无法知道的。解决这个问题需要两个步骤:一是指定最高测量频率;二是采用低通滤波器把高于设定最高测量频率的成分全部去掉(这个低通滤波器就是抗混滤波器)。现实的抗混滤波器与理论上的滤波器存在差异,因此信号中仍会存在一定的混叠成分,一般在计算频谱后将高频成分去掉。通常频谱线数取时域数据点的1/2.56,或取频域幅值数据点的1/1.28,即128线频谱取100线,256线频谱取200线,512线频谱取400线。

抗混滤波器主要用于频谱分析,对于涉及相位计算的用途反而会引入相位误差。几乎所有的滤波器的相位特性都远比幅值特性差。

以下举例对该条件进行说明:

①要想在频谱中看到500 Hz的成分,其采样频率最少为1 000 Hz。

②若采样频率为32点/转,则频谱中最高线理论上可达到16X。

(2)总采样时间控制分辨率

频谱的分辨率(谱线间隔)受控于总采样时间,即

$$\Delta f = 1/T$$

式中,Δf为频谱分辨率;T为总采样时间。

①如果总采样时间为0.5 s,则频谱分辨率为2 Hz;

②若区分6 cpm(0.1 Hz)的频谱成分,则总采样时间至少为10 s;

③对于总采样时间为8转的时间信号,频谱分辨率为1/8X。

(3)采样点数控制频谱线数

对旋转机械来说,频谱仅仅画出了FFT复数输出的幅值部分,对于相位部分一般不画。因此,频谱中的线数最多为时域点数的一半,考虑到混叠的影响,频谱线数一般会小于时域数据点数。

因此,采样定理是实现正确采样的基准。在上述三个采样条件中,可以根据需要设置其中两个条件,条件3就会自动固定。

例A.如果总采样时间为0.5 s,想获得3 200线频谱,则有

条件2:$\Delta f = 1/T = 1/0.5$ s $= 2$ Hz。

条件3:3 200线频谱实际需要4 096点频谱数据(考虑到混叠问题)、8 192点时域数据。

所以:

$f_s = 8\ 192/0.5 = 16\ 384$ Hz

$f_{max} = 16\ 384/2 = 8\ 192$ Hz

$f_{3\ 200} = 3\ 200$线$\times 2$ Hz/线$= 6\ 400$ Hz

例B.若在频谱上能区分0.2 Hz间隔的频率成分,频谱确定为800线,则有

条件2:$T = 1/\Delta f = 1/0.2 = 5$ s

条件3:800线频谱实际需要1 024点频域数据、2 048点时域数据。

所以:

$f_s = 2\ 048 \div 5 = 409.6$ Hz

$f_{max} = 409.6/2 = 204.8$ Hz

$f_{800} = 800$线$\times 0.2$ Hz/线$= 160$ Hz

例 C.若在频谱上能区分 0.1 Hz 间隔的频率成分,且在频谱上最大能看到 180 Hz,则有

条件 1: $f_s \geq 2f_{max} \geq 2\times180 = 360$ Hz

条件 2: $T = 1/\Delta f = 1/0.1 = 10$ s

因此,按不低于 360 点/秒的采样速率采集 10 s,可采集时域数据最少为 3 600 点。

为方便 FFT 计算,数据点数应为 2 的整数次幂,与 3 600 最接近的数值是 4 096,由此可获得 2 048 点频域数据,即可获得 1 600 线频谱。1 600 线、频率间隔为 0.1 Hz 的频谱最高分析频率为 160 Hz,显然不能满足需要。4 096 下一个 2 的整数次幂的数值是 8 192,由此可获得 3 200 线的频谱,其最高分析频率达到了 320 Hz,可以满足要求,可以通过提高采样速率来实现这一要求。

例 D.在同步整周期采样时,若采集 32 点/转,共采集 8 转,则可获得 256 点时域数据和 100 线频谱,有

$T = 8$ 转

$\Delta f = 1/T = 1/8$ 转 $= 1/8$X

$f_{max} = 32$ 点/转 $\div 2 = 16$X

$f_{100} = 100$ 线 $\times 0.125$ 转/线 $= 12.5$X

用通用的方式表达为:

设 $\{x_n\}$ $(n=0,1,2,\cdots,N-1)$ 为一采样序列,若每周期等角度采集 m 点,共采集 L 周,则有

$$mL = N$$

设该旋转机械的转动频率为 f_m,则采样间隔为

$$\Delta t = 1/f_m$$

变换后的频率分辨率

$$\Delta f = 1/(N\Delta t) = f_m/N = f/L$$

或

$$f = \Delta fL$$

显然,工频分量正好处于第 L 条线上。相应地,$kf = k\Delta fL$,即第 k 阶分量也处于整数 Δf 上,这样就保证了特征频率成分在频谱上的准确定位。采用同步整周期采样可获得的最高分析频率为

$$f_m = N\Delta f/2.56 = Nf/(2.56L) = mf/2.56$$

由此,理解了采样定理的实质,有助于正确认识某些仪器/系统中列出的技术指标。频谱分辨率并不是衡量采样质量的唯一指标,即 400 线的频谱与 400 线的频谱之间有可能存在差异。根据表 3.1 正确选择采样频率和点数,可在分析齿轮故障时避免出现没有啮合频率成分的问题,在开/停车过程中避免出现分辨率过低的问题,在频谱中避免出现功率泄漏的问题等。

数字信号分析需要选取合理的采样长度,虽然在采样过程中充分考虑了采样定理和分析要求,但毕竟是一个用区间为 $(-T \sim T)$ 的有限长度信号来近似 $t\to\infty$ 信号的过程,$|t|>T$ 的 $x(t)$ 值为零,因此所得到的频谱和实际频谱存在一定差异,这种现象称为泄漏现象。

整体上,影响数据采集过程的几个关键环节为:

①A/D 转换位数(转换精度);

②采样方式(自由采集与整周期采集、同步自由采集与同步整周期采集);

③数据采集的效率;

④数据采集中相位信号的作用。

表 3.1　采样频率与采样点数分布表

分析频率/Hz	采样频率/Hz	采样点数					
		512		1 024		2 048	
		T/s	Δf/Hz	T/s	Δf/Hz	T/s	Δf/Hz
10	25.6	20	0.05	40	0.025	80	0.012 5
20	51.2	10	0.1	20	0.05	40	0.025
50	128	4	0.25	8	0.125	16	0.062 5
100	256	2	0.5	4	0.25	8	0.125
200	512	1	1	2	0.5	4	0.25
500	1 280	0.4	2.5	0.8	1.25	1.6	0.625
1 000	2 560	0.2	5	0.4	2.5	0.8	1.25
2 000	5 120	0.1	10	0.2	5	0.4	2.5
5 000	12 800	0.04	25	0.08	12.5	0.16	6.25
10 000	25 600	0.02	50	0.04	25	0.08	12.5
20 000	51 200	0.01	100	0.02	50	0.04	25
50 000	128 000	0.004	250	0.008	125	0.016	62.5
100 000	256 000	0.002	500	0.004	250	0.008	125

3.2.4　振动信号的预处理

一般来说,选择信号预处理方法要注意以下条件:

①在涉及相位计算或显示时尽量不采用抗混叠滤波;

②在计算频谱时采用低通抗混叠滤波;

③在处理瞬态过程中 1X 矢量、2X 矢量的快速处理时采用矢量滤波。

其中,③是保障瞬态过程符合采样定理的基本条件。在瞬态振动信号采集时,机组转速变化率较高,若依靠采集动态信号(一般需要若干周期)处理获得 1X 和 2X 矢量数据,此方法效率低下,计算机(服务器)资源利用率也不高,且无法获取高分辨率数据。机组瞬态特征(以波德图、极坐标图和三维频谱图等形式表示)是固有的,当组成这些图谱的数据间隔过大(分辨率过低)时,除许多微小的变化无法表达出来外,也会得出误差很大的分析结论,影响故障诊断的准确度。一般来说,三维频谱图要求数据的组数(转速分辨率)较少,太多反而影响对图形的正确识别;对波德图和极坐标图两种分析图谱,则要求较高的分辨率。目前公认的方式是每采集 10 组静态数据则采集 1 组动态数据,可很好地解决不同图谱对数据分辨率的要求差异。

影响振动信号采集精度的因素有采集方式、采样频率、量化精度。采集方式不同,则采集信号的精度不同,其中以同步整周期采集为最佳方式;采样频率受制于信号最高频率;量化精度取决于 A/D 转换的位数,一般系统采用 12 位,部分系统采用 16 位甚至24 位。

（1）低通抗混叠滤波

抗混叠滤波器是一种低通滤波器，如广泛采用的 8 阶椭圆滤波器。在线系统采样单元采用的抗混叠滤波器，应具备截止频率可跟踪性，即随着机器转速的变化，低通滤波器的截止频率也随之变化。

抗混叠滤波器的使用目的是避免频谱分析时高频分量折叠到低频段，但每一种低通滤波器的相频响应曲线并不像幅频曲线那样平坦。如图 3.12 所示为某型号 4 阶低通滤波器的响应特性曲线，在其截止频率处相位偏移达-180°，在 3 kHz 处相位偏移也有 -45°，这个相位偏移足以影响幅值的正确计量。

一般来说，对于幅值计量、相位计算、轨迹显示等，最好不使用抗混叠滤波器。

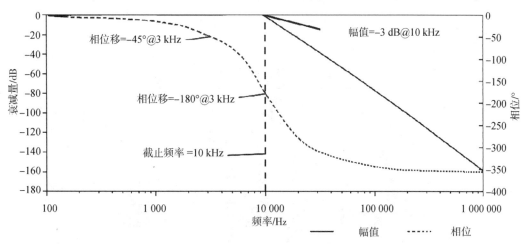

图 3.12　某型号 4 阶低通滤波器的响应特性曲线

（2）数字矢量滤波

数字矢量滤波器是一种用特殊数字技术实现的跟踪带通滤波器，可实现 1X、2X 或设定分频矢量值的功能。数字矢量滤波器在低速和高速下的带宽设置不同，低速时带宽应设置得窄一些，高速时带宽应适当增大。通带越窄，需要的响应时间越长，因此窄的通带只适用于低速段。表 3.2 为 DVF3 型数字矢量滤波器参数设置表。图 3.13 为带通滤波器幅频图。

表 3.2　DVF3 型数字矢量滤波器参数设置表

转速范围	带宽范围/cpm	响应时间
>1 000 r/min	120±10	0.65 s
≤1 000 r/min	12±1	7.30 s

图 3.13　带通滤波器幅频图

（3）积分

当采用壳体振动测量传感器时，用户可能需要使用某种特定的振动单位作为监测参量，以方便与相关规范对应。当采用加速度传感器测量时，积分电路就是必要的预处理手段。

对于壳体振动信号，可以依照图3.14通过积分将加速度信号转换为速度信号，或进一步积分转换为位移，但仅对壳体振动信号有效，不能把壳体振动位移与转子相对振动位移相比较，因为它们之间不存在规律性的关系，如图3.15所示。另外，需要注意的是，加速度积分得到的速度与速度传感器直接测量的速度是存在区别的。

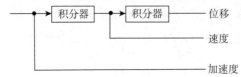

图 3.14　振动信号积分流程图

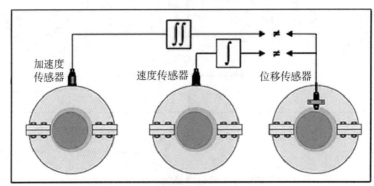

图 3.15　绝对位移 ≠ 相对位移

（4）加窗

数字信号分析需要选取合理的采样长度，这个长度就是数据采样对原始信号的截断。若截断长度为$-T \sim T$，则对于$|t| > T$的$x(t)$值均为零，因此得到的频谱与实际频谱存在一定差异，表现为频谱上出现旁瓣，主瓣的幅值与输入的时间信号幅值产生了差异（降低）。

为了遏止时间波形由截断引起的频域振荡现象，在信号分析时多采用加窗的方式进行修正，窗函数就是截断函数，不同的窗函数对旁瓣的抑制能力也有区别。一般来说，窗函数必须具备以下基本要求：窗谱的主瓣要窄且高，旁瓣要小，正负交替接近相等，以遏止泄漏或负谱现象。

常用的窗函数及其性能指标如表3.3所示（其中oct为倍频程）。

表 3.3　常用的窗函数及其性能指标

窗函数类型	−3 dB 带宽	等效噪声带宽	旁瓣幅度/dB	旁瓣衰减/（dB/10oct）
矩形	0.89B	B	−13	−20
三角	1.28B	1.33B	−27	−60
汉宁	1.20B	1.23B	−32	−60
海明	1.30B	1.36B	−42	−20
高斯	1.55B	1.64B	−55	−20

(5)阻抗匹配

与信号采集有关的问题还涉及系统的输入阻抗与输出阻抗的问题。

对于框架式仪表提供的缓冲输出信号,其输出阻抗多在几百欧姆,如轴系检测用的 7200 系列仪表和 3300 系列仪表的缓冲输出阻抗为 100 Ω,3500 系列仪表的缓冲输出阻抗为 550 Ω。

数据采集系统的输入阻抗不宜过低,理论上输入阻抗值越高越好。要保证信号损失率在 1% 以下,输入输出阻抗比应控制在 100∶1 以上。

信号损失率的定义为

$$SL(\%) = \left(1 - \frac{Z_{in}}{Z_{out} + Z_{in}}\right) \times 100\% \tag{3.4}$$

式中,Z_{in} 是输入阻抗;Z_{out} 是输出阻抗。

如某系统的信号输出阻抗为 9 090 Ω,接入一个输入阻抗为 100 kΩ 的系统,代入式 (3.4)得其信号损失率为

$$SL(\%) = \left(1 - \frac{Z_{in}}{Z_{out} + Z_{in}}\right) \times 100\%$$
$$= \left(1 - \frac{100\ 000}{9\ 090 + 100\ 000}\right) \times 100\% \approx 8.33\%$$

这样的信号损失率显然是不符合工程要求的。

3.3　信号分析方法

在对设备进行监测和故障诊断中,大多采用对设备进行振动状态监测的方式,所以对振动信号进行有效的分析、使用不同的分析方法来获得振动信号的特性参数是机械设备实现故障诊断的主要措施。常用的振动信号分析方法有时域分析法、频域分析法、包络解调分析法、阶次跟踪分析法和经验模态分析法。

3.3.1　时域分析法

振动时域参数分析是进行故障检测和诊断的简易方法。时域波形是经过 DSP 数据处理器去噪处理后的信号,包含较多的信息量。在时域诊断中,采用的特征参数有:均值、均方根值、峭度值、峰值、脉冲因子、裕度系数等。通过监测这些特征参数是否超过设定的阈值,来诊断传动部件是否发生机械故障。幅域参数一般分为有量纲和无量纲两种类型的指标。均值、均方根值等为有量纲的时域特征参数。无量纲的时域特征参数包括偏态系数、波形因子、峰态系数、脉冲因子、裕度系数等。

(1)均值

均值又可称为直流分量,用来评价信号是否稳定,表征振动信号变化的中心波动,是信号的常量分量。其表达式为

$$\bar{x} = \frac{1}{n} \sum_{i=1}^{n} x_i,\ i = 1, 2, \cdots, n \tag{3.5}$$

式中,i 为总的采样点数;x_i 表示振动信号的样本函数。

（2）均方根值

均方根值也叫方均根值，是对信号先平方，再求取平均值后开方得到的，对没有规律的信号比较有用。其表达式为

$$x_{rms} = \sqrt{\frac{1}{n}\sum_{i=1}^{n} x_i^2} \ , \ i = 1,2,\cdots,n \tag{3.6}$$

（3）峭度值

峭度值是可以直接体现概率密度的一种可靠参数，可以反映概率密度图形的对称性。概率密度函数分布形态偏移越大，峭度值的绝对值就越大。其表达式为

$$x_k = \frac{\frac{1}{n}\sum_{i=1}^{n} x_i^4}{x_{rms}^4} \ , \ i = 1,2,\cdots,n \tag{3.7}$$

除此之外，还有几种比较常见的时域特征参数，见表3.4。

表 3.4　时域特征参数

特征类型	公式表达式	作用
峰态系数	$C_k = \frac{1}{N}\sum_{i=1}^{N} \frac{(x_i - \bar{x})^4}{\sigma^4} - 3$	反映信号偏离平均值的程度
偏态系数	$C_S = \frac{1}{N}\sum_{i=1}^{N} \frac{(x_i - \bar{x})^3}{\sigma^3}$	反映信号的不对称
峰值	$X_{peak} = \frac{1}{n}\sum_{j=1}^{n} x_j$	适用于磨损性、表面损伤性的故障
峰值因子	$C = X_{peak} / X_{rms}$	适用于点蚀类故障
脉冲因子	$C = X_{peak} / \bar{x}$	反映振动脉冲的频率
波形因子	$S = X_{rms} / \bar{x}$	可以用来判断损伤类型
裕度系数	$clf = \dfrac{\|x_{max}\|}{\left(\frac{1}{N}\sum_{i=1}^{N} \sqrt{\|x_i\|}\right)^2}$	反映信号脉冲程度

3.3.2　频域分析法

时域振动信号的频谱分析是研究故障特征方法中的基础方法之一，可以在频谱中获得比较全面的故障信息。在频域中，主要从幅值谱、功率谱、倒频谱三个基本的频谱进行分析。频谱的功能是分析原始信号中的固有频率和故障频率，例如齿轮箱齿轮互相啮合产生的啮合频率；倒频谱的功能是获得频谱的边频带中的周期成分，并确定故障发生的位置。

（1）幅值谱

幅值谱，就是对传感器采样所得原始信号经处理后的振动信号进行一次傅里叶变换（FFT），计算并画出该时域振动信号的频率图谱。傅里叶变换的表达式为

$$x(t) = \int_{-\infty}^{\infty} x(t) e^{-j2\pi/t} dt \tag{3.8}$$

周期信号经过傅里叶变换后得到的幅值谱是一个离散的信号,该频谱是由信号的基波和各次谐波组成的;非周期信号经过傅里叶变换后变成了一个连续的信号,信号连续地分布在一定的频率范围之内。幅值谱可以代表谐波频率时域信号的有效值,是时域信号各谐波的幅值随频率的一种线性分布。相关 FFT 算例代码可参考附录Ⅰ。

(2)功率谱

功率谱,就是在频域中表现对信号功率的分布,即体现出振动信号能量的大小情况。功率谱包括互功率谱和自功率谱两种频谱,它的频谱包含的信息和幅值谱是一样的。因为它是幅值的平方,所以比幅值谱的突出频率更加清晰。基于幅值谱的自功率谱的表达式为

$$s(f) = \frac{x^2(f)}{T} \tag{3.9}$$

由上式可知,功率谱其实就是时域信号在谐波频率幅值的平方,这样得到的频谱使主要的频率显得更加突出。

(3)倒频谱

倒频谱,又叫二次频谱,可以有效地检测出复杂频谱中的周期成分。倒频谱通常用在机械振动中,在通过振动信号分析进行故障检测和诊断方面应用得较多。

功率倒频谱可以定义为对功率谱做对数运算后,再对运算的结果进行反傅里叶变换而得的频谱,即

$$C_x(\tau) = F^{-1}\left[\ln s(f)\right] \tag{3.10}$$

倒频谱有以下特点:

①通过倒频谱分析,能够识别出信号中不同频率分量,找到对诊断来说比较重要的周期成分。

②倒频谱能分离谐波和边频带分量。

(4)传递函数

把具有线性特性的对象的输入与输出间的关系,用一个函数(输出波形的拉普拉斯变换与输入波形的拉普拉斯变换之比)来表示的,称为传递函数。

传递函数是系统本身的一种属性,与输入量或驱动函数的大小和性质无关。如果系统的传递函数已知,则可以针对各种不同形式的输入量研究系统的输出或响应,以便掌握系统的性质。传递函数的推导及详细阐述见附录Ⅱ。

3.3.3 包络解调分析法

包络解调分析是指对硬件设备采集的振动信号进行解调后产生包络线,并在对其进行傅里叶变换后做频谱分析,这种方法对由机械冲击造成的高频响应信号的处理非常有用。对信号进行包络分析的主要目的就是对高频信号的能量变化进行相应的分析。包络谱主要用于分析齿轮箱齿和轴承故障冲击激起的高频共振,及时检测它们的早期故障问题。振动信号经过滤波,低频信号被滤掉,剩余部分经过包络解调,低频调制信号可以从这部分高频信号中提取出来,经过低通滤波后,可得较清晰的低频信号。这种信号分析的方法可以抵抗低频信号的干扰,提高信噪比,使故障特征信号更加明显地显示出来,从而为机械设备的故障诊断分析提供有力的帮助。

如图 3.16 所示,若要对故障源进行分析,就必须把低频信号(或调制信号)从高频信号(或载频信号)中分离出来。这一分离、提取信号的过程,称为信号的包络解调。对分离提取出来的包络信号进行特征频率和幅度分析,就能准确可靠地诊断出如轴承和齿轮的疲劳、切齿、剥落等故障。

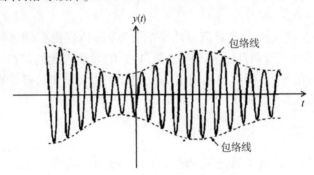

图 3.16　信号及其包络

目前,分析高频冲击的有效方法之一是共振解调(包络处理),即取振动时域波形的包络线,然后对包络线进行频谱分析。由于包络线处理可找出反复发生振动的规律,根据轴承的特征频率,就可诊断出轴承或齿轮故障的部位。研究表明,当轴承或齿轮无故障时,在共振解调频谱中没有高阶谱线;有故障时,在共振解调频谱中出现高阶谱线。

当齿轮发生疲劳裂纹时,齿轮刚度的变化会引起齿轮振动噪声信号瞬时频率(相位)和幅值的变化。但由于裂纹只影响齿轮刚度,齿形无大变化,故振动噪声信号在频域中无明显征兆,因此频谱分析对裂纹诊断基本无效。可采用时域平均法分析,但如果齿轮同时存在其他类型的故障,则时域平均法的可靠性不高。此时可试用希尔伯特变换或自适应滤波技术提取相位信息,也可试用共振解调分析技术即包络分析法。图 3.17 为包络分析诊断的原理线框图。

由此,包络分析法的具体步骤为:

①将信号通过适当的带通滤波器,以衰减其背景噪声;

②求得由脉冲序列引起的包络线,即进行希尔伯特变换,构成以该脉冲信号为基础的某个复变函数;

③对所关注的频率,分析其包络线,检出重复的频率。

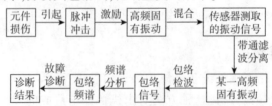

图 3.17　包络分析诊断的原理线框图

常用的包络解调法有两种:低通滤波包络解调法和希尔伯特变换解调法。

(1)低通滤波包络解调法

低通滤波包络法的步骤是:

①将信号低通滤波,从而得到低频脉冲信号;

②将信号进行绝对值处理;

③平滑信号；

④做功率谱分析，分析脉冲信号的周期。

上述解调过程可以用图 3.18 表示。

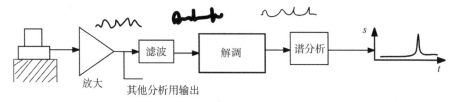

图 3.18　低通滤波包络解调法原理

低通滤波包络解调法用于轴承诊断时，不仅可以根据是否出现某种高频固有振动，判断轴承是否异常；还可以根据包络信号的频率成分，识别产生缺陷的轴承元件（如内圈、外圈、滚动体）。

低通滤波包络解调法将与故障有关的信号从高频调制信号中取出，避免了与其他低频干扰的混淆，故有极高的诊断可靠性和灵敏度。其主要不足有：一是信号的幅值量发生了变化；二是对于信号的起始和末尾部分有较大的误差，并且存在相位滞后的现象。

（2）希尔伯特变换解调法

希尔伯特变换过去常用在电信技术中，由于技术的共性，近些年来开始应用到机械故障诊断中。调幅和调频表现为总合成矢量与载波矢量在幅值与频率上的相对变化。求出总合成矢量的变化过程，就有可能解调。总合成矢量分为实部和虚部。实部通常就是已知的待解调的时域信号，而虚部因频谱的偶对称性各谱线相互抵消。图 3.19 所示为实部和解析信号之间的关系。

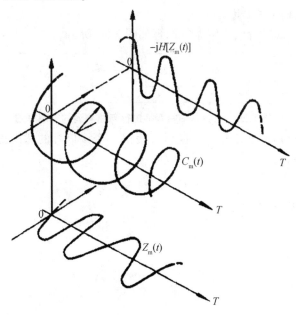

图 3.19　实部和解析信号之间的关系

希尔伯特变换可以用两次 FFT 的方法完成。希尔伯特变换解调法对规则波形非常有效,对非规则波形差一些。希尔伯特变换的实质是对原信号施加一次特殊滤波。

由于因果性的限制,系统函数的实部与虚部或模与相角之间将具备某种互相制约的特性,这种特性以希尔伯特变换的形式表现出来。

对于因果系统,其冲击响应 $h(t)$ 在 $t<0$ 时等于 0,仅在 $t>0$ 时存在,因此

$$h(t) = h(t)\mu(t) \tag{3.11}$$

$h(t)$ 的傅里叶变换即系统函数 $H(\omega)$ 可分解为实部 $R(\omega)$ 和虚部 $jx(\omega)$ 之和

$$H(j\omega) = F[h(t)] = R(\omega) + jx(\omega) \tag{3.12}$$

对式(3.12)运用傅里叶变换的频域卷积定理得

$$F[h(t)] = \frac{1}{2\pi}\{F[h(t)] * F[\mu(t)]\} \tag{3.13}$$

于是有

$$R(\omega) + jx(\omega) = \left\{\frac{R(\omega)}{2} + \frac{1}{2\pi}\int_{-\infty}^{\infty}\frac{x(\lambda)}{\omega - \lambda}d\lambda\right\} + j\left\{\frac{x(\omega)}{2} - \frac{1}{2x}\int_{-\infty}^{\infty}\frac{R(\lambda)}{\bar{\omega} - \lambda}d\lambda\right\} \tag{3.14}$$

解得

$$R(\omega) = \frac{1}{\pi}\int_{-\infty}^{\infty}\frac{x(\lambda)}{\omega - \lambda}d\lambda , X(\omega) = \frac{1}{\pi}\int_{-\infty}^{\infty}\frac{R(\lambda)}{\omega - \lambda}d\lambda \tag{3.15}$$

以上两式称为希尔伯特变换对,其说明了具有因果性的系统函数 $H(\omega)$ 的一个重要特性:实部 $R(\omega)$ 唯一地确定虚部 $X(\omega)$,反过来也是一样。

①希尔伯特变换的解调原理

希尔伯特变换的一个重要应用就是处理带通信号的解调。用希尔伯特变换把一个实信号表示成一个复信号(即解析信号),不仅便于理论讨论,更重要的是还可以研究实信号的包络、瞬时相位和瞬时频率。

用希尔伯特变换进行包络解调的原理如图 3.20 所示。

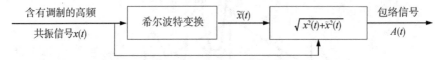

图 3.20　用希尔伯特变换进行包络解调的原理框图

一个实信号 $x(t)$ 经希尔伯特变换后可获得一个该信号的适配虚部 $\hat{x}(t)$,由此可构造一个解析信号 $u(t)$

$$u(t) = x(t) + j\hat{x}(t) \tag{3.16}$$

从而实信号 $x(t)$ 的包络为

$$a(t) = \sqrt{x^2(t) + \hat{x}^2(t)} \tag{3.17}$$

$x(t)$ 的瞬时相位为

$$\theta(t) = \arctan\frac{\hat{x}(t)}{x(t)} \tag{3.18}$$

频率调制信号为

$$f(t) = \frac{d\varphi(t)}{dt} = \frac{d\theta(t)}{dt} - 2\pi f_x \tag{3.19}$$

②希尔伯特变换的计算方法

由式(3.19)可知,实信号 $x(t)$ 的希尔伯特变换 $\hat{x}(t)$ 的定义为

$$\hat{x}(t) = H[x(t)] = \frac{1}{\pi} \int_{-\infty}^{\infty} \frac{x(\tau)}{t-\tau} d\tau = x(\tau) * [1/(\pi d)] \tag{3.20}$$

式中,$H[x(t)]$ 表示对括号内的信号进行希尔伯特变换,即 $x(t)$ 的希尔伯特变换是 $x(t)$ 与 $1/(\pi d)$ 的卷积。又由于 $1/(\pi d)$ 的傅里叶变换为

$$F\left[\frac{1}{\pi t}\right] = -jx\,\text{sign}(f) \tag{3.21}$$

其中 $\text{sign}(f)$ 为符号函数,表示为

$$\text{sign}(f) = \begin{cases} 1, & f > 0 \\ 0, & f = 0 \\ -1, & f < 0 \end{cases} \tag{3.22}$$

设 $x(t)$ 的傅里叶变换为

$$F[x(t)] = X(f)$$

由卷积定理可知,$\hat{x}(t)$ 的傅里叶变换为

$$F[\hat{x}(t)] = \hat{X}(f) = F[x(t)] * F\left[\frac{1}{m}\right] = -j\,\text{sign}(f) * X(f) \tag{3.23}$$

即 $\hat{x}(t)$ 的傅里叶变换是信号 $x(t)$ 在频域做相移,在正频内延迟 $\pi/2$,在负频域内超前 $\pi/2$。

因此,计算信号的希尔伯特变换,可采用对应的频域移相法,其具体步骤如下:

①对 $x(t)$ 做 FFT 得 $X(f)$;

②对 $X(f)$ 移相得 $\hat{X}(f)$;

③对 $\hat{X}(f)$ 做逆 FFT 得 $\hat{x}(t)$。

相关包络分析案例代码参考附录Ⅲ。

3.3.4　信号分析案例

振动分析在工程领域很常见,如汽车的 NVH 分析,风机的模态分析,塔架、叶片等机械件的振动频率分析,发电机轴承的振动分析,飞机发动机阶次分析等,以及经常提到的知识点像信号处理、FFT、阶次分析、频谱估计、包络谱分析、模态分析、频率响应函数估计等。

(1)傅里叶变换

信号处理一般离不开傅里叶变换。傅里叶变换的本质是从空间(希尔伯特空间)中找一组正交基向量

$$e_k(t) = \frac{e^{-jkt}}{\sqrt{2\pi}} \tag{3.24}$$

或者正交基函数,正交的意思是内积为 0,其中希尔伯特空间内积的定义为:对于向量 f、

g,有

$$\langle \boldsymbol{f},\boldsymbol{g}\rangle := \int_a^b f(t)\,\overline{g}(t)\,\mathrm{d}t \qquad (3.25)$$

容易证明

$$\langle \boldsymbol{e}_j(t),\boldsymbol{e}_k(t)\rangle = \int_{-\pi}^{\pi} e^{-j(i-k)t}\mathrm{d}t = 0,\ \forall\, i \neq k \qquad (3.26)$$

将时域信号投影到这组正交基上,傅里叶变换

$$\hat{\boldsymbol{f}} = \frac{1}{2\pi}\int_{-\infty}^{+\infty} f(t)\,e^{-jkt}\mathrm{d}t = \langle \boldsymbol{f},\boldsymbol{e}_k(t)\rangle \qquad (3.27)$$

也就可以看作 $f(t)$ 在 k 对应的基 e^{-jkt} 上的投影。对于离散傅里叶变换(DFT)

$$X(k+1) = \sum_{n=0}^{N-1} x(n+1)e^{-j\frac{2\pi}{N}nk} \qquad (3.28)$$

利用 FFT 函数(快速傅里叶变换,实现 DFT 的一种快速算法)对一段矩形信号 $x(t)$ 进行变换,通常得到幅值频率图像,可以得到对应频率的幅值,如图 3.21 所示。

```
% 使用fft进行傅里叶变换
fs = 100;
nf = 2;
c = 1;
t =0:1/fs:2*pi;
ft = c*square(nf*t);
n = length(ft)
Y = fft(ft,n);
Phi = phase(Y);
P2 = abs(Y/length(Y));
P1 = P2(1:length(Y)/2+1);
P1(2:end-1) = 2*P1(2:end-1);
```

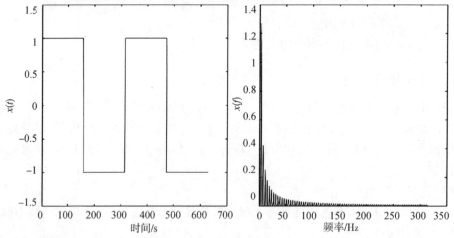

图 3.21 矩形信号及其 FFT 变换

为了更好地理解信号中离散频率对应的正交基向量,此处首先只选了前 20 个频率对应的基向量进行信号重构。接下来,增加用于信号重构的基向量的数量,分别取前 60、前 300,发现信号越来越接近原始信号,如图 3.22 所示。

```
% 得到离散频率，可以查看分辨率为 1/T
Dfreq = (0:length(Y)/2)*fs/length(Y);
% 构建正交基，包含相位信息
baseSeries=cos(2*pi*Dfreq'*t+Phi(1:length(Dfreq))');
% 选择重构用的基的维数
numComp = 300;
SelectedbaseSeries = baseSeries(1:numComp,:);
SelectedP1 = P1(1:numComp);
Selectedffreq = Dfreq(1:numComp);
% 重构信号
reconstructed_ft = SelectedP1*SelectedbaseSeries;
% 与幅值相乘的项
T = [SelectedbaseSeries.*SelectedP1']
figure
waterfall(t,Selectedffreq,T)
```

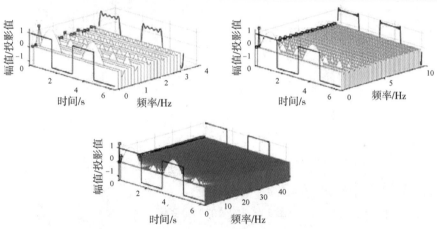

图 3.22　信号及其重构

MATLAB 程序中 baseSeries = $\cos(2*pi*Dfreq'*t+Phi(1:length(Dfreq))')$，计算得到的 baseSeries 变量是一个 $n \times m$ 矩阵，包含了所有的基向量 e^{-jkt}。n 是基向量的个数（k 的个数），m 是时域信号长度（t 的长度）。

简单理解了傅里叶变换，就可以使用 FFT 进行初步的转动数据分析，先生成一段时长为 2 s、采样频率为 600 Hz 的数据，在这 2 s 中，系统一直以 20 Hz 的转速运行。如图 3.23 所示，通过 FFT 可得到信号在对应转速的 20 Hz 频率上幅值最大。

这部分有很多重要的概念，包括时域/频域分辨率、频谱泄漏、功率谱/能量谱等。频率分辨率，简言之就是区分两个不同频率的能力。假设信号的采样频率为 F_s，N 为采样点数。在时域上，$T = N/F_s$ 反映的是信号总时长；在频域上，可以得到 N 个频率（基向量），可以理解为 F_s 被 N 个值平分，因此频率分辨率为

$$\frac{F_s}{N} = \frac{1}{T} \tag{3.29}$$

从上面的推导可以知道频率分辨率由采样时长决定，如果采样时长太短，DFT 没有

```
Fs = 600;
t = (1/Fs:1/Fs:2)';
rpm = 20;
x = cos(2*pi*rpm*t)+0.1*randn(size(t));
% 对数据进行 fft 变换, 得到峰值对应的频率即为 20 Hz
Y = FFT(x)
Phi = phase(Y);
P2 = abs(Y/length(Y));
P1 = P2(1:length(Y)/2+1);
P1(2:end-1) = 2*P1(2:end-1);
Dfreq = (0:length(Y)/2)*Fs/length(Y);
plot(Dfreq,P1)
```

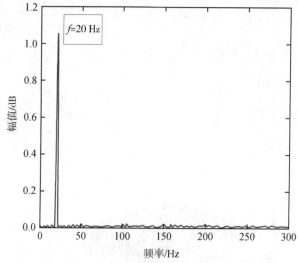

图 3.23　信号的 FFT 变化

能力区分两个接近的频率值。

接下来通过一个由两个频率组成的正弦信号来介绍频谱泄漏。

这两种正弦波的频率分别为 $f_1 = 100$ Hz 和 $f_2 = 202.5$ Hz。采样频率为 1 000 Hz,信号长度为 1 000 个采样点($T = 1$ s)。期望的结果是频谱幅值只在 $f_1 = 100$ Hz 和 $f_2 = 202.5$ Hz 处的结果不为零,其他位置的频谱幅值为零,但结果如图 3.24 所示。也就是在 202.5 Hz 处的信号幅值被周围的频率值平分了,这种现象就是频谱泄漏。

从频率分辨率的角度解释:通过上面的结论得到 DFT 的频率分辨率为 $1/T = 1$ Hz,$f_1 = 100$ Hz 正好落在分辨率的分仓边界上,而 $f_2 = 202.5$ Hz 不能被分辨率 1 Hz 取整。

从时域角度解释:取窗口时间 1 s 长度的数据,对应 f_1 的 100 个完整周期以及 f_2 的 202.5 个周期,DFT 默认信号是采样时间窗内周期出现的无限长信号,因此当窗重复时对于 f_1 来说正好是整数拼接,与原信号完全一致,而 f_2 在上一个 1 s 采样时间窗结束时并非对应信号自身周期结束,如图 3.25 所示。所以在上一个周期和下一个周期之间的信号过渡时有一个突变(周期边界由黑色虚线表示)。这个突变导致信号中添加了除原始频率之外的其他频率。

频谱泄漏会造成在计算频域幅值时不够准确,因为能量幅值被周围的频率平分。

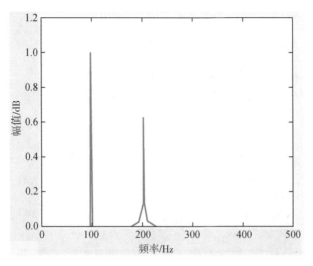

图 3.24　频谱图 1

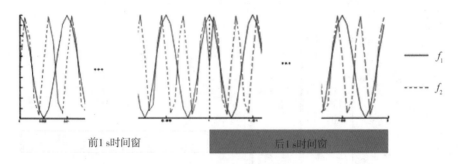

图 3.25　信号与取样数据周期

了解频谱泄漏的原因,可以调整采样时长,以保证在每个时间窗口中都有原始信号的整数个周期,例如设置采样窗口 $T=2$ s(保证所有信号都是整数周期截断)。

然而,通常未必能对真实数据进行延长采样,可以考虑补零(Zero-padding)的方式,用补零来对 DFT 进行插值。补零可以获得更准确的幅值估计,但并不能提高 DFT 的频谱(频率)分辨率。

根据这种方法,将 DFT 要处理的信号用 0 补长到 2 000 个点。有了这个长度,DFT 分仓的间距是 $F_s=0.5$ Hz,在这种情况下,202.5 Hz 正弦波的能量直接落在 DFT 分仓中。获得 DFT 并绘制振幅估计值得到更准确的幅值,如图 3.26 所示。

(2)时频分析

在实际应用中,信号经常是非平稳的,其频域随时间变化,只用 FFT 无法反映信号特征。此时,需要进行时频分析。

例如,给定一段信号,其由两个 chirp 信号组成。

第一个 chirp 信号在 0.1~0.68 s 内一直存在,频率 f 随时间 t 的函数是

$$f = \frac{15\pi}{2\pi(0.8-t)^2} \tag{3.30}$$

第二个 chirp 信号在 0.1~0.75 s 内一直存在,频率 f 随时间 t 的函数是

51

```
lpad = 2*length(x);
xdft = fft(x,lpad);
xdft = xdft(1:lpad/2+1);
xdft = xdft/length(x);
xdft(2:end-1) = 2*xdft(2:end-1);
freq = 0:Fs/lpad:Fs/2;

plot(freq,abs(xdft))
hold on
plot(freq,ones(2*length(x)/2+1,1),'LineWidth',2)
xlabel('Hz')
ylabel('Amplitude')
hold off
```

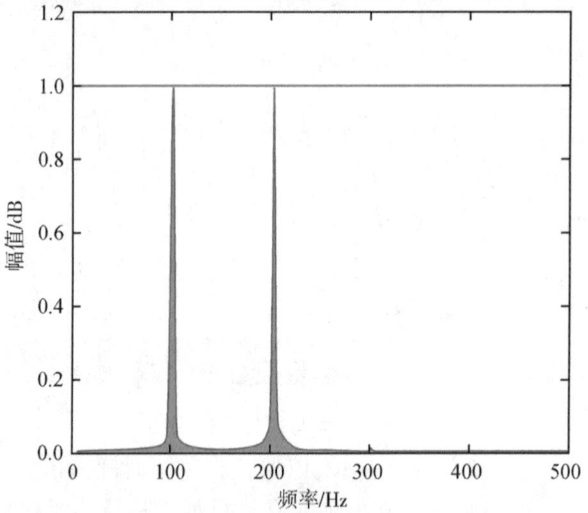

图 3.26　频谱图 2

$$f = \frac{5\pi}{2\pi(0.8 - t)^2} \tag{3.31}$$

如图 3.27 所示,通过傅里叶变换,可以得到信号 $x(t)$ 包含的频域成分,但它不能确认各频率成分在什么时候出现。对原始数据加窗,每个窗口内做傅里叶变换。这就是短时傅里叶变换(STFT)。STFT 提供了信号频率以及对应出现的时间信息。在 STFT 时频分析中,根据上面关于傅里叶变换的结论,选择较小的窗口可以得到较好的时间分辨率,但频率分辨率差;相反,选择较大的窗口会获得较好的频率分辨率,但时间分辨率差。一旦选择了窗口大小,它将在整个分析中保持不变。

如果可以提前知道待估计信号中想要的频率分量,则可以根据这些需求来选择一个合适的窗口大小。例如,两个 chirp 信号在初始时间点的瞬时频率分别约为 5 Hz 和 15 Hz。先选定窗口大小为 200 ms(对应的频率分辨率为 1/0.2 s = 5 Hz),如图 3.28 所示。瞬时频率在信号的前段被分辨出来,但在后段效果变差(后段频率变化快,时间分辨率不够会导致频带太宽)。

此后,把窗口缩短为 50 ms(对应的频率分辨率为 1/0.05 s = 20 Hz),虽然在后面高频率差中可以分辨(时间分辨率更高),但在初始时刻低频率差中分辨不开(频率分辨率

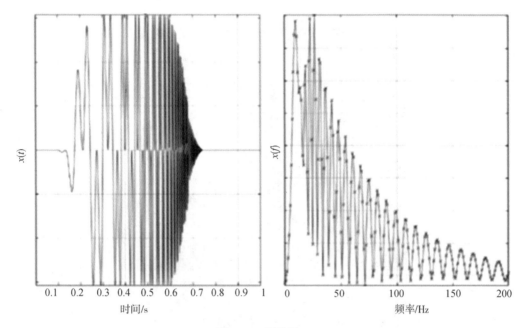

图 3.27　频谱图 3

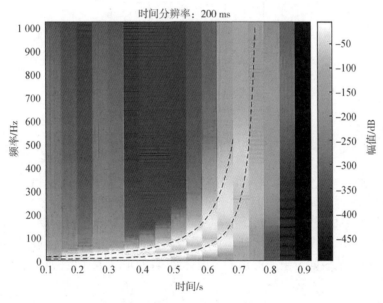

图 3.28　时频域 1

差），如图 3.29 所示。

　　对于这种非平稳双曲线 chirp 信号，STFT 很难找到合适的时间窗口大小使得对整个频域的各频率都能分辨得很好。而连续小波变换（CWT）可以解决 STFT 固有的分辨率问题。连续小波变换的时间窗口是可变的，如图 3.30 所示。

　　如果要分析的信号主要是缓慢振荡的低频信号，而高频信号只是在一些瞬态时长或突变过程中出现，这种情况可以考虑使用连续小波变换。如果高频信号持续时间很长并且是信号中的主要成分，使用连续小波变换就不合适了。

　　绘制 CWT 的时频图。时频图颜色对应幅值，频率轴用对数值，因为 CWT 中的频率

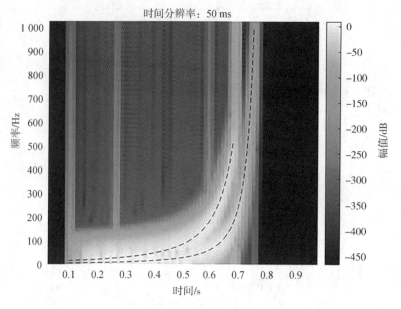

图 3.29　时频域 2

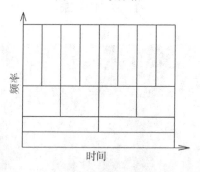

图 3.30　时频域（CWT）

是对数。从图 3.31 中可以清楚地看出信号中存在两个双曲线 chirp 信号。使用连续小波变换，可以准确地估计整个信号周期在某个瞬时出现的频率成分，而不必手动设置窗口长度。其中，白色虚线是 COI（Cone of Influence），可以确定白色虚线以内的数据是准确的。在阴影区域的白色虚线之外，时频图中的信息应被视为不准确的信息，因为可能存在边缘效应。从时间分辨率的角度来说，低频段对应较大尺度的小波，从而导致时间分辨率较差。

通过图 3.32 和图 3.33 中 3D 可视化查看小波幅值的增长速率，同时将 CWT 结果和真实瞬时频率结果进行对比，可以发现：CWT 结果和真实瞬时频率一致性较好。在MATLAB 中，可以使用内置函数执行各种时频变换。

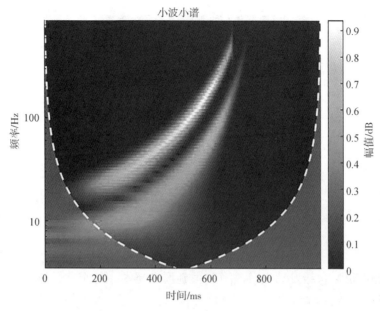

图 3.31 时频域 3
3D可视化

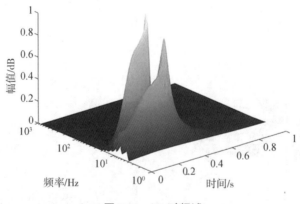

图 3.32 3D 时频域

（3）振动分析

在振动环境中进行时频分析时，经常使用阶次分析来确定发生在旋转机械中的频谱成分，从时域波形中追踪和提取阶次并计算不同阶次的平均谱值，通过估计频响函数、固有频率、阻尼比和模态振型进行试验模态分析，用时间同步平均法去除噪声，用包络谱分析磨损，为疲劳分析生成高周期雨流计数等。

下面通过一个示例来演示分析过程，对直升机在加速和减速过程中机舱内的加速度传感器振动数据进行阶次分析，从而确定振动源并进行优化。当设备的转速随时间一直变化时，阶次分析可以用来计算噪声或振动。每个阶数对应某个参考转速的倍频。例如，一个信号的频率如果等于发动机转频的 2 倍，那阶数就是 2。

通过仿真得到直升机在加速和减速过程中机舱内的加速度传感器振动数据。直升

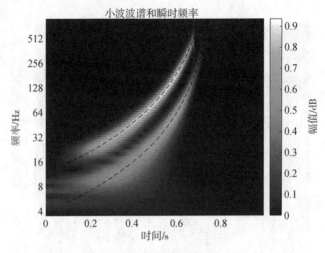

图 3.33　时频域 4

机有很多旋转部件,包括发动机、齿轮箱、主旋翼和尾翼。每个部件都以一个和主发动机固定的速比运转,每个部件都可能导致有害振动。如图 3.34 示例中的信号是一个时域电压信号,按 $f_s = 500$ Hz 的频率进行采样。数据还包含涡轮发动机的转速–时间关系。

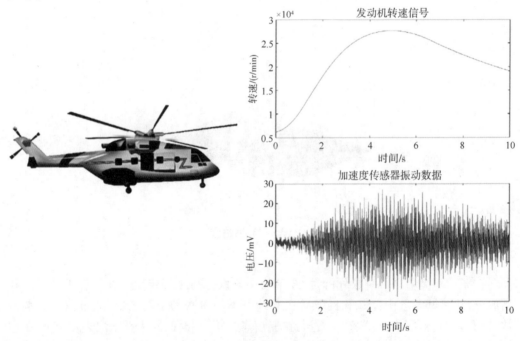

图 3.34　直升机与振源信号

通过数据可视化可以看到发动机转速在爬升和滑行过程中的变化,同时振动加速度幅值也跟转速有关。

①使用 RPM-Frequency 图谱可视化数据

为了能对振动信号进行时频域的分析,可使用 rpmfreqmap 函数。这个函数计算信号的 STFT 可生成 RPM-Frequency 图谱,见图 3.35($f = 125$ Hz,$RPM = 27\ 614.356$,$T = $

4.993 s, RMS 振幅 = 0.286, 分辨率 = 3.906 Hz)。

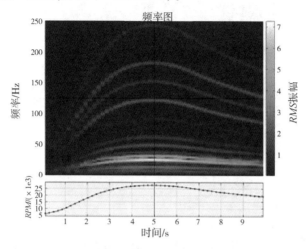

图 3.35　RPM-Frequency 图谱 1

rpmfreqmap 函数生成一幅时频图像的同时还有对应的转速时间图像, 还有图中的几个数值参数。图中幅值默认使用均方根(RMS)。也可通过选项设置来使用其他幅值指标, 例如峰值或功率值。三维的瀑布图见图 3.36(f = 125 Hz, RPM = 27 614.356, T = 4.993 s, RMS 振幅 = 0.286, 分辨率 = 3.906 Hz)。

从图 3.36 瀑布图中可以看出很多频率对应的幅值会随发动机转速的变化而变化。这说明这些频率是发动机转频的阶次频率。RPM 峰值也对应着振动高幅值的成分, 这些成分主要集中在 20~30 Hz。

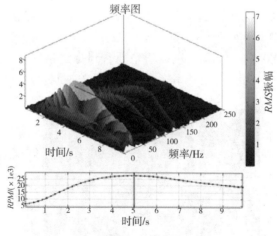

图 3.36　瀑布图

当前默认的频率分辨率(f_s/128 = 3.906 Hz, rpmfreqmap 函数默认将采样频率做 128 等分作为分辨率)不足以分辨一些转速峰值处的低频成分, 因此, 将频率分辨率调小, 设置为 1 Hz。从图 3.37(f = 125 Hz, RPM = 27 612.862, T = 4.876 s, RMS 振幅 = 0.045, 分辨率 = 1 Hz)可以看出 1 Hz 分辨率的 RPM-frequency 图谱可以清晰分辨出这些成分。

从结果来看, 在 RPM 峰值处对应的低频成分可以被分辨出来, 但同时也发现, 在转速快速变化时出现了严重的频率拖尾现象。这是因为在每个时间窗内随着发动机转速的增大或减小, 振动频率阶数也在变化, 覆盖一个比较大的范围, 导致一个较大的频谱

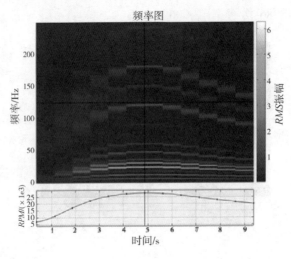

图 3.37　RPM-Frequency 图谱 2

带宽。分辨率越高,要求时间窗采样时长也越长,其中包含的频率覆盖范围越广,模糊现象越明显。在直升机起飞或减速滑行阶段,提高分辨率会导致频率拖尾现象更严重。这时可以考虑使用阶次图来避免这种分辨率和包含频率带宽大小的矛盾。

②使用 RPM 阶次图可视化数据

函数 rpmordermap 可生成阶次频谱图与 RPM 图,用于阶次分析。由于每个阶次是参考旋转速度的固定倍数,因此阶次图包含一条条直的阶次路径,都是 RPM 的函数。

函数 rpmordermap 与 rpmfreqmap 使用相同的参数,对应的频域轴是阶次,而不是频率。使用 rpmfreqmap 可视化直升机数据的阶次图。指定阶次分辨率为 0.005 倍基频。

阶次图包含每个阶次的直线路径,每一阶对应着发动机转速的倍数对应的振动。阶次分析(解决频率拖尾)如图 3.38(阶次 = 0.272,RMP = 27 552.983,T = 5.115 s,RMS 振幅 = 0.048,分辨率 = 0.005 Hz)所示,可以清楚地看到每个频率成分与发动机转速的关系。与 RPM-frequency 图谱相比,频率拖尾现象显著被抑制。

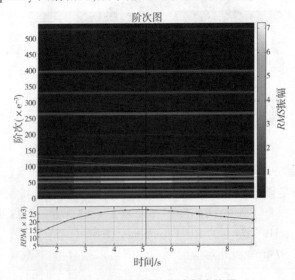

图 3.38　阶次分析(解决频率拖尾)

③使用平均阶次频谱确定峰值阶次

确定阶次图的峰值位置。寻找主旋翼和尾翼阶次的整数倍的阶次,对应着这些旋翼产生的振动。函数 rpmordermap 返回包含各阶次的阶次图和与时间对应的 *RPM* 值。通过分析数据可以确定直升机舱内高振幅振动的对应阶次。

计算并返回阶次图谱数据。

```
[map,mapOrder,mapRPM,mapTime] = rpmordermap(vib,fs,rpm,0.005);
```

使用 orderspectrum 计算并绘制 map 的平均阶次谱。该函数接受 rpmordermap 生成的阶次图表作为输入,并对时域取平均,见图 3.39。

```
figure
orderspectrum(map,mapOrder)
```

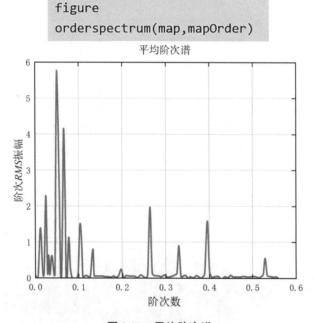

图 3.39　平均阶次谱

返回平均频谱值,并调用 findpeaks 以返回两个最高峰值的位置。

```
[spec,specOrder] = orderspectrum(map,mapOrder);
[~,peakOrders] =
findpeaks(spec,specOrder,'SortStr','descend','NPeaks',2);
peakOrders = round(peakOrders,3)
```

在图 3.39 中大约 0.05 阶处可以看到两个间隔很近的主峰。阶次小于 1,因为振动频率低于发动机转速。

④分析峰值阶次随时间的变化

使用 ordertrack 求峰值阶次的幅值随时间的变化。使用 map 作为输入,通过不带输出参数调用 ordertrack 来绘制两个峰值阶次的振幅。如图 3.40 所示,随着发动机转速的增大,两个阶次的振幅都会增大。

```
ordertrack(map,mapOrder,mapRPM,mapTime,peakOrders)
```

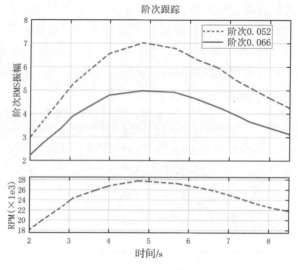

图 3.40　阶次跟踪

接下来,使用 orderwaveform 提取每个阶次对应的时域波形。提取出来的时域波形可以直接与原始振动信号进行比较。orderwaveform 使用 Vold-Kalman 滤波器提取特定阶次的时域波形。将两个峰值阶次对应的时域波形之和与原始信号进行比较,如图3.41所示。

```
orderWaveforms = orderwaveform(vib,fs,rpm,peakOrders);
helperPlotOrderWaveforms(t,orderWaveforms,vib)
```

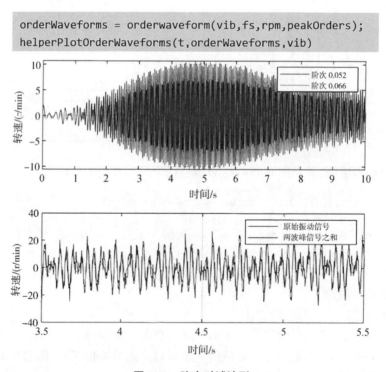

图 3.41　阶次时域波形

⑤减少机舱振动

为了确定机舱振动的来源,可以将振动峰值对应的阶次和直升机旋转部件的阶次配合起来看。

```
mainRotorOrder = mainRotorEngineRatio;
tailRotorOrder = tailRotorEngineRatio;

ratioMain = peakOrders/mainRotorOrder
ratioMain = 2×1

    4.0310
    5.1163

ratioTail = peakOrders/tailRotorOrder
ratioTail = 2×1

    0.7904
    1.0032
```

可以看到最大振幅分量的频率是主旋翼频率的 4 倍。而主旋翼有 4 个叶片,很可能是这种振动的来源。通常对于每个旋翼有 N 个叶片的直升机来说,主转速的 N 阶振动是很常见的。同样,第二大分量位于尾旋翼速度的一阶次处,表明振动可能源于尾旋翼。

在对主旋翼和尾旋翼进行轨迹和平衡调整后,采集新数据集。加载新数据集并比较调整前后的阶次频谱,如图 3.42 所示,主峰的振幅大幅降低。

该示例使用阶次分析来确定直升机的主旋翼和尾翼是否为机舱内高振幅振动的潜在来源。使用了 rpmfreqmap 和 rpmordermap 对阶次进行可视化处理。RPM-阶次图在整个 RPM 范围内实现了阶次分离,且消除了在 RPM-frequency 图中出现的频率拖尾。rpmordermap 最适合可视化在发动机加速和减速期间低 RPM 时的振动分量。该示例使用 orderspectrum 确定峰值阶次,使用 ordertrack 可视化峰值阶次的振幅随时间的变化情况,使用 orderwaveform 提取峰值阶次的时域波形。最大的振幅振动分量出现在主旋翼旋转频率的 4 倍处,表明主旋翼叶片不平衡。第二大分量出现在尾旋翼的旋转频率处。调整旋翼后,振幅得以降低。

```
load helidataAfter
vib = vib - mean(vib);              % Remove the DC component
[mapAfter,mapOrderAfter] = rpmordermap(vib,fs,rpm,0.005);
figure
hold on
orderspectrum(map,mapOrder)
orderspectrum(mapAfter,mapOrderAfter)
legend('Before Adjustment','After Adjustment')
```

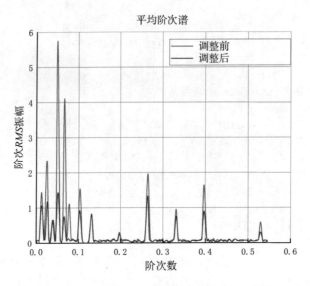

图 3.42　平均阶次谱

第4章

轮机设备振动诊断技术

设备的运转一定会产生振动,即使机器处于最佳的运行状态,因微小的缺陷及外界激励,也会产生振动。例如,柴油机、汽轮机、离心压缩机、鼓风机、电动机、发电机、泵及各种齿轮变速器等在运行时必然会产生振动和噪声。据资料统计,机械设备由振动引起的故障,占总机械故障率的60%~70%。转子、轴承、壳体、联轴节、密封和紧固件等部分的结构及加工和安装方面的缺陷,引起的设备振动,往往是机器故障的主要原因。因此,对运转设备的振动测量、监视和分析是非常重要的。如图4.1所示,通过测量、监视和分析振动信号,分析设备运行状态,是降低设备振动和噪声、延长设备使用寿命、保证生产系统平稳、节能降耗的最佳途径。

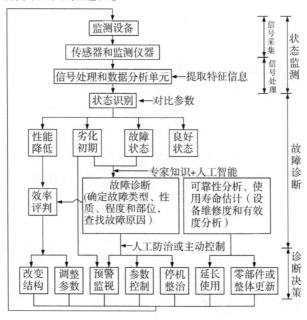

图4.1 机械设备故障诊断过程

4.1 滚动轴承振动诊断技术

滚动轴承具有磨损小、结构紧凑、转速高、使用寿命长等优点,在工业生产中得到了广泛的应用。滚动轴承在使用的过程中会产生故障,由于受到强烈噪声的影响,其微弱的故障特征往往被淹没。如何准确判断滚动轴承疲劳的损伤程度和破坏类型一直是科学研究的重点和难点。滚动轴承按照测量性质的不同可分为油样法、温度法、声波法和振动信号法。

4.1.1　滚动轴承结构

常见的滚动轴承一般由内圈、外圈、滚动体和保持架四部分组合而成,见图4.2。在滚动轴承中,内圈和外圈通常具有支撑的作用;滚动体本身的形状、尺寸大小与数目多少直接对承载能力起决定作用;保持架用来防止滚动体脱落。

滚动轴承的几何参数主要有:滚动轴承节径 D 、滚动体直径 d 、内圈滚道半径 r_1 、外圈滚道半径 r_2 、接触角 α 、滚动体个数 Z 。

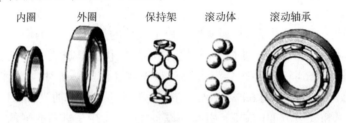

内圈　　外圈　　　　保持架　　滚动体　　滚动轴承

图 4.2　滚动轴承的构成

滚动轴承的种类有很多,按其结构可分为圆柱滚子轴承、圆锥滚子轴承、滚针轴承等,如表4.1所示。

表 4.1　滚动轴承的种类及主要特征

滚动轴承种类	主要特征
圆柱滚子轴承	安装拆卸方便,一般只用于承受径向载荷,主要应用于大型电机、机床主轴、车轴轴箱等
圆锥滚子轴承	主要用于承受以径向载荷为主的径向与轴向联合载荷,而大锥角圆锥滚子轴承可以用于承受以轴向载荷为主的径向与轴向联合载荷
滚针轴承	径向结构紧凑,外径最小,特别适用于径向安装尺寸受限制的支撑结构
深沟球轴承	结构简单,使用方便,是生产批量最大、应用范围最广的一类轴承,主要应用于汽车、机床、农业机械等
调心球轴承	有两列钢球,内圈有两条滚道,外圈滚道为内球面形,具有自动调心的功能,主要应用于联合收割机等农业机械、鼓风机、造纸机等
推力球轴承	是一种分离型轴承,主要应用于汽车转向机构、机床主轴

4.1.2　滚动轴承故障形式及机理

在滚动轴承工作过程中,由于装配不当、润滑欠缺、异物侵入、超负荷运转或者过载等都可能引发轴承损坏,长时间工作后产生疲劳剥落或者自然磨损可能导致系统故障。常见的滚动轴承故障可总结为损伤和磨损两大类。常见的损伤类故障有疲劳剥落、塑性变形、断裂、轴承烧伤、锈蚀、胶合六种;磨损类故障为轴承长期正常工作引起的渐变性故障。

（1）疲劳剥落

滚动轴承发生故障的典型方式是其滚动接触面发生单纯的疲劳剥落。在工作中，轴承滚子和滚道接触面相对滚动的同时又互相挤压，加上周期交变载荷的作用，长时间工作后，轴承部件接触面将产生小的剥落坑，最终发展为大面积剥落，该现象称作疲劳剥落。

（2）塑性变形

当工作载荷过大时，由于滚动轴承承受的过大的冲击力和静载荷的原因，轴承滚道的表面上形成不均匀的凹坑，这种现象主要发生在低速旋转的轴承上。另外，由于热变形而引起的额外的载荷也可能使轴承发生塑性变形。

（3）断裂

负荷过大是轴承内部部件断裂的主要原因。另外，工作过程中摩擦产生的热应力过大时也能引起轴承零件的断裂。

（4）轴承烧伤

轴承装配存在较大偏斜量时，容易引起轴承温度升高，并出现轴承烧伤的现象。另外，轴承润滑不良、使用不合格或者润滑油变质、装配过紧都会导致轴承烧伤。在装配设计时对热膨胀考虑欠缺，造成运转中间隙越来越小，也会导致轴承烧伤。烧伤的轴承的滚道、滚动体上有回火现象。

（5）锈蚀

水分的侵入是造成轴承锈蚀的原因。轴承工作时，温度高于环境温度，轴承停止工作时，轴承温度下降，空气中的水分易在轴承表面凝结水珠，未及时清理将引起轴承锈蚀。保护不当使得水分直接进入轴承也是造成轴承锈蚀的原因。

（6）胶合

轴承在高速、高负荷和润滑欠缺的情况下，摩擦产生的热量能使轴承部件迅速升温，到达一定温度时能引起轴承部件金属接触表面相互黏结，该现象称作胶合。

轴承在工作过程中，轴承滚子和滚道相对运动产生的挤压力、侵入轴承滚道的杂物能引起轴承的表面磨损。另外，润滑不良能加速表面磨损。磨损能增大滚动轴承的游隙，提高轴承工作面粗糙度，降低运转精度，从而引起旋转系统工作精度降低，工作噪声增大。

为此，要对滚动轴承的故障机理进行研究时，需关注故障产生的原因与故障所具有的特征，为滚动轴承故障诊断提供重要理论依据。滚动轴承的故障类型主要有六种，如表 4.2 所示。

表 4.2　滚动轴承故障机理

故障类型	产生原因
外圈、滚动体、内圈接触表面之间的磨损和剥落	滚动轴承的轴向间隙、径向间隙过大，破坏了与其配合轴的正确工作位置；外圈、滚动体、内圈接触表面之间承受周期性交变载荷的反复冲击，各接触表面上产生疲劳剥落；轴承安装歪了，配合轴发生弯曲，产生滚道剥落现象

（续表）

故障类型	产生原因
内圈、外圈与其配合表面磨损	轴承装配不正确,导致轴承外圈与轴承座或壳体座孔、轴承内圈与轴的配合不当,出现配合表面的磨损
保持架磨损和碎裂	润滑油变质或不符合要求,导致润滑不足,使保持架受到磨损。润滑不足、滚动体破碎、座圈歪斜都会造成保持架碎裂
轴承接触面烧伤	润滑油变质,则会出现润滑不良的现象,使表面的温度升高;轴承运动间隙过小,轴承摩擦产生一定的热量,接触表面因高温而出现退火;轴承安装不正确,轴承的位置不对中
滚动轴承的接触面发生塑性变形	在交变载荷的冲击下,当应力超过接触部位的屈服极限时,接触面因材料发生塑性位移而产生凹坑,轴承低速重载时最易出现该类故障
轴承内外圈裂纹	轴承间隙过小,内圈或外圈配合面过紧;轴承间隙过大,内圈或外圈配合面松动;与轴承内圈、外圈接触的表面加工不良以及座圈内落入其他异物

4.1.3　滚动轴承故障诊断技术

（1）声音诊断技术

声音诊断技术是最常用的,需要依靠听觉来诊断,可以诊断轴承变形、剥落及裂纹等,但需要经验丰富的人员凭经验诊断轴承故障。当滚动轴承通过剥落位置时会有发声现象,这种发声具有周期性,分析发声周期可以判断故障类型和部位。但是,有时无法保证可靠性。

（2）温度诊断技术

温度诊断技术通过监测轴承附近部件的温度来观测轴承是否正常运转,比如监测轴承座或者箱体的温度。温度监测对轴承过载、润滑不良引起的温度过高较敏感,常用于报警系统。温度诊断技术用来诊断轴承表面烧伤,但它不适用于点蚀、局部剥落等局部损伤类故障。

（3）油样分析法

油样分析法通过提取分析轴承润滑油中的金属颗粒的大小、形状,判断颗粒产生的原因和位置,从而判断轴承的运转状况。此方法局限于油润滑的轴承,并且受环境影响较大,例如落入轴承润滑油的外界金属屑会影响油样分析法的判断结果。

（4）振动诊断技术

振动诊断技术通过采用振动传感器采集滚动轴承的振动信号,对该信号进行处理和分析,依据获得的信号的特征,判断轴承故障的种类和位置。振动法适用于各种工作状态下的滚动轴承,对振动信号的测试与处理比较简单和直观,轴承故障的诊断结果比较可靠。此方法可以对轴承疲劳剥落、变形、压痕、局部腐蚀进行诊断,准确性高,但是在故障发生的初始阶段仍然很难及时做出准确的诊断。

另外,设备运转时,用手触摸轴承外壳,其温度不感觉烫手为正常;反之,则表明轴承的温度过高。周期性的撞击声说明轴承已经有剥落凹痕,刺耳的鸣叫声说明轴承润滑不足或者滚动体局部装配过紧。

4.1.4　故障轴承的振动信号特点

按轴承的振动信号特点,故障形式一般可以分为表面损伤和磨损类损伤。轴承运转过程中产生的主要特征频率见表 4.3。

表 4.3　轴承运转过程中产生的主要特征频率

频率/Hz	说明
$f_0 = \dfrac{n}{60}$	转动圈的选择频率,n——转承转速(r/min)
$f_1 = \dfrac{n}{120}\left(1 \pm \dfrac{d}{D}\cos\alpha\right)$	钢球的公转频率,"+"对应外圈旋转,"-"对应内圈旋转,d——滚动体直径(mm),D——轴承中心径(mm)
$f_2 = \dfrac{n}{120} \times \dfrac{D}{d}\left(1 - \dfrac{d^2}{D^2}\cos^2\alpha\right)$	滚动体的自转频率,α——轴承接触角
$f_3 = Zf_1$	滚动体与静止圈上一固定点的接触频率
$f_4 = 2f_2$	滚动体上一固定点与内圈和外圈的接触频率
$f_5 = \dfrac{n}{60}\left[1 - \dfrac{1}{2}\left(1 \pm \dfrac{d}{D}\cos\alpha\right)\right]$	钢球的公转频率与转动圈的频率差,"+"对应外圈旋转,"-"对应内圈旋转
$f_6 = Zf_5$	滚动体与转动圈上一固定点的接触频率

在滚动轴承运行过程中,由于滚动体与内圈或外圈冲击而产生振动,这时的振动频率为滚动轴承各部分的固有频率。在固有振动中,内圈、外圈的振动表现得最明显,滚动轴承元件的固有振动频率参照式(4.1)和式(4.2)。

(1)轴承圈在自由状态下的径向弯曲振动的固有频率为

$$f_n = \frac{n(n^2 - 1)}{2\pi\sqrt{n^2 + 1}} \times \frac{4}{D^2}\sqrt{\frac{EIg}{\rho A}} \tag{4.1}$$

式中,E——弹性模量,钢材的弹性模量为 210 GPa;

　　　I——套圈横截面的惯性矩,mm^4;

　　　ρ——密度,钢材的密度为 7 860 kg/m^3;

　　　A——套圈横截面的面积,mm^2;

　　　D——套圈横截面中性轴的直径,mm;

　　　g——重力加速度,$g = 9.8\ m/s^2$;

　　　n——振动阶数(变形波数),$n = 2, 3, \cdots$

(2)钢球振动的固有频率为

$$f_{bn} = \frac{0.414}{R}\sqrt{\frac{Eg}{2\rho}} \tag{4.2}$$

式中,R——钢球的半径。

当损伤点滚过轴承元件表面时,产生突变的冲击脉冲力,该脉冲为一宽带信号,会覆盖轴承系统的各个固有频率,从而激发轴承产生冲击振动。这是损伤类故障的振动信号的基本特点之一,并且故障特征频率一般在 2 kHz 以下。

磨损类故障是轴承在长时间工作时产生的一种渐变性故障。轴承工作面磨损后产生的振动信号与正常轴承的振动信号有着相同的性质,两者的波形都是规则的。但轴承磨损后的振动信号幅值明显高于正常轴承,这是已磨损轴承的振动信号区别于正常轴承的基本特点。

4.1.5　故障轴承的振动诊断

滚动轴承故障产生的信号往往是非平稳、非线性信号。振动信号法相比前面几种方法具有测量精度高、响应快、可靠性好的特点。分析非线性的随机信号最常用的方法是时域和频域分析法。只采用一种分析方法难以得到满意的分析结果,近年来研究专家普遍采用时域和频域的有机结合,以避免因分析方法单一而导致的误差。信号处理和故障特征提取的方法有短时傅里叶变换(Short Time Fourier Transform,STFT)、经验模态分解(Empirical Mode Decomposition,EMD)、经验小波变换(Empirical Wavelet Transform,EWT)等。

(1)分析频带选择

一般来说,对于滚动轴承的振动信号,在选定了分析频带之后,必须利用低通滤波器、带通滤波器或高通滤波器进行适当的滤波,同时往往还需要配以其他有效的预处理措施(如调制解调),然后才能够从所得到的信号中获得足够多的有用信息。

①低频段(0~1 kHz)

在实际工作中滚动轴承非故障特征频率(如滚动体在内圈、外圈滚道的通过频率)通常都在 1 kHz 以下,因此,可以直接通过振动信号的波形或根据频谱图上相应的特征谱线状况确定可能的故障原因。但是由于在该频域(带)范围内振动信号很容易受到机械、电源及流体动力噪声等干扰源的影响,并且在故障初期,反映故障的频率成分在低频段中的相对能量很小,因此,信号的信噪比较低、故障检测灵敏度差。

②中频段(1~20 kHz)

中频段的利用通常可分为两类方法。第一类是使用下限截止频率为 1 kHz 的高通滤波器来滤除轴承振动信号中的低频部分,以消除各种低频干扰。然后利用滤波后的振动信号,通过求取峰值、有效值(RMS)、峭度系数等参数进行监测判断。许多简易的轴承监测仪表采用这种方式,如 NB-3 型和 NB-4 型轴承监测仪。第二类是利用带通滤波器来提取轴承零部件或相关结构零部件的共振频率成分,例如,应用较多的轴承外圈一阶径向固有振动频率检测。最后根据通带内信号成分的总功率大小来判断轴承状况是否良好。一般来说,带通滤波器的中心频率和通带截止频率应根据轴承的类型及尺寸等进行相应调整,以达到最佳效果。

③高频段(20~80 kHz)

由于在轴承(疲劳剥落)故障所引起的冲击振动中,有很大部分的冲击能量分布在高频段,因此,可以利用加速度传感器的谐振或专门设计的谐振放大电路来放大或增强由于冲击而形成的衰减振动信号,以获得早期的诊断信息。总体上,高频段中的信号经谐振放大后,富含信息,为有效、准确地诊断提供了较好的依据。冲击脉冲计(SPM)和共振解调(IFD)方法均采用这个频段。

（2）冲击脉冲法

冲击脉冲法（Shock Pulse Method,SPM）是一种用于提取滚动轴承在运转中所产生的冲击能量的方法。

在滚动轴承受到损伤（如疲劳剥落、裂纹、磨损及表面划伤等）之后，在运转过程中就会产生冲击振动。由于阻尼的作用，这是一种衰减性的振动。研究结果表明，这种振动中冲击的强弱反映了轴承在一定转速下的故障程度。冲击脉冲法就是基于这个基本原理首先让信号经过 30~40 kHz 中心频率的带通滤波器滤波，然后利用传感器或谐振电路的谐振放大特点，提取冲击能量或折算成脉冲值，利用冲击脉冲值便可以确定轴承的好坏情况。

脉冲值代表了共振解调波幅的大小，这实际上就是与故障关联的缺陷程度大小。脉冲能量 SV 与标准故障冲击能量 dB_N、轴承工作转速 n 以及轴承内径 D 的关系如下

$$dB_N = 20\lg\left(\frac{2\,000SV}{nD_i^{0.6}}\right) = 20\lg(2\,000SV) - 20\lg(nD_i^{0.6}) = dB_{SV} - dB_i \qquad (4.3)$$

式中，dB_{SV} 为总冲击能量，dB_i 为初始冲击能量（或称背景分贝），即标准故障冲击能量为总冲击能量与初始冲击能量之差。

脉冲能量可表示成以下关系式

$$SV = 10^{\frac{dB_N}{20}} \times \left(\frac{nD_i^{0.6}}{2\,000}\right) = KF \qquad (4.4)$$

式中，$K = 10^{\frac{dB_N}{20}}$，称为故障系数；$F = \dfrac{nD_i^{0.6}}{2\,000}$，称为条件因子，仅与轴承的参数和工作转速有关。

通用工业滚动轴承的故障标准见表 4.4。在无损期或极微小损伤期，脉冲值（dB_N 值）基本在某一水平线上下波动，随着故障的发展，脉冲值逐渐增大。当标准故障冲击能量大于初始值的 1 000 倍即 60 dB 时，就认为该轴承的寿命已经结束，即轴承已报废。

表 4.4　通用工业滚动轴承的故障标准

特征量	正常值	警告值	损坏值	报废值
dB_N	<20 dB	20~35 dB	>35 dB	>60 dB
SV	<10 F	10~56 F	>56 F	>1 000 F
K	<10	10~56	>56	>1 000

根据标准故障冲击能量 dB_N 值的大小，可以十分容易地判断轴承状态，即

①$0 \leqslant dB_N \leqslant 20$ dB：正常状态；

②$20$ dB$< dB_N \leqslant 35$ dB：注意状态，轴承有初期损伤；

③$35$ dB$< dB_N \leqslant 60$ dB：警告状态，轴承已有明显损伤；

④$60$ dB$< dB_N$：完全损坏状态，轴承报废。

4.1.6　故障轴承的振动分析案例

当滚动轴承某元件出现局部损伤时，机器在运行中就会产生相应的振动频率，称为故障特征频率，又叫轴承通过频率。

内圈通过频率 f_i，即单位时间内内圈上的某一损伤点与滚动体接触的次数。

$$f_i = \frac{z}{2} f_r \left(1 + \frac{d}{D} \cos\alpha \right)$$

式中，f_r 为轴承内圈的回转频率，Hz，$f_r = \dfrac{n}{60}$，n 为内圈的转速，r/min；d 为滚动体直径，mm；D 为轴承平均直径 mm；z 为滚动体个数；α 为压力角（又称接触角）。

外圈通过频率 f_o，即单位时间内外圈上的某一损伤点与滚动体接触的次数。

$$f_o = \frac{z}{2} f_r \left(1 - \frac{d}{D} \cos\alpha \right)$$

滚动体通过频率 f_b，即单位时间内滚动体上的某一损伤点与内圈或外圈接触的次数。

$$f_b = \frac{1}{2} f_r \times \frac{D}{d} \left[1 - \left(\frac{d}{D} \right)^2 \cos^2\alpha \right]$$

保持架通过频率 f_c

$$f_c = \frac{1}{2} f_r \left(1 - \frac{d}{D} \cos\alpha \right)$$

如图 4.3 所示，由某发电机前轴承振动时域图可知，发电机轴承明显存在冲击现象，冲击周期 $T = 0.1$ s，同时存在 $T = 6$ ms 的边频。从发电机前轴承振动频域放大图可以看到，主要是 10.986 Hz 及其 ×2，×3，×4……谐波。由此可以判断，此电机轴承保持架存在故障。

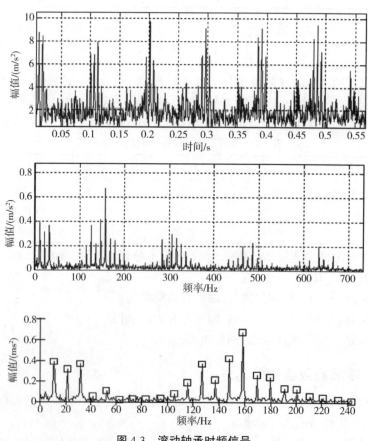

图 4.3　滚动轴承时频信号

4.2 齿轮箱振动诊断技术

齿轮箱是各类机械中重要的变速和传动部件,主要包含轴、齿轮和轴承等零部件。齿轮箱是否运行正常,对于机器整体的工作状况具有很大影响。由于齿轮箱本身存在制造、装配误差或在不适当的条件下运行,容易发生故障或损伤。齿轮箱各类零件故障或损伤所占比例约为:齿轮 60%,轴承 19%,轴 10%,箱体 7%,紧固体 3%,油封 1%。

因此,对于齿轮箱中齿轮故障的监测与诊断尤为重要。而在齿轮故障形式中,轮齿折断对齿轮箱的影响最为巨大,常导致齿轮箱整体报废,严重时甚至由于轮齿折断时的瞬时冲击过大而损坏机器。轮齿折断由于突发性和瞬时性危害较大,不便进行试验验证,因此对于轮齿折断的早期表现形式——齿轮裂纹的故障诊断意义重大。

4.2.1 齿轮的常见失效形式

齿轮是最常用的机械传动零件,齿轮故障也是转动设备的常见故障。据有关资料统计,齿轮故障占旋转机械故障的 10.3%。齿轮故障可划分为两大类:一类是轴承损伤、不平衡、不对中、齿轮偏心、轴弯曲等;另一类是齿轮本身(即轮齿)在传动过程中形成的故障。在齿轮箱的各零件中,齿轮本身的故障比例最大,达 60% 以上。齿轮本身的常见故障形式有以下几种。

(1)断齿

断齿是最常见的齿轮故障,轮齿的折断一般发生在齿根,因为齿根处的弯曲应力最大,而且是应力集中之源。

断齿有三种情况:①疲劳断齿,轮齿根部在载荷作用下所产生的弯曲应力为脉动循环交变应力,以及在齿根圆角、加工刀痕、材料缺陷等应力集中源的复合作用下,会产生疲劳裂纹,裂纹逐步蔓延扩展,最终导致轮齿发生疲劳断齿。②过载断齿,对于由铸铁或高硬度合金钢等脆性材料制成的齿轮,严重过载或受到冲击载荷作用会使齿根危险截面上的应力超过极限值而发生突然断齿。③局部断齿,当齿面加工精度较低或齿轮检修安装质量较差时,沿齿面接触线会产生一端接触而另一端不接触的偏载现象,偏载使局部接触的轮齿齿根处应力明显增大,超过极限值而发生局部断齿。局部断齿总是发生在轮齿的端部。

(2)点蚀

点蚀是闭式齿轮传动常见的损坏形式,一般多出现在靠近节线的齿根表面上,发生的原因是齿面脉动循环接触应力超过了材料的极限应力。

在齿面处的脉动循环变化的接触应力超过材料的极限应力时,齿面上就会产生疲劳裂纹。裂纹在啮合时闭合而促使裂纹缝隙中的油压增高,从而又加速了裂纹的扩展。如此循环变化,最终使齿面表层金属一小块一小块地剥落下来而形成麻坑,即点蚀。

点蚀有两种情况:①初始点蚀(亦称为收敛性点蚀),通常只发生在软齿面($HB<350$)上,点蚀出现后,不再继续发展,甚至会消失。其原因是微凸起处逐渐变平,从而扩大了接触区,接触应力随之减小。②扩展性点蚀,发生在硬齿面($HB>350$)上,点蚀出现后,因为齿面脆性大,凹坑的边缘不会被碾平,而是继续碎裂下去,直到齿面完全损坏。

对开式齿轮,齿面的疲劳裂纹尚未形成或扩展时就被磨去,因此不存在点蚀。当硬齿面齿轮热处理不当时,沿表面硬化层和芯部的交界层处,齿面有时会成片剥落,称为片蚀。

（3）磨损

齿面磨损是由于金属微粒、尘埃和沙粒等进入齿的工作表面引起的。齿面不平、润滑不良等也是造成齿面磨损的原因。此外,不对中、联轴器磨损以及扭转共振等,会在齿轮啮合点引起较大的扭矩变化,或使冲击加大,从而加速磨损。

齿轮磨损后,齿的厚度变小,齿廓变形,侧隙变大,会造成齿轮动载荷增大,不仅使振动和噪声加大,而且很可能导致断齿。

（4）胶合

齿面胶合（划痕）是由于啮合齿面在相对滑动时油膜破裂,齿面直接接触,在摩擦力和压力的作用下接触区产生瞬间高温,金属表面发生局部熔焊黏着并剥离的损伤。

胶合往往发生在润滑油黏度过低、运行温度过高、齿面上单位面积载荷过大、相对滑动速度过高、接触面积过小、转速过低（油带不起来）等条件下。齿面发生胶合后,将加速齿面的磨损,使齿轮传动迅速趋于失效。

4.2.2　齿轮裂纹的故障机理及振动信号特点

一般研究的齿轮裂纹通常指的是疲劳裂纹。齿轮的疲劳裂纹主要是指在明显低于材料抗拉强度的重复交变应力或循环应力作用下扩展的裂纹,通常出现在齿根处,有时由于过载最初产生的裂纹也会像疲劳裂纹一样缓慢扩展。

齿轮及齿轮箱在运行过程中,其运行状态与故障的特征主要由齿轮箱的振动与噪声、齿轮传动轴的扭振、齿轮齿根的应力分布、润滑油的温度,以及油中磨粒的含量及形态等构成。从理论上讲,以上几种特征参量都可以用于对齿轮进行故障诊断,但是对于齿轮裂纹故障,有些参量不包含故障特征或故障特征不明显,无法用来进行故障诊断。

目前,通过振动与噪声或齿轮传动轴的扭振信号,对齿轮裂纹进行故障诊断已得到有效应用,其中又以振动与噪声信号应用更广泛。齿轮振动与噪声产生的原因主要有传动过程中节线的冲击以及啮合冲击。无论齿轮处于正常或异常状态下,啮合频率的振动成分及谐波总是存在的,但两种状态的振动水平有差异,这也是通过振动信号诊断齿轮故障的理论依据。正常齿轮的时域波形为周期性的衰减波形,在频域存在啮合频率及其谐波分量。存在裂纹故障的齿轮的振动波形是典型的以齿轮旋转时间为周期的冲击脉冲,在频域以旋转频率为主要特征。

在测试技术上,要获得齿轮振动与噪声信号,主要通过各种信号传感器、放大器及其他测量仪器测量出来,但是实际获得的信号通常是复杂的非平稳信号,不能直接用来诊断齿轮故障。而如何正确地处理齿轮振动信号,提取出有效的故障特征,便是齿轮故障诊断的主要研究内容。但在实际工程运用中,由于早期的齿轮裂纹故障信号比较微弱,冲击脉冲常常被淹没在强大的背景噪声中,而导致无法提取出有效的裂纹故障特征,这也是齿轮裂纹故障诊断的重点和难点。

由于制造、安装、维护和工作环境等多种因素的影响,齿轮机构容易产生种种缺陷,图 4.4 列举了齿轮机构的几种常见缺陷。通过监测诊断及时发现并排除齿轮的各种故障,对于确保机器正常运转十分必要。

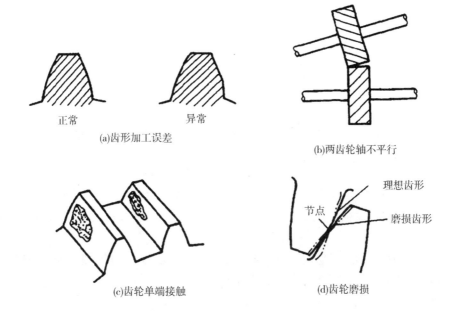

图 4.4　齿轮机构的几种常见缺陷

诊断齿轮故障有多种方法,其中最经典的方法是振动频谱分析。在对齿轮进行振动测量分析时,应注意下面几点:

①注意齿轮振动信号在传递途中存在严重衰减。由于齿轮结构布局的特点,测点远离故障源,齿轮的振动信号传递要通过很长的路径:齿轮→轴→轴承→轴承座→测点,在迂回曲折的传递途中,高频信号大多消失。所以在振动测量时,须认真搜索,仔细测量,尽量提高信噪比。

②结构复杂的齿轮箱,往往同时有几副齿轮对在运行,振源多,在振动频谱中包含有数个齿轮的啮合频率及调制转速频率,谱线密集,难以分辨,给识别故障带来相当大的难度,因此,需要使用分辨率较高的仪器。

③坚持定期监测,建立标准谱。齿轮早期故障的振动信号相当弱小,加之在传递途中能量损耗较大,给齿轮早期故障诊断增大了难度。所以最好对齿轮坚持定期监测,及早发现故障苗头。为了从频谱的变化中识别齿轮状态,应当建立齿轮在正常状态下的基准谱,以供判断齿轮状态。图 4.5 所示为一对齿轮在正常状态下的基准谱。将测得的齿轮振动信号频谱与基准谱进行比较,很容易发现频率结构的变化;分析谱图中原有频率的消长和新生频率的萌生情况,可判断齿轮状态的变化;再结合其他相关信息,即可判断齿轮的状态。

(1)齿轮振动信号的频率

①齿轮啮合频率

齿轮啮合频率伴随着齿轮的啮合运动而产生,在数值上等于齿轮的齿数乘以旋转频率,即

$$f_{\mathrm{m}} = z f_{\mathrm{r}} = z \frac{n}{60} \tag{4.5}$$

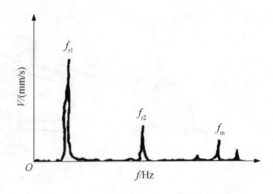

图 4.5　一对齿轮在正常状态下的基准谱

f_{r1}—输入轴(低速轴)转频;f_{r2}—高速轴(输出轴)转频;f_m—齿轮啮合频率

式中,f_m 为齿轮啮合频率,Hz;f_r 为齿轮回转频率,Hz;z 为齿轮齿数;n 为齿轮转速,r/min。

一对运行中的齿轮,不管处于何种状态,啮合频率总是存在的。且一对互相啮合的齿轮,其啮合频率对其中任何一个齿轮都是相等的。

②齿轮自振频率

凡是有缺陷的齿轮,在运行中都会产生高电平脉冲,这通常会激起齿轮的自振频率(亦称固有频率)。自振频率的出现是齿轮失效的一个关键性指标。对于直齿圆柱齿轮,其自振频率按下式计算

$$f_c = \frac{1}{2\pi}\sqrt{\frac{k}{m}} \tag{4.6}$$

式中,f_c 为齿轮自振频率,Hz;k 为齿轮副的弹簧常数;m 为齿轮副的等效质量。

其他类型齿轮的自振频率尚无计算方法,一般由试验测定。

齿轮固有频率一般为 1~10 kHz,比滚动轴承的固有频率要低一些,这种包含固有频率的高频振动当经过曲折的途径传到齿轮箱时一般已经衰减了,在多数情况下只能测到齿轮的啮合频率。

③齿轮边频带(或称齿轮旁瓣)

当齿轮存在故障时,载荷波动会产生幅值调制,转速波动则会产生频率调制。由此,在啮合频率或固有频率两旁产生一簇簇边频。其调制信号可因各种缺陷而产生,如齿轮轮齿不均匀啮合、齿侧游隙超差、齿轮偏心较大、轮齿局部缺陷、齿轮载荷变化等。因此,这些齿轮的边频带就成了判断齿轮故障非常有价值的信息。

④齿轮的其他频率成分

齿轮振动信号有时还包含其他的频率成分,其中有因转子不平衡、轴不对中、机械松动等而造成的一系列的和频、差频分量,以及在齿轮加工过程中存在的"鬼线"等。在这些频率中,有的频率成分与齿轮故障没有多大关系,甚至还给识别齿轮故障带来了干扰。因此,须充分了解各种振动信号的频率特性和产生的根源。

(2)齿轮磨损故障

齿轮磨损是指均匀磨损,不包括局部齿面磨损。在齿轮发生磨损后,受调制现象影响,齿轮啮合频率及其各次谐波的振动分量与正常齿轮啮合情况相比会更加突出,位置

虽然不会发生改变,但是幅值大小会发生改变,且幅值会随着故障程度的加剧而变大。试验中测得的齿轮磨损故障的时域波形如图4.6所示。

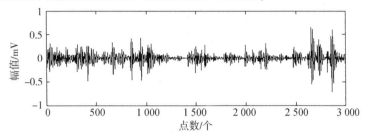

图4.6　齿轮磨损故障的时域波形图

(3)齿轮点蚀故障

如图4.7所示,发生齿轮点蚀故障时,同磨损故障一样也会产生啮合频率的幅值调制现象。有研究观点将齿轮的磨损和点蚀故障都归为小周期故障,这也从一定程度上说明了这两种故障的波形具有一定的相似性。但是相比较来说,均匀磨损故障的边带谱线较集中且阶数少,点蚀故障的边带谱线分散且阶数多。

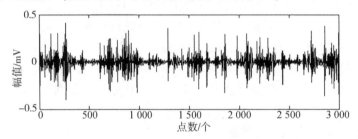

图4.7　齿轮点蚀故障时域波形图

(4)齿轮断齿故障

不同于以上两种齿轮故障的情况,齿轮发生断齿故障时产生的幅值调制现象是以齿轮轴的旋转频率为载波的,且齿轮断齿相当于在故障点轮齿刚度产生突变,在时域波形图上会产生比较强烈的冲击信号,具有明显的周期性,周期为齿轮轴的旋转周期,图4.8可以清晰地表现出断齿故障的这种振动特征。

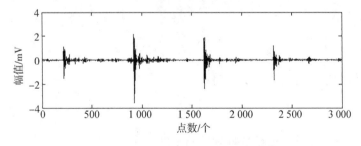

图4.8　齿轮断齿故障时域波形图

另外,齿轮断齿程度比较严重时,由于其振动能量比较大、激起振动的能力也会比较强,这样既会导致齿轮啮合频率调制的出现,又会激励起齿轮的固有振动频率,进而产生齿轮的固有频率振动调制现象。

4.2.3 齿轮箱故障常用诊断方法

针对齿轮箱的故障诊断技术基本可以分为两大类:特征提取方法和状态识别方法。前者主要对采集到的振动信号进行各种处理,常用的处理方法有时域分析、频域分析、时频分析以及相关分析等,然后从中提取出能够表征齿轮运行状态的特征值信息进行故障诊断;后者主要运用状态分类方法、神经网络和专家系统等智能算法,在信号处理的基础上,通过输入振动信号的有效故障信息分量,得到相应的齿轮运行状态,完成故障诊断。

(1)特征提取方法

时域分析、频域分析以及时频分析是信号处理的基本方法,在齿轮裂纹故障诊断中应用广泛。

①时域分析

在设备状态监测中,时域分析直接利用时域波形和具有参数显示功能的振幅参数进行分析并得到结果,该方法简单直接,特别是在振动信号中含有明显简谐波成分、周期性成分、瞬时脉冲成分等时更加有效。当故障类型不同时,其振动波形也不同。故障特征较为明显时,一般通过观察时域波形的振幅参数就可以判断。振幅参数包括有量纲参数和无量纲参数两种。有量纲参数不但与设备的状态有关,也与设备的运动参数有关。振动信号的有量纲参数一般包括峰值、均值、均方根值、方根幅值、斜度、峭度等。

峰值:整个时域波形图中振幅的最大值,是信号变化的极限范围。

$$x_{\mathrm{p}} = \max(\,|\,x_i\,|\,) \tag{4.7}$$

式中,$x_i, i = 1, 2, \cdots, n$,是离散时序数据。

均值:用来描述信号的平均水平,表示信号变化的中心趋势。

$$\bar{x} = \frac{1}{n} \sum_{i=1}^{n} x_i \tag{4.8}$$

均方根值:又称为有效值,是信号幅度最恰当的量度。

$$x_{\mathrm{rms}} = \sqrt{\frac{1}{n} \sum_{i=1}^{n} x_i^2} \tag{4.9}$$

方根幅值

$$x_{\mathrm{r}} = \left(\frac{1}{n} \sum_{i=1}^{n} \sqrt{|\,x_i\,|} \right)^2 \tag{4.10}$$

斜度:反映信号幅值分布密度的不对称性。

$$R_{\mathrm{x}} = \frac{1}{n} \sum_{i=1}^{n} x_i^3 \tag{4.11}$$

峭度:反映了信号概率密度函数峰顶的凸平度。

$$x_{\mathrm{k}} = \frac{1}{n} \sum_{i=1}^{n} x_i^4 / x_{\mathrm{a}}^2 \tag{4.12}$$

式中,$x_{\mathrm{a}} = x_{\mathrm{rms}}^2$,为均方根值。

无量纲参数对频率变化和信号幅值都不敏感,只依赖于分布密度函数,因此是一种较好的监测参数。主要的无量纲参数包括:

波形指标

$$K = \frac{x_{\text{rms}}}{\bar{x}} \tag{4.13}$$

峰值指标

$$C = \frac{x_{\text{p}}}{x_{\text{rms}}} \tag{4.14}$$

脉冲指标

$$I = \frac{x_{\text{p}}}{\bar{x}} \tag{4.15}$$

裕度指标

$$L = \frac{x_{\text{p}}}{x_{\text{r}}} \tag{4.16}$$

峭度指标

$$K_{\text{v}} = \frac{x_{\text{k}}}{x_{\text{rms}}^4} \tag{4.17}$$

其中,脉冲、裕度和峭度指标一般对冲击故障具有敏感性。在故障早期,这些值明显增大,所以一般作为设备早期故障诊断的重要指标。

②频域分析

频域分析可直接得到不同频率对应的幅值和频率变化情况。频域分析常用的方法有傅里叶分析、倒频谱技术以及包络分析等。

a.傅里叶分析

傅立叶分析是振动分析的基本工具和重要工具,在频谱分析中被广泛采用。

傅里叶变换

$$X(\omega) = \int_{-\infty}^{\infty} x(t)\,\mathrm{e}^{-\mathrm{j}\omega t}\,\mathrm{d}t \tag{4.18}$$

傅里叶反变换

$$x(t) = \int_{-\infty}^{\infty} X(\omega)\,\mathrm{e}^{-\mathrm{j}\omega t}\,\mathrm{d}\omega \tag{4.19}$$

信号的幅频谱

$$|X(f)| = \sqrt{\mathrm{Re}^2[X(f)] + \mathrm{Im}^2[X(f)]} \tag{4.20}$$

信号的相位谱

$$\varphi(f) = \arctan \frac{\mathrm{Im}[X(f)]}{\mathrm{Re}[X(f)]} \tag{4.21}$$

傅里叶变换的重要性在于它可以实现对信号时、频域转化,当现象和规律在时域内难以观察时,采用傅里叶变换在频域内容易分析和显示。

b.倒频谱技术

倒频谱技术也称为二次频谱分析,可有效地检测复杂谱中存在的周期成分。

设信号 $x(t)$ 的傅里叶变换为 $X(f)$,功率谱密度函数为 $S_x(f)$。功率倒频谱的定义为对数功率谱的频谱,即

$$C_x(q) = F^{-1}\{\lg S_x(f)\} = \int_{-\infty}^{\infty} \lg S_x(f)\, \mathrm{e}^{\mathrm{j}\omega q} \mathrm{d}f \tag{4.22}$$

式中，q 为倒频率；$C_x(q)$ 为倒频谱；$S_x(f)$ 为信号的自谱。

倒频谱是频域函数的傅里叶再变换，使变换后的信号能量更加集中，同时还可解卷积成分，易于对原信号的识别。

c. 包络分析

包络分析也称为解调分析，是提取载附在高频信号上的低频信号，即对信号波形的包络轨迹进行提取。包络分析主要用于分析高频信号能量变化，特别是对机械冲击引起高频响应的处理非常有效。这种信号分析方法具有抗低频信号干扰、提高信噪比、强化故障特征的优点。包络技术主要有宽带解调技术、选频解调技术、共振解调技术、希尔伯特解调技术、同态解调技术等。

下面以希尔伯特变换解调方法为例。

一个实信号 $x(t)$ 与滤 $h(t) = \delta(t) + \mathrm{j}\dfrac{1}{\pi t}$ 卷积后可到其复信号（解析信号）$q(t)$

$$q(t) = h(t) * x(t) = x(t) + \mathrm{j}\frac{1}{\pi t}x(t) = x(t) + \mathrm{j}x'(t) \tag{4.23}$$

式中，$x'(t) = \dfrac{1}{\pi t} * x(t) = \dfrac{1}{\pi}\displaystyle\int_{-\infty}^{\infty}\dfrac{x'(\tau)}{1-\tau}\mathrm{d}\tau$，称为 $x(t)$ 的希尔伯特变换。

由式（4.23）可知，信号的希尔伯特变换过程等同于信号的滤波处理过程。滤波单位脉冲响应为 $h(t) = \dfrac{1}{\pi t}$，它的频谱为

$$H(f) = \begin{cases} -\mathrm{j}, f \geqslant 0 \\ \mathrm{j}, f < 0 \end{cases} \tag{4.24}$$

希尔伯特变换的频谱可表示为 $H(f) = \mathrm{e}^{\mathrm{j}\Phi(f)}$，其中，$\Phi(f) = \begin{cases} -\pi/2, f \geqslant 0 \\ \pi/2, f < 0 \end{cases}$，即表示时域信号 $x(t)$ 在频域内做相移，在正频或负频内分别延迟或超前 $\pi/2$。

下面研究对齿轮啮合振动信号采用希尔伯特变换进行解调的原理。由前述可知，齿轮振动信号第 m 阶谐波分量的幅值调制信号 $B_m(t)$ 的函数表达为

$$B_m(t) = \sum_{n=0}^{N} B_{m,n}\cos(2\pi f_z n t + \varphi_{m,n}) \tag{4.25}$$

式中，$B_{m,n}$ 为幅值调制函数的第 n 阶分量的幅值；$\varphi_{m,n}$ 为幅值调制函数的第 n 阶分量的相位；f_z 为故障齿轮所在轴的旋转频率。

齿轮振动的载波信号（啮合频率 f_c 及其谐波成分）的函数表达式为

$$x(t) = \sum_{m=0}^{M} X_m\cos(2\pi f_c m t + \Phi_m) \tag{4.26}$$

由式（4.25）和式（4.26）进行卷积可得载波信号被调制后的信号模型

$$\begin{aligned} x(t) &= \sum_{m=0}^{M} x_m[1 + B_m(t)]\cos(2\pi f_c m t + \Phi_m) \\ &= \sum_{m=0}^{M} x_m\Big[1 + \sum_{n=0}^{N} B_{m,n}\cos(2\pi f_z m t + \Phi_m)\Big] \times \cos(2\pi f_c m t + \Phi_m) \end{aligned} \tag{4.27}$$

对上式中的时域信号 $x(t)$ 进行傅里叶变换后的频谱图主要频率组成成分为啮合频率及其倍频和在其两侧对称分布的以转频为间隔的边频带,如图 4.9 所示。

对被调制后的信号进行以中心频率为 mf_z 的带通滤波处理,带宽选择适当,同时令相位为零,滤波后的输出信号表达式为

$$x_m(t) = x_m[1 + B_{m,1}\cos(2\pi f_z t)]\cos(2\pi mf_c t) \tag{4.28}$$

对式(4.28)进行 DFT 得频谱图,如图 4.10 所示。

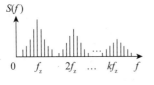

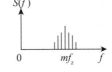

图 4.9　调制现象　　　　图 4.10　滤波后的调制频谱

对式(4.28)进行希尔伯特变换,得

$$\hat{x}_m(t) = x_m[1 + B_{m,1}\cos(2\pi f_z t)]\sin(2\pi mf_c t) \tag{4.29}$$

由式(4.28)和式(4.29)两者构成解析函数 $z_m(t) = x_m(t) + \hat{x}_m(t)$,因此信号 $z_m(t)$ 的包络为

$$|z_m(t)| = \sqrt{x_m^2(t) + \hat{x}_m^2(t)} = x_m|1 + B_{m,1}\cos(2\pi f_z t)| \tag{4.30}$$

将绝对值进行傅里叶级数展开后:

$$z_m(t) = D_0 + D_1\cos(2\pi f_z t) + D_2\cos(2\pi f_z t) + \cdots$$
$$= D_0 + \sum_{n=1}^{K} D_n\cos(2\pi nf_z t) \tag{4.31}$$

由式(4.31)可知,滤波输出信号经希尔伯特变换后的频谱成分有直流分量 D_0 和调制频率 f_z 及其倍频,而没有啮合频率 f_c,从而实现了将低频的调制信号从高频的载波信号中提取出来的目的。

③时频分析

在工程应用中,振动信号具有非平稳性,其谱值是时间的函数,仅靠时域和频域信息不能全面地了解其振动特性。时频分析的基本思想是设计时间和频率的联合函数,用它来描述信号在不同时间和频率的能量密度或强度。

短时傅里叶变换是一种固定时间窗的时频分析方法,通过把信号分为若干个小的时间间隔,然后利用傅里叶分析其中的每一个时间间隔,从而有效地确定时间间隔的频率。信号 $s(t)$ 的短时傅里叶变换的定义为

$$H(f,\tau) = \int_{-\infty}^{\infty} s(t)g(\tau - t)e^{-j2\pi ft}dt \tag{4.32}$$

式中,$g(t)$ 为窗函数;f 为频率;τ 为时间间隔。

Wigner-Ville 分布也是分析非平稳性和时变信号的重要工具。它包括自 Wigner-Ville 分布和互 Wigner-Ville 分布。

设 $x(t)$ 为一连续时间信号,则

$$WVD_x(t,\omega) = \int_{-\infty}^{+\infty} x\left(t + \frac{\tau}{2}\right)x^*\left(t - \frac{\tau}{2}\right)\exp(-j\omega\tau)d\tau \tag{4.33}$$

称为信号 $x(t)$ 的自 Wigner-Ville 分布。

若 $y(t)$ 为另一连续时间信号，则互 Wigner-Ville 分布被定义为

$$WVD_{x,y}(t,\omega) = \int_{-\infty}^{+\infty} x\left(t + \frac{\tau}{2}\right) y^*\left(t - \frac{\tau}{2}\right) \exp(-j\omega\tau)\,d\tau \tag{4.34}$$

式中， $x^*(t)$ 和 $y^*(t)$ 分别是 $x(t)$ 和 $y(t)$ 的复共轭。

自 Wigner-Ville 分布和互 Wigner-Ville 分布在频域中的表达式为

$$WVD_x(t,\omega) = \frac{1}{2\pi} \int_{-\infty}^{+\infty} X\left(\omega + \frac{\Omega}{2}\right) X^*\left(\omega - \frac{\Omega}{2}\right) \exp(-j\Omega\tau)\,d\Omega \tag{4.35}$$

$$WVD_{x,y}(t,\omega) = \frac{1}{2\pi} \int_{-\infty}^{+\infty} X\left(\omega + \frac{\Omega}{2}\right) Y^*\left(\omega - \frac{\Omega}{2}\right) \exp(-j\Omega\tau)\,d\Omega \tag{4.36}$$

④相关分析

相关分析可描述信号在不同时刻的相互依赖关系，是提取信号周期成分的一种手段，主要包括自相关分析和互相关分析。

a.自相关分析

自相关分析通过自相关函数 $R_x(\tau)$ 来描述信号 $x(t)$ 在不同时刻取值的相互依赖关系。自相关函数的计算公式为

$$R_x(\tau) = \lim_{T \to \infty} \frac{1}{T} \int_0^T x(t) x(t + \tau)\,dt \tag{4.37}$$

b.互相关分析

互相关分析通过互相关函数 $R_{xy}(\tau)$ 来描述两个不同信号 $x(t)$、$y(t+\tau)$ 在不同时刻的相互依赖关系。互相关函数的计算公式为

$$R_{xy}(\tau) = \lim_{T \to \infty} \frac{1}{T} \int_0^T x(t) y(t + \tau)\,dt \tag{4.38}$$

（2）状态识别方法

对机械设备工况进行监测并根据设备运行信息识别设备的有关状态，是故障诊断技术的根本任务，其本质是状态识别。对振动信号进行信号处理后，提取出的故障特征信息与实际工作状态之间并没有明确的一一对应关系。因此，状态识别方法就是运用各种分类方法或神经网络等智能算法，建立起故障特征信息与各种工作状态的对应关系，从而更直观地完成故障诊断。常用的状态识别方法有 K-近邻算法、Fisher 判别法、神经网络诊断方法以及支持向量机（SVM）原理等。

（3）频谱分析方法

①功率谱分析

这是现场诊断应用最多的一种频谱分析方法，在理论、实用上都比较成熟。

在工程中，实际获取的振动信号，一般都是随机的离散信号，信号的频率、幅值、相位都是随机的，不符合在无限区域内可积的条件，无法直接采用傅里叶变换进行频域分析。因此，对于离散信号，可以采用时域统计指标中具有统计特性的功率谱密度来进行谱分析，了解其频域结构。因为信号 $x(t)$ 的平均功率可用均方值来表示，即

$$\psi_x^2 = \lim_{T \to \infty} \frac{1}{T} \int_{-\frac{T}{2}}^{\frac{T}{2}} x^2(t)\,dt \tag{4.39}$$

对 $x(t)$ 进行傅里叶变换得到 $X(f)$，则

$$\lim_{T\to\infty}\frac{1}{T}\int_{-\infty}^{\infty}x^2(t)\,\mathrm{d}t=\lim_{T\to\infty}\frac{1}{2\pi T}\int_{-\infty}^{\infty}|X(f)|^2\mathrm{d}f=\frac{1}{2\pi}\int_{-\infty}^{\infty}\lim_{T\to\infty}\frac{|X(f)|^2}{T}\mathrm{d}f \qquad (4.40)$$

令

$$S_x(f)=\lim_{T\to\infty}\frac{|X(f)|^2}{T} \qquad (4.41)$$

则平均功率

$$\psi_x{}^2=\frac{1}{2\pi}\int_{-\infty}^{\infty}S_x(f)\,\mathrm{d}f \qquad (4.42)$$

式中，$S_x(f)$ 就是功率谱密度函数。

由式(4.41)可以看出，功率谱等于幅值谱平方的平均值，所以对信号进行功率谱分析能够使信号强的部分更强，弱的部分更弱，比幅值谱分析更能突出信号中强的成分。

②细化谱分析

采用细化谱分析的目的是提高分辨率，有助于识别边频结构，常用来作为功率谱的辅助分析手段。

齿轮箱振动时域信号经傅里叶变换后得到的频谱图会呈现出各频率和幅值成分，可能包括齿轮啮合频率及谐波、齿轮固有频率及谐波、齿轮轴旋转频率及谐波、滚动轴承各组成元件的频率和各高频被调制后形成的边频带以及其他一些随机的干扰噪声等。频带的分布较宽，谱线比较密集，分辨率较差，无法分辨边频带组成等细微结构。当齿轮发生故障时，故障的特征信息会集中反映在某敏感频段内，并且其频率幅值和组成成分会发生变化，因此通过对比敏感频段内频率的组成成分和幅值变化，可以实现对故障的分析判断。只是这些变化都属于细微的变化，很难在全频谱图内直接观察到，因此，提高敏感频段的频率分辨率是提高故障判断准确性的关键。

通常频谱图上表示的频率分布在 0 到奈奎斯特频率，频率的分辨率(频率的间隔)由谱线条数和最高分析频率决定，其表达式为

$$\Delta f=\frac{f_s}{N}=\frac{2.56f_c}{N} \qquad (4.43)$$

式中，Δf 为频率间隔；f_s 为采样频率；f_c 为分析频率范围；N 为采样点数。

由式(4.43)可知，增加采样点数和降低采样频率都能提高频率分辨率(即减小频率间隔 Δf)，降低采样频率 f_s，会缩小频率分析范围，就可能不能完全反映信号的真实特性而影响分析效果；增加信号的采样点数，若分辨率提高 K 倍，采样点数 N 就增加到 KN，进行 FFT 运算的次数就会呈指数级增加，由于计算机软、硬件的限制，在实际运用中不易实现。细化谱分析能够做到某频段沿轴局部放大且不失真，可以很好地解决这个问题。

频率细化谱分析的基本原理是：根据复调制频移原理，将需要细化频带的中点移动至坐标原点，经过数字滤波后再重新采样，最后进行傅里叶变换和谱分析，就可以得到更高的频率分辨率。细化谱分析主要有两种方法：复调制细化选带频谱分析和基于复解析带通滤波器的复调制细化分析。其中，复调制细化选带频谱分析方法的原理如图4.11所示。

其算法实现过程如下：

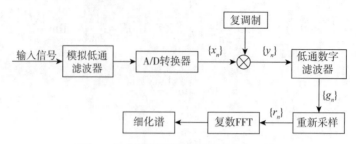

图 4.11　复调制细化选带频谱分析方法

假设输入信号 $x(t)$ 经抗混叠滤波、A/D 采样后,得到 n 点离散序列 $\{x_n\}$;f_s 为采样频率;以中心频率为 f_k 的频带 f_2-f_1 是需要细化的频带,f_1 和 f_2 分别是频带两端频率,$f_k = (f_2-f_1)/2$;D 是需要细化的倍数。

a.复调制移频。由 DFT 的移频性质可知,对 $x(t)\mathrm{e}^{\pm j\pi/2f_0t}$ 做变换后,可以在频谱上实现一个 f_0 的平移。将 $\{x_n\}$ 以 $\mathrm{e}^{-j2\pi nf_k/f_s}$ 进行复调制,得到 n 点新离散复序列 $\{y_n\}$。复调制将 $\{x_n\}$ 的频率成分 f_k 的谱线移到了 $\{y_n\}$ 零频点处,即此时的频率坐标原点为未复调制前的频率 f_k,同时,正、负采样频率 $\pm f_s$ 也同样移动了一个量 f_k。设 f_c 为原来信号抗混叠滤波的截止频率,由于新的序列的频率上限 (f_c+f_k) 可能高于原序列 $\{x_n\}$ 的奈奎斯特频率 $f_s/2$,可能会产生混频现象,所以需要对 $\{y_n\}$ 进行低通滤波,然后采用重采样的方法把采样的频率降低至 f_s/D,才能使 $\{y_n\}$ 零点附近的频段的分辨率提高 D 倍,达到细化的目的。

b.低通数字滤波。将低通滤波器的截止频率设为 $f_s/(2D)$,对 $\{y_n\}$ 进行滤波后得到离散复序列 $\{g_n\}$,$\{g_n\}$ 所保留下来的频带就只剩下 f_2-f_1,而且消除了混频现象。

c.重采样。信号低通滤波后,频带的总带宽 f_2-f_1 相比之前变小了,若以 f_s/D 为采样频率对 $\{g_n\}$ 进行重新采样,得到的离散复序列的采样频率变为原采样频率 f_s 的 $1/D$,相当于对原采样点每隔 D 个点抽取一个数据,$\{r_n\}$ 的时序跨度就变为原来的 D 倍,即使采样频率的分辨率提高了 D 倍。

d.对 $\{r_n\}$ 进行复数 FFT 变换和谱分析,即可得到中心频率为 f_k、带宽为 f_2-f_1、采样频率的分辨率细化了 D 倍的频谱图。

③倒频谱分析

这也是诊断齿轮的常用方法,对识别齿轮边频结构很有效。另外,倒频谱分析对齿轮信号的传递路径不甚敏感,这为选择测点提供了方便。如果仪器的信噪比较高,采用倒频谱分析效果更好。

每对齿轮的啮合振动信号在传递到壳体的信号测取点的过程中会被相对低频的信号调制,如果齿轮箱内有多对啮合齿轮,那么最终获取的信号可能会出现多种信号混合叠加分布的情况,使得齿轮振动的周期性变得不明显,给提取故障信号的特征带来难度。

倒频谱分析的基本原理是:首先对信号的功率谱取对数,然后进行谱分析,这样就能够把成族的边频带谱线转变成倒频谱图内的单根谱线,通过得到的幅值较大的单根谱线的倒频率值,再求其倒数即可得到对应的周期频率值,从而达到了从复杂周期成分中提取周期分量的目的。其原理如下:

设信号 $x(t)$ 的傅里叶变换为 $X(f)$,功率谱密度函数为 $S_x(f)$。倒频谱就是对功率

谱 $S_x(f)$ 的对数值进行傅里叶变换。倒频谱函数 $C_x(q)$ 的定义为

$$C_x(q) = F^{-1}\{\lg S_x(f)\} = \int_{-\infty}^{+\infty} \lg S_x(f) e^{i2\pi f q} df \quad (4.44)$$

式中,q 称为倒频率,它和自相关函数 $R_x(\tau)$ 的自变量 τ 具有相同量纲,都为时间量纲。

对信号的功率谱取对数,会使信号的幅值得到较大的加权放大,能够使幅值小的成分更加突出,同时噪声和其他信号的幅值也会被放大,所以当干扰噪声较大时,倒频谱处理的效果就可能不太明显。倒频谱分析还有一个优势在于:振动信号特征量会因传递路径而受到影响,倒频谱分析对传感器检测点的选取和信号的传递路径不敏感。

4.2.4　齿轮箱故障案例分析

某齿轮箱的结构为:一级行星轮系、两级平动轮系、内齿圈固定的行星轮系,传动比为104。该齿轮箱为动力增速装置,其工作原理为:内齿圈 Z1 固定,动力由行星架输入,经行星轮传递到太阳轮 Z3,通过太阳轮轴传递到第二级平动轮系 Z4、Z5,再经中间轴传递到第三级平动轮系 Z6、Z7,最后从高速轴输出。行星轮齿轮箱结构简图如图 4.12 所示。

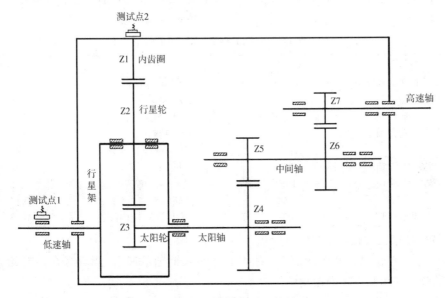

图 4.12　行星轮齿轮箱结构简图

计算齿轮箱各齿轮频率,其计算公式为

第一级行星轮系啮合频率

$$GMF_1 = n_{in} \times z_1/60 \quad (4.45)$$

第二级平动轮系啮合频率

$$GFM_2 = n_5 \times z_5/60 \quad (4.46)$$

第三级平动轮系啮合频率

$$GFM_3 = n_7 \times z_7/60 \quad (4.47)$$

各轴对应的转速之间的计算公式为

$$n_{in} = n_k = \frac{z_1}{z_1 + z_3} n_3 ; n_3 = n_4 ; n_4 = \frac{z_5}{z_4} n_5 ; n_5 = n_6 ; n_6 = \frac{z_7}{z_6} n_7 ; n_7 = \frac{z_7}{z_6} n_{out} \quad (4.48)$$

行星轮系中齿轮故障频率计算公式为

内齿圈 Z1 故障频率

$$f_1 = f_h = f_{in} \tag{4.49}$$

行星轮 Z2 故障频率

$$f_2 = \frac{GMF_1}{z_2} - f_h \tag{4.50}$$

太阳轮 Z3 故障频率

$$f_3 = n_3/60 - f_h \tag{4.51}$$

平动轮系中齿轮故障频率即为其所在轴的转频。上式中，f_{in} 为输入频率；f_h 为行星架转频；f_{out} 为输出频率。

齿轮箱的轴承为调心滚子轴承，内径为 600 mm，外径为 870 mm，宽度为 272 mm，滚子数为 29 个。滚动轴承的参数取值为：滚动体直径为 66.5 mm；滚动体中径为 736 mm；接触角为 11°20′。当齿轮箱输出轴转速为 1 770 r/min 时，输入轴转速为16.44 r/min，即轴承的转速为 16.44 r/min，按照式(4.45)~式(4.51)的轴承故障特征频率计算公式计算出齿轮箱齿轮和滚动轴承故障的特征频率，具体值如表 4.5 所示。

表 4.5　齿轮箱齿轮和滚动轴承故障的特征频率

名称	频率/Hz	名称	频率/Hz
Z7、Z6 啮合频率	678.50	Z3 缺陷频率	1.38
Z5、Z4 啮合频率	166.02	Z2 缺陷频率	0.16
Z3、Z2 啮合频率	28.91	Z1 缺陷频率	0.28
Z2、Z1 啮合频率	28.91	内圈转频	0.28
Z7 转频	29.50	轴承内圈故障特征频率	4.47
Z6、Z5 转频	7.22	轴承外圈故障特征频率	3.74
Z4、Z3 转频	1.66	轴承滚动体故障特征频率	1.56
Z2 转频	0.44	保持架转频(碰外圈)	0.15
行星架转频	0.28	保持架转频(碰内圈)	0.13

（1）齿轮箱正常振动信号特征分析

在一个齿轮箱设置两个测试点，测点 1 在输入轴轴承座上，测点 2 在齿轮箱壳体上，分别获取轴承和齿轮的振动信号。

采用的传感器为加速度传感器，灵敏度为 150 mV/g，量程为 33g（g 为重力加速度），频率范围为 0.7~9 000 Hz。

首先分析齿轮和轴承正常情况下的时域波形图，如图 4.13 所示。

计算齿轮以及轴承正常情况下的时域统计指标参数值，分别如表 4.6 和表 4.7 所示。

对齿轮及轴承正常情况下的时域波形图进行功率谱分析，得到功率谱图，如图4.14所示。

表 4.6　齿轮正常情况下的时域统计指标参数值表

有量纲参数	峰值/(m/s²)	有效值/(m/s²)	均方根值/(m/s²)	均方值/(m/s²)²	均值/(m/s²)	方差/(m/s²)²
正常值	0.963	0.322	0.229	0.104	0.195	0.104

无量纲参数	峭度系数	裕度系数	脉冲系数	峰值系数	偏度系数	波形指标
正常值	2.062	3.538	3.131	2.674	0.040	1.171

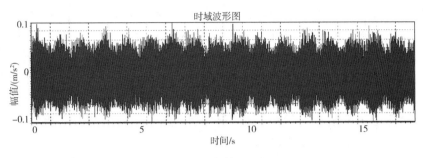

（a）齿轮

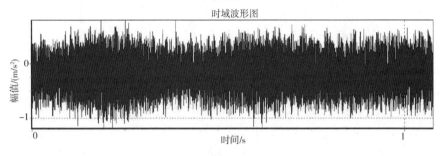

（b）轴承

图 4.13　正常情况下的时域波形图

表 4.7　轴承正常情况下的时域统计指标参数值表

有量纲参数	峰值/ （m/s²）	有效值/ （m/s²）	均方根值/ （m/s²）	均方值/ （m/s²）²	均值/ （m/s²）	方差/ （m/s²）²
正常值	1.512	0.512	0.364	0.262	0.181	0.262
无量纲参数	峭度系数	裕度系数	脉冲系数	峰值系数	偏度系数	波形指标
正常值	2.427	4.151	3.583	2.954	0.021	1.213

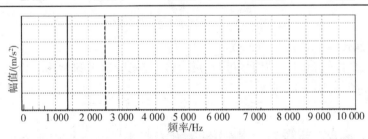

（a）齿轮

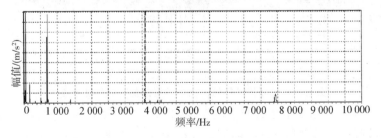

（b）轴承

图 4.14　正常情况下的功率谱图

从图 4.14(a)中可以观察到,在 683.59 Hz 及 1 367.19 Hz 处存在峰值,为第三级平动轮系的啮合频率,但是幅值非常小(接近 0)。从图 4.14(b)中可以观察到,在 166.02 Hz、688.48 Hz 处存在峰值,这是齿轮第二、三级平动轮系的啮合频率,幅值同样很小(接近 0);在高频率段,幅值也很小,未出现由轴承故障导致共振引起的幅值增大现象。这与分析轴承故障诊断的理论一致。

对齿轮啮合频率附近频带和轴承高频段频带进行解调分析,得到包络谱图,如图 4.15 所示。通过观察,图中未出现明显峰值点,说明不存在调制现象,为正常齿轮箱振动信号。

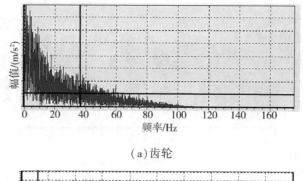

(a)齿轮

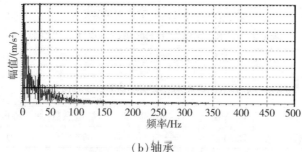

(b)轴承

图 4.15　正常情况下的解调谱图

(2)齿轮箱故障振动信号特征提取分析判断

现对另一个齿轮箱的振动信号进行分析判断。先分析未知齿轮箱检测点 1 处振动信号时域波形图,如图 4.16 所示。

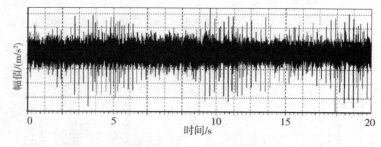

图 4.16　未知齿轮箱检测点 1 处振动信号时域波形图

图 4.16 显示出从检测点 1 处获取的振动信号存在明显的冲击,初步判断未知齿轮箱可能存在故障。对振动信号进行时域统计指标分析,参数值如表 4.8 所示。

表 4.8　未知齿轮箱检测点 1 处时域统计指标参数值表

参数类别	参数指标	正常值	故障值	变化率
有量纲参数	峰值/(m/s²)	1.512	1.736	14.81%
	有效值/(m/s²)	0.512	0.673	34.45%
	均方根值/(m/s²)	0.364	0.141	−61.26%
	均方值/(m/s²)²	0.262	0.050	−80.92%
	均值/(m/s²)	0.181	0.092	−49.17%
	方差/(m/s²)²	0.262	0.050	−80.92%
无量纲参数	峭度系数	2.427	6.302	159.66%
	裕度系数	4.151	12.316	196.70%
	脉冲系数	3.583	10.257	186.27%
	峰值系数	2.954	7.744	162.15%
	偏度系数	0.210	0.378	80.00%
	波形指标	1.213	1.325	9.23%

相比于正常值,未知齿轮箱的无量纲参数值增大较多,表明齿轮箱存在冲击振动现象,确实存在故障。为确认未知齿轮箱存在的故障类型,对该振动信号进行功率谱分析,其功率谱图如图 4.17 所示。在功率谱图中,其低频段的频率成分较为丰富,主要包含齿轮振动信号,169.07 Hz 及其倍频成分。在这些频率成分附近存在边频带现象。

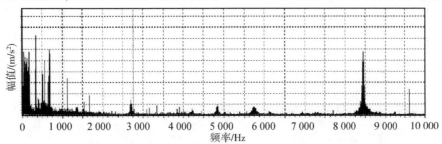

图 4.17　未知齿轮箱检测点 1 处振动信号功率谱图

图 4.17 中,在 8 500 Hz 高频段也存在明显峰值,说明检测点 1 处对应的轴承可能存在某种故障。对该振动信号进行包络解调分析,选取高频段 8 300~8 600 Hz,解调谱图如图 4.18 所示。在 3.75 Hz 及其倍频处存在明显峰值,与表 4.5 中的外圈故障特征频率接近,说明轴承外圈存在故障。

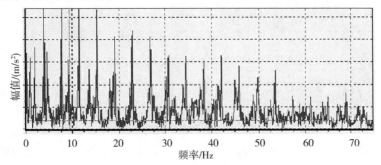

图 4.18　未知齿轮箱检测点 1 处振动信号解调谱图

从未知齿轮箱检测点 2 处获取的振动信号的时域波形图如图 4.19 所示。

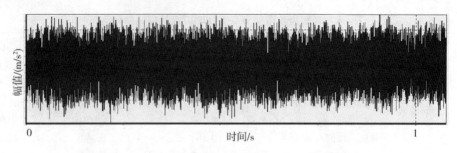

图 4.19 未知齿轮箱检测点 2 处振动信号时域波形图

观测其时域波形,发现并没有明显冲击形象,振动信号时域统计指标参数值如表 4.9 所示。与正常情况下对比,可以发现几乎所有参数都比正常值大,说明可能存在故障。观测其功率谱,如图 4.20 所示。对比正常情况下的功率谱图,可以观察到,在 680.59 Hz 及 1 362.19 Hz 处存在峰值,且幅值增长明显,从正常的 0.025 m/s² 增长至 0.035 m/s²,与时域统计指标参数中峰值指标的变化趋势一致,该频率与 Z7、Z6 啮合频率 678.50 Hz 接近,说明齿轮箱内的 Z7 或 Z6 齿轮存在故障。为确定故障位置,对振动信号进行解调分析,如图 4.21 所示。

表 4.9 未知齿轮箱检测点 2 处振动信号时域统计指标参数值表

参数类别	参数指标	正常值	故障值	变化率
有量纲参数	峰值/(m/s²)	0.963	1.501	55.87%
	有效值/(m/s²)	0.322	0.561	74.22%
	均方根值/(m/s²)	0.229	0.424	85.15%
	均方值/(m/s²)²	0.104	0.315	202.88%
	均值/(m/s²)	0.195	0.002	−98.97%
	方差/(m/s²)²	0.104	0.315	202.88%
无量纲参数	峭度系数	2.062	2.421	17.41%
	裕度系数	3.538	4.200	18.71%
	脉冲系数	3.131	3.624	15.75%
	峰值系数	2.674	2.989	11.78%
	偏度系数	0.040	0.054	35.00%
	波形指标	1.171	1.213	3.59%

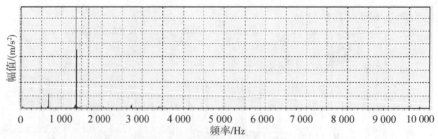

图 4.20 未知齿轮箱检测点 2 处振动信号功率谱图

图 4.21 中,在 29.50 Hz、59.05 Hz 及 88.55 Hz 处存在峰值,与表 4.5 齿轮故障特征频率进行对比发现,29.50 Hz 为 Z7 所在轴的转频,59.05 Hz 和 88.55 Hz 分别为其 2 倍频和 3 倍频。若齿轮存在故障,则功率谱图中齿轮啮合频率及其倍频处存在明显峰值,且在啮合频率附近存在边频带,在解调谱图中齿轮所在轴的转频及其倍频处存在明显峰

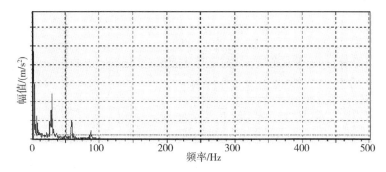

图 4.21　未知齿轮箱检测点 2 处振动信号解调谱图

值。所以结合图 4.20 和图 4.21,可以判断齿轮 7 存在故障。

综合从两个检测点获取的齿轮箱振动信号分析结果可知:从检测点 1 处获取的振动信号说明齿轮箱输入轴处的轴承外圈存在故障;从检测点 2 处获取的振动信号说明齿轮 7 存在故障。

4.3　旋转机械振动诊断技术

旋转机械种类繁多,有汽轮机、燃气轮机、离心式压缩机、发电机、水泵、水轮机、通风机以及电动机等。这类设备的主要部件有转子、轴承系统、定子和机组壳体、联轴器等,转速从每分钟几十转到几万转、几十万转。

由于旋转机械的结构及零部件设计加工、安装调试、维护检修等方面的原因和运行操作方面的失误,机器在运行过程中会发生振动。其振动类型可分为径向振动、轴向振动和扭转振动三类。其中,过大的径向振动往往是造成机器损坏的主要原因,也是状态监测的主要参数和进行故障诊断的主要依据。

4.3.1　旋转机械振动数学描述

旋转机械的主要功能是由旋转部件来完成的,转子是其最主要的部件。旋转机械发生故障的主要特征是机器伴有异常的振动和噪声,其振动信号通过幅域、频域和时域反映机器的故障信息。因此,了解旋转机械在故障状态下的振动机理,对于监测机器的运行状态和提高诊断故障的准确率都非常重要。

旋转机械的主要部件是转子。其结构形式虽然多种多样,但对一些简单的旋转机械来说,为分析和计算方便,一般将转子的力学模型简化为一圆盘装在一无质量的弹性转轴上,转轴两端由刚性的轴承及轴承座支承。该模型称为刚性支承的转子,基本上能够说明转子振动的基本特性。

在大多数情况下,旋转机械的转子轴心线是水平的,转子的两个支承点在同一水平线上。设转子上的圆盘位于转子两支点的中央,当转子静止时,圆盘的重量会使转子轴弯曲变形产生静挠度,即静变形。此时,静变形较小,对转子运动的影响不显著,可以忽略不计,即认为圆盘的几何中心 O' 与轴线 AB 上 O 点相重合,如图 4.22 所示。转子开始转动后,由于离心力的作用,转子产生动挠度。此时,转子有两种运动:一种是转子的自身转动,即圆盘绕其轴线 $AO'B$ 的转动;另一种是弓形转动,即弯曲的轴心线 $AO'B$ 与轴承连线 AOB 组成的平面绕 AB 轴线的转动。

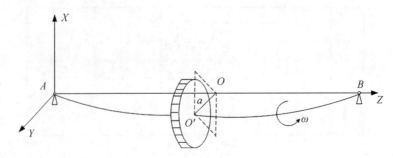

图 4.22　单圆盘转子

圆盘的质量以 m 表示,它所受的力是转子的弹性力 F。

$$F = -ka \tag{4.52}$$

式中,k 为转子的刚度系数;$a = OO'$。

圆盘的运动微分方程为

$$\begin{cases} m\ddot{x} = F_x = -kx \\ m\ddot{y} = F_y = -ky \end{cases} \tag{4.53}$$

即

$$\begin{cases} \ddot{x} + \dfrac{k}{m}x = 0 \\ \ddot{y} + \dfrac{k}{m}y = 0 \end{cases} \tag{4.54}$$

令 $\omega_n = \sqrt{k/m}$,则

$$\begin{cases} x = X\cos(\omega_n t + \varphi_x) \\ y = Y\cos(\omega_n t + \varphi_y) \end{cases} \tag{4.55}$$

式中,X、Y 为振动幅度;φ_x、φ_y 为相位。

由式(4.55)可知,圆盘或转子的中心 O' 在互相垂直的两个方向做频率为 ω_n 的简谐振动。在一般情况下,振幅 X、Y 不相等,O' 点的轨迹为一椭圆。O' 的这种运动是一种涡动,或称进动。转子的涡动方向与转子的转动角速度 ω 相同时,称为正进动;相反时,称为反进动。

(1)临界转速

随着机器转动速度的逐步提高,在转子转速达到某一数值后,振动就大得使机组无法继续工作,似乎有一道不可逾越的速度屏障,即临界转速。Jeffcott 用一个对称的单转子模型在理论上分析了这一现象,证明只要在振幅还未上升到危险程度时,迅速提高转速,越过临界转速点后,转子振幅会降下来。换句话说,转子在高速区存在着一个稳定的振幅较小的可以工作的区域。从此,旋转机械的设计、运行进入了一个新时期,效率高、重量小的高速转子日益普遍。从严格意义上讲,临界转速的值并不等于转子的固有频率,而且在临界转速时发生的剧烈振动与共振是不同的物理现象。

如果圆盘的质心 G 与转轴中心 O' 不重合,设 e 为圆盘的偏心距离,即 $O'G = e$,如图 4.23 所示,当圆盘以角速度 ω 转动时,质心 G 的加速度在坐标上的位置为

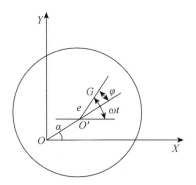

图 4.23 圆盘质心位置

$$\begin{cases} m\ddot{x} + kx = me\omega^2\cos(\omega t) \\ m\ddot{y} + ky = me\omega^2\sin(\omega t) \end{cases} \tag{4.56}$$

参考式(4.54),则轴心 O' 的运动微分方程为

$$\begin{cases} \ddot{x}_G = \ddot{x} - e\omega^2\cos(\omega t) \\ \ddot{y}_G = \ddot{y} - e\omega^2\sin(\omega t) \end{cases} \tag{4.57}$$

令 $\omega_n = \sqrt{k/m}$,则

$$\begin{cases} \ddot{x} + \omega_n^2 = e\omega^2\cos(\omega t) \\ \ddot{y} + \omega_n^2 = e\omega^2\sin(\omega t) \end{cases} \tag{4.58}$$

式(4.58)中等式右边是不平衡质量所产生的激振力。令 $Z = x + iy$,则式(4.58)的复变量形式为

$$\ddot{Z} + \omega_n^2 Z = e\omega^2 e^{i\omega t} \tag{4.59}$$

其特解为

$$Z = Ae^{i\omega t} \tag{4.60}$$

将式(4.60)代入式(4.59)后,可求得振幅

$$|A| = \left| \frac{e\omega^2}{\omega_n^2 - \omega^2} \right| = \left| \frac{e(\omega/\omega_n)^2}{1 - (\omega/\omega_n)^2} \right| \tag{4.61}$$

由不平衡质量造成圆盘或转轴振动响应的放大因子 β 为

$$\beta = \frac{|A|}{e} = \frac{(\omega/\omega_n)^2}{1 - (\omega/\omega_n)^2} \tag{4.62}$$

由式(4.58)和式(4.60)可知,轴心 O' 的响应频率和偏心质量产生的激振力频率相同,而相位也相同或相差 $180°$ 。这表明,圆盘转动时,图 4.23 中的 O、O' 和 G 三点始终在同一直线上。该直线绕过 O 点而垂直于 OXY 平面的轴并以角速度 ω 转动。O' 点和 G 点做同步进动,两者的轨迹是半径不相等的同心圆,这是正常运转的情况。如果在某瞬时,转轴受一横向冲击,则圆盘中心 O' 同时有自然振动和强迫振动,其合成的运动是比较复杂的。此时,O、O' 和 G 三点不在同一直线上,而且涡动频率与转动角度不相等。实际上由于有外阻力作用,涡动是衰减的。经过一段时间,转子将恢复其正常的同步进动。

在正常运转的情况下,由式(4.61)可知:

$\omega < \omega_n$ 时, $A > 0$, O' 点和 G 点在 O 点的同一侧,如图 4.24(a)所示。

$\omega > \omega_n$ 时, $A < 0$,但 $A > e$, G 点在 O 点和 O' 点之间,如图 4.24(b)所示。

$\omega = \omega_n$ 时, $A \approx -e$,或 $OO' \approx -O'G$,圆盘的质心 G 近似地落在固定点 O ,振动很小,转动反而比较平稳,如图 4.24(c)所示。这种情况称为自动对心。

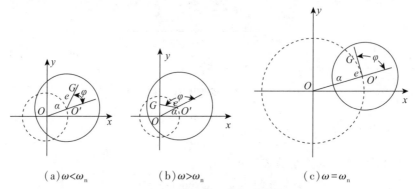

$(a)\omega < \omega_n$ $(b)\omega > \omega_n$ $(c)\omega = \omega_n$

图 4.24 转子质心的相位变化

当 $\omega = \omega_n$ 时, $A \to \infty$,属于共振。实际上由于存在阻尼,振幅 A 不是无穷大,而是较大的有限值,转轴的振动非常剧烈,以致有可能断裂。 ω_n 称为转轴的临界角速度;与其对应的每分钟的转数则称为临界转速,以 n_c 表示,即

$$n_c = \frac{60\omega_n}{2\pi} = 9.55\omega_n \tag{4.63}$$

如果机器的工作转速小于临界转速,则称为刚性轴;如果机器的工作转速高于临界转速,则称为柔性轴。由上面的分析可知,具有柔性轴的旋转机器运转时较为平稳。但在启动过程中,要经过临界转速。如果缓慢启动,则经过临界转速时会发生剧烈的振动。

研究不平衡响应时如果考虑外阻尼力的作用,则式(4.56)变为

$$\begin{cases} m\ddot{x} + c\dot{x} + kx = me\omega^2\cos(\omega t) \\ m\ddot{y} + c\dot{y} + ky = me\omega^2\sin(\omega t) \end{cases} \tag{4.64}$$

令 $Z = x + iy$,则式(4.64)的复变量形式为

$$\ddot{Z} + 2n\dot{Z} + \omega_n^2 Z = e\omega^2 e^{i\omega t} \tag{4.65}$$

其特解为

$$Z = |A| e^{i\omega t + \varphi}$$

由此解得

$$\begin{cases} |A| = e \times \dfrac{(\omega/\omega_n)^2}{\sqrt{[1 - (\omega/\omega_n)^2]^2 + (2\xi\omega/\omega_n)^2}} \\ \tan\varphi = \dfrac{2\xi(\omega/\omega_n)}{1 - (\omega/\omega_n)^2} \end{cases} \tag{4.66}$$

式中, $\xi = \dfrac{c}{2m\omega_n}$ 。

若令 $\lambda = \omega/\omega_n, \omega_n = \sqrt{k/m}$，则式(4.66)可进一步写为

$$\begin{cases} |A| = e \times \dfrac{\lambda^2}{\sqrt{(1-\lambda^2)^2 + 4\xi^2\lambda^2}} \\ \tan\varphi = \dfrac{2\xi\lambda}{1-\lambda^2} \end{cases} \quad (4.67)$$

这时的放大因子 β 为

$$\beta = \frac{|A|}{e} = \frac{\lambda^2}{\sqrt{(1-\lambda^2)^2 + 4\xi^2\lambda^2}} \quad (4.68)$$

式(4.67)中振幅 $|A|$ 与相位差 φ 随转动角速度与固有频率的比值 $\lambda = \omega/\omega_n$ 改变的曲线，即幅频响应曲线和相频响应曲线，如图4.25所示。

从图4.25中可以看出，由于外阻尼的存在，转子中心 O' 对不平衡质量的响应在 $\omega = \omega_n$ 时不是无穷大而是有限值，而且不是最大值。最大值发生在 $\omega > \omega_n$ 时。对于实际的转子系统，把出现最大值时的转速作为临界转速，在升速或降速过程中，用测量响应的办法来确定转子的临界转速，所得数据在升速时略大于前面所定义的临界转速 n_c，而在降速时则略小于 n_c。

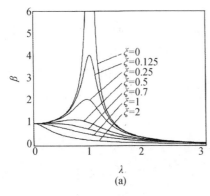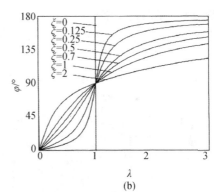

图4.25　幅频响应与相频响应曲线

(2)影响临界转速的因素

①回转力矩对转子临界转速的影响

如图4.26所示，当转子上的圆盘不是安装在两支承的中点而是偏于一侧时，转轴变形后，圆盘的轴线与两支点 A 和 B 的连线有夹角 θ。设圆盘的自转角速度为 ω，转动惯量为 J_p，则圆盘对质心 O' 的动量矩为 $L = J_p\omega$，它与轴线 AB 的夹角也应该是 θ。当转轴有自然振动时，设其频率为 ω_n。由于进动，圆盘的动量矩 L 将不断改变方向，因此有惯性力矩

$$M_g = L \times \omega_n = J_p\omega \times \omega_n \quad (4.69)$$

其方向与平面 $O'AB$ 垂直，大小为

$$M_g = J_p\omega\omega_n\sin\theta \quad (4.70)$$

因夹角 θ 较小，$\sin\theta \approx \theta$，故

$$M_g \approx J_p\omega\omega_n\theta \quad (4.71)$$

这一惯性力矩称为回转力矩或陀螺力矩，它是圆盘加于转轴的力矩，与 θ 成正比，

相当于弹性力矩。在正进动$(0<\theta<\pi/2)$的情况下,它使转轴的变形减小,因而提高了转轴的弹性刚度,即提高了转子的临界角速度。在反进动$(\pi/2<\theta<\pi)$的情况下,它使转轴的变形增大,从而降低了转轴的弹性刚度,即降低了转子的临界角速度。故陀螺力矩对转子临界转速的影响是:正进动时,它提高了临界转速;反进动时,它降低了临界转速。

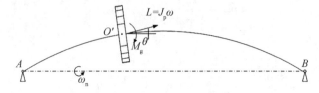

图 4.26　转子系统中的陀螺力矩

②臂长附加力矩对转子刚度的影响

对于较长的柔性转子,不平衡质量离心力作用点可能因与转子和轴的连接点不重合而有一定臂长,与较短的转子相比,连接点处由同等离心力所产生的挠度将不一样,因为此时在计算连接点处的挠度时,要将力进行移位,而添加的等效力矩将改变轴的变形。分析表明,这种影响会使轴的挠度和转角增大,从而降低轴的临界转速(对柔性转子有利)。

③弹性支承对转子临界转速的影响

只有在支承完全不变形的条件下,支点才会在转子运动时保持不动。实际上,支承不可能是绝对刚性不变形的,因而考虑支承的弹性变形时,支承就相当于弹簧与弹性转轴串联,如图 4.27 所示。支承与弹性转轴串联后,其总的弹性刚度要低于转轴本身的弹性刚度。因此,弹性支承可使转子的进动角速度或临界转速降低。在实际工程中表现为,减小支承刚度可以使临界转速显著降低。

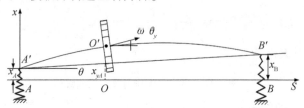

图 4.27　弹性支承转子系统

④组合转子对临界转速的影响

转子系统经常是由多个转子组合而成的,例如在汽轮发电机组中,有高、中、低压汽轮机转子及发电机和励磁机转子等。每个转子都有其自身的临界转速,组合成一个多跨转子系统后,整个组合转子系统也有其自身的临界转速。组合转子与单个转子的临界转速间既有区别又有联系,它们之间存在一定规律。如果各单个转子是由不同制造厂生产的,那么当制造厂给出各单个转子的临界转速后,利用这一规律,可估计组合后转子临界转速的分布情况。此外,也可估算出在组合转子的每一阶主振型中,哪一个转子的振动特别显著。

理论推导证明,图 4.28(b)所示组合系统中各转子的各阶临界角速度,总是高于图 4.28(a)所示原系统相应的各阶临界角速度,如图 4.29 所示。

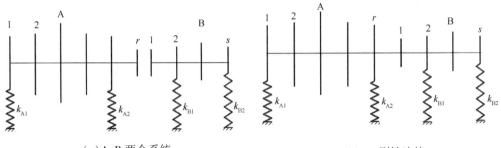

（a）A、B两个系统 　　　　　　　　　　（b）AB刚性连接

图 4.28　组合转子系统

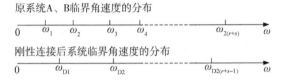

图 4.29　组合系统的临界角速度

（3）转子轴承系统的稳定性

转子轴承系统的稳定性是指转子在受到某种扰动后保持正常运转状态的能力。稳定性取决于扰动响应 $z(t)$ 能否总能保持微小或逐渐消逝。如果响应 $z(t)$ 随时间的延长而消失，则转子系统是稳定的；若响应随时间的延长而不消失，则转子系统失稳。

造成机组失稳的情况很多，如动压轴承失稳、密封失稳、动（静）摩擦失稳等，而失稳又具有突发性，往往带来严重危害。因此，一旦发现失稳征兆，应及时采取措施。

比较典型的失稳是油膜涡动。在瓦隙较大的情况下，转子常会因不平衡等而偏离其转动中心，致使油膜合力与载荷不能平衡，引起油膜涡动。机组的稳定性在很大程度上取决于滑动轴承的刚度和阻尼。当具有正阻尼时，系统本身具有抑制作用，油膜涡动逐步减弱；反之，当具有负阻尼时，系统本身具有激振作用，油膜涡动就会发展为油膜振荡；当具有的阻尼为零时，系统处于稳定临界状态。

在工程实践中，常常采用对数衰减率来判断系统的稳定性。对数衰减率是转子做衰减自由振动时，相邻振幅之比的对数值，如图 4.30 所示。

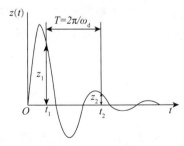

图 4.30　衰减自由振动

$$\delta = \ln \frac{z\mathrm{e}^{-nti}}{z\mathrm{e}^{-n(ti+T)}} = \ln \mathrm{e}^{nT} = nT = n\frac{2\pi}{\omega_\mathrm{d}} \tag{4.72}$$

式中，$n = \dfrac{c}{2m}$；c 为阻尼系数；m 为系统质量；ω_d 为衰减自由振动的频率。

δ 大的系统,对于激励的响应会较快地使之衰减,系统稳定。如 $\delta<0$,说明系统有负阻尼,系统会自激。

(4)多盘系统转子

实际应用中,转子上可能装配有多个叶轮,这就与前面介绍的单盘转子有所不同,称为多盘转子。在此仅介绍多盘转子的振型问题。一个弹性体可以看成是由无数个质点组成的,各质点之间采用弹性连接,只要满足连续性条件,各质点的微小位移都是可能的,因此一个弹性体有无限多个自由度,而每个质点都有可能产生共振,形成共振峰。就转子而言,转子结构的每个共振峰均伴随着一个振动模态形式,称为振型。当激振频率与振动模态之一吻合时,结构的振动会形成驻波。激振频率不同,驻波形式也不同,图4.31所示分别为一阶驻波、二阶驻波、三阶驻波,其中振值为零的部位称为节点。

了解振型对设备故障诊断具有实际意义:

①由振型可见,即使所考虑的测点彼此相距很近,各点之间所测得的实际振动也可能有很大的差别;

②轴承部位不一定就是振动最大的部位。

因此,在进行设备诊断时,首先应正确选择测点,避免设置在节点上;其次应考虑到在测点测得的振值不一定就是振动最大的数值,在其他部位可能会有更大的振值。

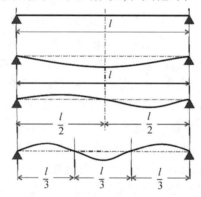

图4.31 多盘转子常见振型

分析旋转机械振动故障时,一般都是指平行振动,即振动质量仅沿着直线方向往返运动,包括转轴轴线垂直方向的径向振动和沿轴线方向的轴向振动两种形式。除此之外,有时还会遇到绕着轴线进行的扭转振动,扭转系统的运动方程为

$$I\frac{\mathrm{d}^2\varphi}{\mathrm{d}t^2} + c\frac{\mathrm{d}\varphi}{\mathrm{d}t} + k\varphi = M \tag{4.73}$$

式中,I 为质量绕旋转轴的惯性矩;φ 为运动转角;c 为阻尼常数;k 为转动刚度;M 为外加扭矩。

由式(4.73)可见,描述扭转运动的方程与描述平行振动运动的方程具有完全类似的形式,区别在于振动质量 m 改成了惯性矩 I,位移 x 改成了运动转角 φ,这就表明,上述讨论平动振动时得到的各种规律完全适用于扭转振动。不过,从监测方法和故障机理上看,两者有很大不同。

产生扭转振动的根本原因是旋转机械的主动力矩与负荷反力矩之间失去平衡,致使合成扭矩的方向来回变化。扭振具有极大的破坏性,轻者使作用在轴上的扭应力发生变化,增加轴的疲劳损伤,降低使用寿命;重者会导致机组轴系损坏或断裂,影响机组的安全可靠运行。扭振故障有多种形式,一般按频率特征将轴系扭振分成次同步共振、超同步共振和振荡扭振扭动三种基本形式。

4.3.2　旋转机械振动特征

旋转机械的主要功能是由旋转部件来完成的,转子是其最主要的部件。旋转机械发生故障的主要特征是异常的振动和噪声,其振动信号通过幅域、频域和时域反映机器的故障信息。因此,了解旋转机械在故障状态下的振动机理,对于监测机器的运行状态和提高诊断故障的准确率都非常重要。旋转机械振动按机械振动性质可以分为三类:

(1)强迫振动

强迫振动又称同步振动,是由外界持续周期性激振力作用造成的振动。强迫振动从外界不断地获得能量来补偿阻尼所消耗的能量,使系统始终保持持续的等幅振动。该振动并不影响扰动力。产生强迫振动的主要原因有转子质量的不平衡、联轴器不对中、转子的静摩擦、机械部件松动、转子部件或轴承破损等。强迫振动的特征频率总是等于扰动力的频率。例如,由转子质量不平衡引起的强迫振动,其振动频率恒等于转速频率。

(2)自激振动

机器运行过程中由机械内部运动本身产生的交变力引起的振动叫自激振动,一旦振动停止,交变力也自然消失;自激振动频率即机械的固有频率(或临界频率),与外来激励的频率无关。旋转机械中常见的自激振动有油膜涡动和油膜振荡。它主要由转子内阻、动静部件的干摩擦等引起。与强迫振动相比,自激振动出现得比较突然,振动的强度比较大,短时间内就会对机器造成严重破坏。

(3)非定常强迫振动

非定常强迫振动是由外来扰动力引起的一种强迫振动。其特点有:与扰动力具有相同的频率;振动本身会影响扰动力的大小与相位;振动的幅值和相位都是变化的。比如转子轴上某一部位出现不均匀的热变形,就相当于给转子增加了不平衡质量,它将会使振动的幅值和相位都发生变化。反过来,振动的幅值和相位的变化又影响不均匀热变形的大小与部位,从而使强迫振动连续不断地发生变化。

旋转机械运转时产生的振动包含着从低频到高频各种频率成分。轴系异常(包括转子部件)所产生的振动频率特征如表 4.10 所示。

以转子存在裂纹为例,裂纹的出现使得转子的横向刚度降低,也会引起弯曲。这种弯曲必然导致平衡状态的恶化。由转子裂纹引起的振动具有以下特点:

①晃度

转子裂纹将使转子在低速下的晃度增大。对晃动的比较(与以往晃度的比较;或停机时的晃度与启动时的晃度比较),最好使用晃度的转频值(1X 的幅值和相位)。通过相位可以判断弯曲的方向。

②基频(1X)振动

转子裂纹将使转子的振动增大。

表 4.10　旋转机械振动特征

发生频率	主要异常现象	振动特征
低频	不平衡	转子轴心线周围质量分布不均匀;振动频率与旋转频率一致
	不对中	联轴器连接的两轴中心线偏移;振动频率与旋转频率一致或与旋转频率成倍
	松动	基础螺丝松动或轴承磨损引起的振动;振动频率含有旋转频率的高次成分
	油膜振荡	常发生在高速滑动轴承上;轴承的力学特征引起的振动;振动频率是轴的固有频率
中频	压力脉动	在泵、风机等产生压力的结构中,每次涡轮通过涡壳部位,流体、压力都会变动。当压力机构有异常时,就产生压力脉动
	叶轮叶片通过频率振动	在轴流式或离心式压缩机中,透平运行时,会因动静叶片间干涉、叶轮和导叶间干涉、喷头和叶轮间干涉引起振动
高频	气浊	流体机械中,由于局部压力降低,产生气泡,气泡压力增高,破灭时即产生高频振动并有声响
	流体音-振动	流体机械中,因压力机构异常或密封机构异常等而产生的一种涡流,一般是随机高频振动和声响

a.工作转速的振动。转子裂纹振动增大的时间持续得比较长。如果振动在随时间逐渐增大,则表明有正在扩大的裂纹。

b.临界转速的振动。转子裂纹引起的振动变化在经过一阶临界转速时的反应更为明显。

③2X 振动

转子裂纹引起转子刚度的不对称,引起 2X 振动。

④高次谐波

转子存在裂纹时,视其挠度方向使横向裂纹张开(受拉力情况)或闭合(受压力情况)。转轴在裂纹张开时刚度小,闭合时刚度大,这种现象使转轴的刚度呈现非线性,出现高次谐波(2X、3X、4X……)振动。

⑤热弯曲

裂纹影响转子的热传导,引起转子的热弯曲,表现为振动随负荷而增大。

⑥对平衡的不正常反应

由于裂纹的逐渐扩展,转子的弯曲在逐渐发展,即使通过一次平衡可以使振动有所改善,但过一段时间振动又会增大,又需要再进行平衡。

当裂纹发展加速时,可能导致平衡结果与预期的结果偏离较大。

对于转子裂纹来说,转子的裂纹有一个发生和发展的过程,由量变引起质变,在不同阶段表现的振动特点是不同的。转子裂纹的发展大体可以分为三个阶段:

①早期

早期裂纹刚刚出现。由于深度较浅,尚不足以影响到转子的弯曲,因而振动的变化并不明显。有的机组在运行过程中并没有观察到异常,在检修中却发现了裂纹。

②中期

中期裂纹已经发展到一定深度,转子出现弯曲。在这个阶段,转子的挠度不断增大。如果安装有轴振测点,可以从轴振在低速下的晃度值观察到这种变化。另外,这种变化也可以由联轴器的瓢偏度反映出来。由于转子弯曲,经常需要进行平衡。裂纹大体沿一个方向发展,转子朝一个方向弯曲,这样历次平衡的方向也是接近的。裂纹发展相对比较缓慢,每次平衡后机组可以维持一段时间的运行。过一段时间振动又会增大,又需要再进行平衡。

③后期

后期裂纹已经比较深,而且发展速度加快。在这个阶段,即便在很短时间内转子的平衡状态也会发生变化。如果在这种情况下进行平衡,平衡结果与预期结果可能偏差较大。裂纹的发展已经影响到转子的热传导,引起热弯曲。其表现为振动随负荷的增加而增大。电网冲击、变动负荷可以加速裂纹的发展。

4.3.3　旋转机械振动信号分析方法

旋转机械故障信号的分析方法经历了由频域分析到时频分析的过程。获取的信号一般为时域信号,不能准确、清晰地获取其频率和振幅等信息,通过傅里叶变换将时域信号变为频域信号,分析处理后可以得到故障相关信息。由于旋转机械的振动信号往往是非平稳信号,所以在频域分析的基础上提出了时频分析的方法,目前小波变换是时频分析中应用最广泛的信号处理方法。

时频分析方法主要有 Wigner-Ville 分布、快速傅里叶变换、小波变换和 Hilbert-Huang 变换等。其中,小波变换在时域和频域上均有很好的局部化特性,是故障诊断过程中有效的数学分析工具,是目前应用最广泛的处理非平稳信号的时频分析方法,主要包括连续小波变换、离散小波变换、小波包变换和第二代小波变换。

将小波变换运用于旋转机械故障诊断还存在很多挑战,应用本质是一种待分析信号与不同比例小波函数之间的近似计算,信号与小波函数越相似,故障特征越容易被提取出来。因此,构造出能适应匹配故障特征的小波函数是关键点。

以傅里叶变换为核心的经典信号处理方法在旋转机械故障诊断中发挥了巨大的作用,这些方法包括频谱分析、阶比谱分析、相关分析、细化谱分析、时间序列分析、倒频谱分析、包络分析和全息谱分析等。

(1)高阶谱分析技术

功率谱分析的一个最大缺陷是它不包含频率成分间的相位信息,通常也无法处理非平稳信号和非高斯信号。而实际的振动信号大多是非平稳信号和非高斯信号,尤其在旋转机械系统发生故障时更是如此。其中,信号的非高斯性是各频率成分间的相互关联作用,产生和频与差频成分,也称信号的非线性,对应的相位关系称为二次相位耦合。对于这种非线性现象,功率谱是无能为力的。

高阶谱是分析非高斯信号的主要数学工具,已被运用到旋转机械的故障诊断中。高斯信号的高阶统计量等于零,当非高斯信号淹没在高斯白噪声中时,利用高阶统计量可以大大降低噪声的干扰。一般而言,旋转机械振动信号中的噪声可以近似地被当作高斯噪声处理,因此采用高阶谱分析振动信号更容易提取故障信息。用更高阶概率结构表征随机信号,弥补了二阶统计量(功率谱)不包含相位信息的缺陷,能定量地描述非线性相位耦合。

(2) ARMA 模型的现代谱分析技术

对旋转机械故障振动信号进行频域分析,通常采用基于傅里叶分析的经典功率谱分析方法。不同于傅里叶分析的谱分析方法称为现代谱分析。其中,ARMA 模型是应用较广的一种现代谱分析方法,它利用信号的信息对被窗函数截取的有限信号以外的信息进行预测或外推,提高了谱分析的分辨率和真实度。特别是其中的 AR 模型能够较好地描述信号频谱中的谱峰,得到的频谱比傅里叶频谱更平滑,具有良好的频率分辨力,从而获得了广泛的应用。

(3) 几何分形技术

目前在旋转机械故障诊断领域中,最成熟的方法是基于线性理论的时域和频域方法。随着现代科学技术的发展,机械设备越来越复杂,基于线性理论的故障诊断方法的缺点和局限性也越来越突出,与非线性原理和方法相融合是旋转机械故障诊断技术的一个重要发展方向,因此,对基于现代非线性理论的故障诊断方法的研究十分活跃。分形理论是非线性科学的一个重要方面,特别适合把它应用于机械故障诊断领域研究各种"复杂现象"。

当旋转机械发生油膜涡动、转子裂纹、转子与定子碰摩、基座松动等故障时,往往会产生混沌现象,采用几何分形技术对振动信号进行分析可以有效地提取各种故障特征,其中关联维数应用得最为广泛。

(4) 时频分析技术

时频分析法将时域和频域组合成一体,兼顾到非平稳信号的要求。它的主要特点在于时间和频率的局部化,通过时间轴和频率轴两个坐标组成的相平面,可以得到整体信号在局部时域内的频率组成,或者看出整体信号各个频带在局部时间上的分布和排列情况。其中,阶次分析便是常用的时频分析技术之一(见附录Ⅳ)。

(5) 盲信号分离技术

盲信号分离是指根据观测到的混合数据确定一个变换,从而恢复原始信号或者信号源。其中术语"盲"有两重含义:①源信号无法被观测到;②源信号与噪声如何混合是未知的。由于噪声信号的存在,实际观测到的信号是故障信号和噪声的混合数据,因此盲信号分离技术在齿轮的故障诊断中得到了应用。

4.3.4　旋转机械常见振动故障及案例分析

(1) 不平衡

转子不平衡是由转子部件质量偏心或转子部件出现缺损造成的故障,它是旋转机械最常见的故障。结构设计得不合理,制造和安装存在误差,材质不均匀造成的质量偏心,以及转子运行过程中由腐蚀、结垢、交变应力作用等造成的零部件局部损坏、脱落等,都会使转子在转动过程中受到旋转离心力的作用,发生异常振动。

转子不平衡的主要振动特征:

①振动方向以径向为主,悬臂式转子不平衡可能会表现出轴向振动;

②波形为典型的正弦波;

③振动频率为工频,水平与垂直方向振动的相位差接近 90°。

案例:某装置泵轴承箱靠联轴器侧振动烈度水平为 13.2 mm/s,垂直为 11.8 mm/s,轴向为 12.0 mm/s。各方向振动都为工频成分,水平、垂直波形为正弦波。某泵水平振动频谱如图 4.32 所示,水平振动波形如图 4.33 所示。再对水平和垂直振动进行双通道相位差测量,显示相位差接近 90°。诊断为不平衡故障,并且不平衡很可能出现在联轴器部位。解体检查未见零部件的明显磨损,但联轴器经检测存在质量偏心,动平衡操作时对联轴器相应部位进行打磨校正后振动降至 2.4 mm/s。

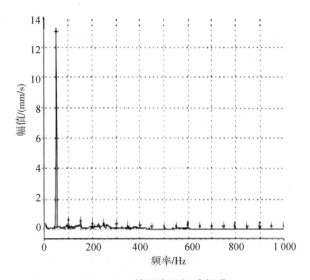

图 4.32 某泵水平振动频谱

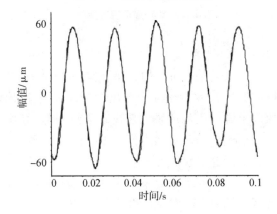

图 4.33 某泵水平振动波形

(2)不对中

转子不对中包括轴系不对中和轴承不对中两种情况。轴系不对中是指转子连接后各转子的轴线不在同一条直线上。轴承不对中是指轴颈在轴承中偏斜,轴颈与轴承孔轴线不平行。通常所讲的不对中多指轴系不对中。

不对中的振动特征一般可表述为:

①最大振动往往在不对中联轴器两侧的轴承上,振动值随负荷的增加而增大;

②平行不对中主要引起径向振动,振动频率为 2 倍工频,同时也存在工频和多倍

频,但以工频和2倍工频为主;

③平行不对中在联轴节两端径向振动的相位差接近180°;

④角度不对中时,轴向振动较大,振动频率为工频,联轴器两端轴向振动相位差接近180°。

案例:某卧式高速泵振动达16.0 mm/s,由振动频谱图(见图4.34)可以看出,50 Hz(电机工频)及其2倍频幅值显著,且2倍频振幅明显高于工频,初步判定为不对中故障。再测量泵轴承箱与电机轴承座对应部位的相位差,发现接近180°。解体检查发现联轴器有2根连接螺栓断裂,高速轴上部径向轴瓦有金属脱落现象,轴瓦间隙偏大;高速轴止推面磨损,推力瓦及惰性轴轴瓦的间隙偏大。检修更换高速轴轴瓦、惰性轴轴瓦及联轴器连接螺栓后,振动降到A区。

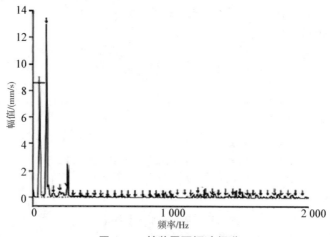

图4.34　某装置泵振动频谱

(3)松动

机械存在松动时,极小的不平衡或不对中都会导致很大的振动。通常有三种类型的机械松动。第一种类型的松动是指机器的底座、台板和基础存在结构松动,或水泥灌浆不实,以及结构或基础的变形,此类松动表现出的振动频谱主要为1X。第二种类型的松动主要由机器底座固定螺栓松动或轴承座出现裂纹引起,其振动频谱除1X外,还存在相当大的2X振动谐波分量,有时还激发出1/2X和3X振动谐波分量。第三种类型的松动是由部件间不合适的配合引起的,产生许多振动谐波分量,如1X、2X、…、nX,有时也会产生1/2X、1/3X等分数振动谐波分量。这时的松动通常是由于轴承盖里轴瓦松动、过大的轴承间隙,或者转轴上零部件存在松动。

案例:某引风机振动增大,轴承箱最大振动16.9 mm/s。该机为悬臂式离心式风机,最大振动在轴承箱靠叶轮侧,倍频丰富,初步判断存在松动。监测4个地脚,发现其中1个地脚03(靠叶轮侧)的振动较大,约为9 mm/s,其余3个地脚的振动分别为0.5 mm/s、1.8 mm/s和2.0 mm/s,很明显03地脚有松动。

由引风机地脚03垂直振动频谱(见图4.35)可以看出,1X、2X较大,还有较多的谐波成分。紧固地脚螺栓后轴承箱最大振动降至4.2 mm/s,仍偏大,分析应该还存在轴承或轴上零件配合松动。解体检查引风机,发现轴承与压盖紧力不足,加铜垫片调整压盖紧力后振动降到2.7 mm/s。

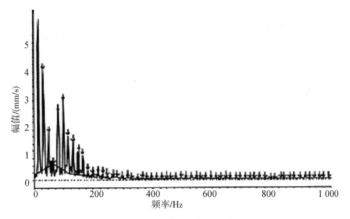

图 4.35 某引风机地脚 03 垂直振动频谱

案例：某双支撑离心式风机非联轴器端轴承箱振动大幅上升，风机轴向振动频谱如图 4.36 所示，轴向最大振动为 14.8 mm/s。现场监测记录列于表 4.11。水平、垂直、轴向振动均表现出 2 倍工频显著，且垂直、轴向 2 倍工频幅值大于工频成分。

表 4.11 某装置风机轴承箱表面振动烈度

联轴器端			非联轴器端		
水平/	垂直/	轴向/	水平/	垂直/	轴向/
(mm · s⁻¹)	(mm · s⁻¹)	(mm · s⁻¹)	(mm · s⁻¹)	(mm · s⁻¹)	(mm · s⁻¹)
2.7	1.3	3.2	9.2	10.1	14.8

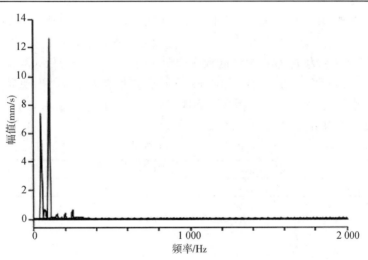

图 4.36 某风机轴向振动频谱

因轴支承为滑动轴承，据相关振动分析理论，轴瓦松动将使转子产生很大的振动，振动频率一般为 1/2 或 2 倍转速频率，经分析检查存在压盖紧力不足的问题。

（4）流体扰动

高速离心泵中的流体，从叶轮的流道中流出，进入扩压器或蜗壳时，如果流体的流动方向与叶片角度不一致，流道中就产生很大的边界层分离、混流和逆向流动。流体对扩压器叶片和蜗壳隔舌的冲击，将使流体在管道中引起很大的压力脉动和不稳定流动，这种压力波又可能反射到叶轮上，激发转子振动，振动频率为叶轮叶片数乘以转速（称为叶片过流频率)或其倍数。当工艺流量与泵额定流量偏差较大或叶轮出口与蜗壳对正不良时,过流频率振动明显,称为流体扰动。一般把叶轮外缘和开始卷曲处的距离拉大,能够缓和压力脉动并减小振幅。

案例:某泵振动超标,管线振动也大。监测发现前轴承最大振动 19.4 mm/s,4 倍工频振幅最大,此成分是泵叶片过流频率,泵振动频谱如图 4.37 所示。经过核算,该泵选型过大,解体切削叶轮后,振动降到标准以内。

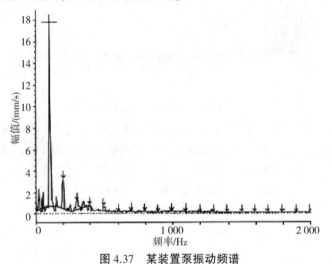

图 4.37　某装置泵振动频谱

(5)动静碰摩

在旋转机械中,由于轴弯曲、转子不对中等而引起轴心严重变形,或非旋转件弯曲变形,都可能造成转子与固定件的碰摩,从而导致异常振动。动静碰摩的振动特征为:频谱图上以工频分量为主,存在少量低频或倍频。当碰摩严重时,低频和倍频分量都有较明显的反应。波形图上可出现单边削顶现象或在接近最大振幅处出现锯齿形。

案例:监测发现进料泵振动偏大,监测数据列于表 4.12。前轴承水平方向 2H 波形如图 4.38 所示,垂直方向 2V 波形如图 4.39 所示。

表 4.12　某装置泵振动

2H/(mm·s^{-1})	2V/(mm·s^{-1})	3H/(mm·s^{-1})	3V/(mm·s^{-1})
2.7	1.3	3.2	3.1

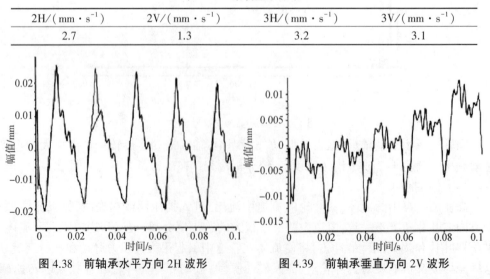

图 4.38　前轴承水平方向 2H 波形　　　图 4.39　前轴承垂直方向 2V 波形

该泵各测点振动值与该泵历史良好状况(在 2 mm/s 以内)相比增加较大,倍频成分丰富,且波形图较多波折,尤其是垂直方向存在单边锯齿状,分析存在松动和轻微碰摩。对该泵进行跟踪监测,振动值较稳定。运行到装置停工检修时,对该泵解体大修,发现后轴瓦巴氏合金层磨损严重,泵轴在喉部衬套部位有磨损痕迹,检修后振动降到 1.7 mm/s。

(6)滚动轴承故障

根据振动分析理论,出现滚动轴承损伤或磨损时,高频解调值一般会增大,并且往往可见轴承外圈、内圈等部件的故障特征频率。当轴承磨损到后期时,轴承故障特征频率可能消失,但振动值通常会加大,振动频谱图会变成一系列谱线。

案例:气体分馏装置振动达 18.2 mm/s,由前轴承水平振动频谱(见图 4.40)可以看出,除工频外,存在密集的高频成分。由前轴承水平解调谱(见图 4.41)可以看出,突出的频谱成分只有工频,但谱线底线较高。分析该泵轴承磨损严重,已发展到轴承故障特征频率消失。解体检修发现靠联轴器侧的轴承保持架已断裂,需要更换轴承以降低振动。

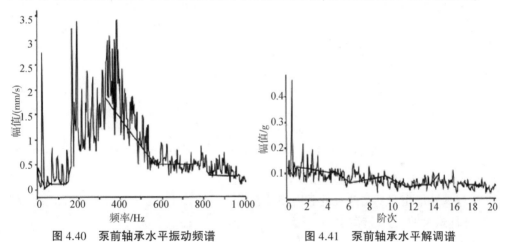

图 4.40　泵前轴承水平振动频谱　　　图 4.41　泵前轴承水平解调谱

案例:某引风机振动增大,最大振动为 8.1 mm/s。由引风机前轴承水平振动频谱(见图 4.42)可以看出,高频成分振幅显著。由引风机前轴承水平解调谱(见图 4.43)可以看出,约 5.8 倍转速频率幅值突出,该成分与该机轴承外圈故障特征频率接近,诊断为轴承磨损。解体验证轴承的确存在磨损,更换轴承后最大振动为 1 mm/s,解调值最大为 0.8 g。

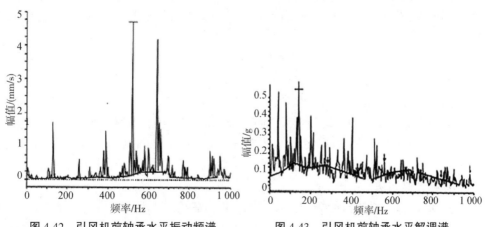

图 4.42　引风机前轴承水平振动频谱　　　图 4.43　引风机前轴承水平解调谱

（7）离心水泵故障

某给水泵设备简图及测点布置见图4.44。电机功率为1 800 kW，转速为2 980 r/min，水泵流量为240 m³/h，扬程为1.529 m。水泵在运行中振动较大，测点3水平方向振动速度有效值达到8.63 mm/s，运行状态差。

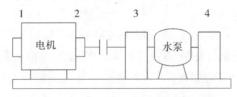

图4.44　某给水泵设备简图及测点布置

图4.45、图4.46分别是测点3和测点4振动烈度的1 000 Hz频谱图，可以看出，泵转子两侧的频谱图都是转频49.67 Hz幅值较大，说明水泵转子存在不平衡故障。

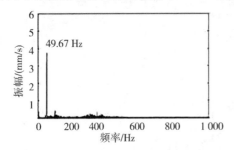
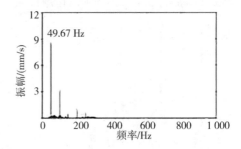

图4.45　测点3处振动烈度的1 000 Hz频谱图　　图4.46　测点4处振动烈度的1 000 Hz频谱图

（8）废气涡轮增压器喘振故障

废气涡轮增压器是柴油机的重要组成部分。其中，喘振是增压器故障中危害最严重、破坏性最大的一类故障。

压气机发生喘振的主要特征如下：

①压气机接近或进入喘振工况时机体和轴承都发生强烈的振动，其振幅要比正常运行时大大增加。压气机的喘振频率一般为0.5~20 Hz。

②压气机在稳定工况下运行时其出口压力和进口流量的变化是不大的、有规律的，且所测得的数据在平均值附近摆动，变动的幅度很小。当接近或进入喘振工况时，两者的变化都很大，发生了周期性大幅度的脉动，有时甚至可发现有气体从压气机进口处被倒推出来。

③压气机在稳定运转的正常工况下噪声较小且是连续性的。当接近喘振工况时，由于整个系统产生气流周期性的振荡，因而在出气管道中，气流发出的噪声时高时低，产生周期性变化。当进入喘振工况时，噪声立即剧增。

某柴油机上增压器的压比为1.50，流量为0.16 kg/s，转速为50 000 r/min，叶轮直径为110 mm。如图4.47所示，在转轴X、Y方向上安装两个电涡流传感器，可以测出增压器转轴的轴心轨迹；在竖直方向上安装两个电涡流传感器，可以测出轴承振动的振幅，并绘出时域波形和功率谱图。

在发生喘振时，增压器的振动逐步加剧，其振幅超过设计允许值的3倍左右，振动剧烈，与其相连的管道及机座等同时发生强烈振动，并伴有低吼声。在增压器强烈振动

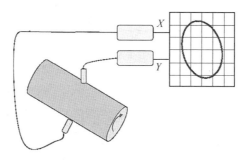

图 4.47　测量轴心轨迹

过程中,其异常振动的轴心轨迹、时域波形及频谱图如图 4.48 所示(x 表示乘以转轴基频)。由此可知,压气机发生异常振动时,轴心轨迹紊乱,小于 10 Hz 的次谐波为特征频率,该谐波的峰值大幅度波动并伴随产生低吼声。

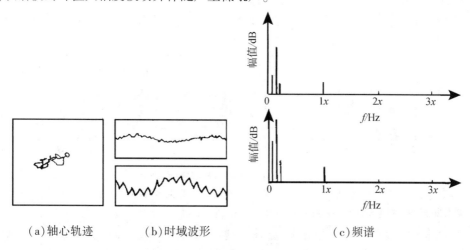

(a)轴心轨迹　　　(b)时域波形　　　　　　　(c)频谱

图 4.48　增压器振动信号图

4.3.5　旋转轴系振动试验案例分析

　　轴系校中是要按一定的要求和方法把轴系安装成一定的状态。在此状态下,各轴段内的应力和所有轴承上的负荷都在允许范围之内或具有合理的数值,从而使轴系能可靠地运转。轴系校中的实质就是准确地确定船舶推进轴系轴承的位置,考虑到轴系弯曲、轴承负荷和船体变形等因素,保证轴系可靠运转的安装工艺过程。

　　参考实船轴系参数,在试验台中通过丝杠调整各轴承标高实现改变轴系校中状态的目标。在振动测试方面,利用电涡流传感器测量轴系横向位移响应、力传感器测量轴承负荷、加速度传感器测量轴承座加速度响应。

　　(1)船舶推进轴系试验台说明

　　试验台参考了实船轴系半径比、长径比、质量比以及固有频率设计参数,保障其可模拟实船轴系静力学和动力学特性,具体参数包括:半径比在 6.9 左右,长径比在 144 左右,质量比为 0.5~1,固有频率为 10~30 Hz,本试验台轴系第一阶固有频率在 24 Hz 左右。根据相关设计参数确定船舶推进轴系试验台具体参数,如表 4.13 所示。

表 4.13　船舶推进轴系试验台具体参数

尺寸参数	数值
螺旋桨半径 R/mm	250
转轴半径 r/mm	21.5
转轴长度 L/mm	3 100
螺旋桨质量 m_1/kg	15~35
转轴质量 m_2/kg	35

如图 4.49 所示,船舶推进轴系试验台由驱动单元(驱动电机 1)、轴系(弹性联轴器 2、轴段 4、中间轴承 3、艉前轴承 5、艉后轴承 8、轴承标高调节装置 7)、负载单元(质量圆盘 9、磁粉制动器 10)、信号采集与测试系统(NI 和 Dasp 信号采集系统 11、应变调理器、电涡流传感器、单轴加速度传感器、力传感器)、其他配套装置(如装置基座、油膜状态指示灯),以及其他单元(如激振器单元 6)组成。

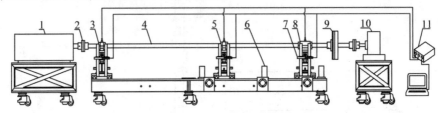

图 4.49　船舶推进轴系试验台总体布置示意图

1—驱动电机;2—弹性联轴器;3—中间轴承;4—轴段;5—艉前轴承;6—激振器单元;7—轴承标高调节装置;8—艉后轴承;9—质量圆盘;10—磁粉制动器;11—NI 和 Dasp 信号采集系统

驱动电机为变频调速三相异步电动机(型号:D1TP180L-6),负载功率为 15 kW,稳定输出速度为 60~970 r/min。驱动电机通过弹性联轴器直接与轴系连接,模拟各种实船推进轴系运行转速。从驱动单元端到负载单元端,依次分布中间轴承、艉前轴承以及艉后轴承。各轴承安装于轴承位置调节单元,如图 4.50 所示。

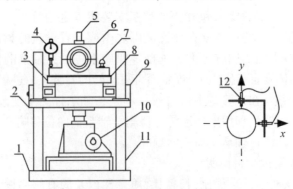

图 4.50　轴承位置调节单元示意图

1—下底板;2—上底板;3—连接板;4—千分表;5—单轴加速度传感器;6—轴承座;7—油膜状态指示灯;8—绝缘垫片;9—力传感器;10—丝杠;11—升降导杆;12—电涡流传感器

当轴系校中状态发生变化时,轴颈与轴瓦之间的油膜状态也随之变化,即轴颈与轴瓦的接触状态发生变化。油膜状态指示灯能直观地显示转轴与轴瓦的接触状态,其原理如图4.51所示。当轴颈与轴瓦不接触(轴颈与轴瓦之间油膜状态稳定且良好,液体润滑)时,油膜电阻很大,电路不导通,此时指示灯熄灭;当轴颈与轴瓦碰磨(轴颈与轴瓦之间油膜状态不稳定,混合润滑)时,油膜电阻时小时大,电路导通状态不断变化,此时指示灯闪烁;当轴颈与轴瓦接触(轴颈与轴瓦之间无法形成油膜,干摩擦)时,油膜电阻很小,电路导通,此时指示灯常亮。因此,在校中状态不断变化的过程中,状态指示灯能直观地显示转轴与轴瓦的接触状态。

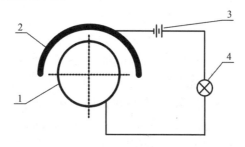

图4.51 油膜状态指示灯原理图

1—轴段;2—轴瓦;3—供电电源;4—指示灯

磁粉制动器(型号:Fs-100s-1,扭矩调节范围:0~100 N·m)及其控制系统、质量圆盘(配重调节范围:15~35 kg)可模拟不同型号螺旋桨对推进轴系造成的挠性变形程度,而磁粉制动器可以模拟螺旋桨不同扭矩负载状态,因此两者结合可以综合模拟出实际航行中螺旋桨的悬臂载荷和扭矩负载对轴系振动的影响。

(2)信号采集系统

略。

(3)传感器

试验中采用了YA-22TD型单轴加速度传感器、ZNZCZ型力传感器和CZF/BZF型电涡流传感器。各传感器基本参数分别见表4.14、表4.15和表4.16。

表4.14 YA-22TD型单轴加速度传感器基本参数

型号	YA-22TD
灵敏度/(mV/g)	506.2
频响范围/Hz	0.2~8 000
量程/g	10
精度	±3%
重量/g	37
最大横向灵敏度比	≤5%$F.S$($F.S$——全量程)

表4.15 ZNZCZ型力传感器基本参数

型号	ZNZCZ
灵敏度/(mV/V)	2.0
量程/kg	300
非线性误差	±0.1% $F.S$
滞后误差	±0.1% $F.S$
重复性误差	±0.1% $F.S$
蠕变	±0.1%$F.S$/30 min

表 4.16　CZF/BZF 型电涡流传感器基本参数

型号	CZF/BZF
线性误差	0.5%
量程/mm	2.0
分辨率	0.05%（静态）、0.2%（动态）
频响范围/kHz	0~10
工作温度/℃	−20~100
温度漂移	0.04%

（4）校中状态试验方案

在船舶推进轴系试验台上，按照校中计算结果将轴系敷设成直线校中状态，设定其为基础状态，各轴承标高为 0 mm。在此基础上以 0.2 mm 为步长调整艉前轴承标高改变校中状态，共获得 8 种校中状态。在不同校中状态下，轴系艉部加载 22.5 kg 圆盘模拟螺旋桨悬臂载荷，轴系在有/无扭矩工况下分别以 210 r/min、240 r/min 和 270 r/min 转速运行，利用单轴加速度传感器测量艉后轴承座加速度响应。在试验过程中，振动信号采样频率为 2 048 Hz，采样点数为 8 192，共采样 30 次，同时记录不同校中状态下油膜状态指示灯闪烁程度。进行有/无扭矩工况下相关试验，具体如下：

①无扭矩工况下轴承座振动分析试验

磁粉制动器对轴系不施加扭矩，采用加速度传感器测量不同校中状态下轴承座加速度响应，然后利用信号采集系统进行收集和储存，分析加速度响应变化规律。

②有扭矩工况下轴承座振动分析试验

磁粉制动器对轴系施加扭矩，采用加速度传感器测量不同校中状态下轴承座加速度响应，然后利用信号采集系统进行收集和储存，分析加速度响应变化规律。

（5）试验分析方法

首先，采用电涡流传感器测量不同校中状态下靠近艉后轴承处轴系横向位移响应，利用单轴加速度传感器测量不同校中状态下艉后轴承座加速度响应，并记录油膜状态指示灯闪烁状态。然后，应用谐波小波包变换对信号进行降噪、分离和提取，分析不同校中状态下轴系横向位移响应和轴承座加速度响应变化，具体分析方法如图 4.52 所示。

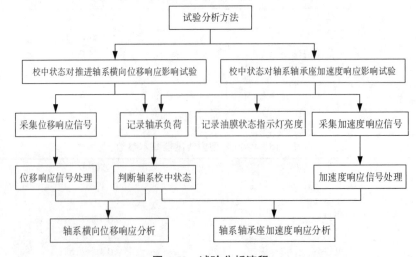

图 4.52　试验分析流程

在船舶推进轴系试验台上，通过施加于轴系艉部的质量圆盘悬臂载荷和调整艉前轴承标高进行有/无扭矩不同转速的轴系校中状态试验,利用单轴加速度传感器测量艉后轴承座加速度响应,分析加速度响应变化。

(6)无扭矩工况下轴承座加速度响应

①工况1——转速210 r/min

本部分给出4种标高状态下艉后轴承座加速度响应时域波形和频谱,如图4.53所示。

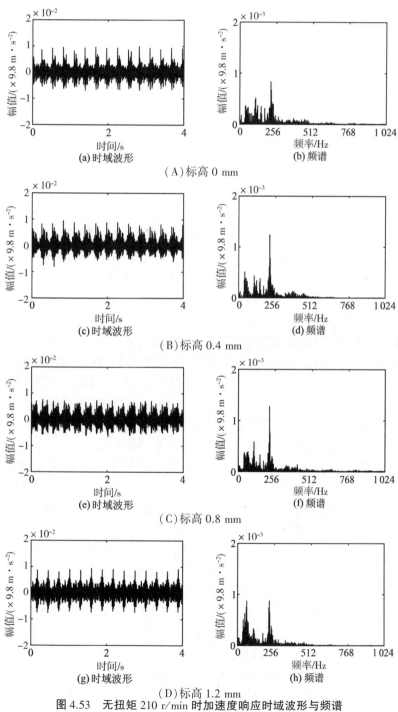

图 4.53　无扭矩 210 r/min 时加速度响应时域波形与频谱

从图 4.53 可以看出:时域波形中具有冲击振动信号成分,经校验该冲击振动信号成分来自驱动电机的振动干扰信号,同时包含杂乱无章的其他振动信号,不同校中状态下加速度响应振幅变化无明显规律;频谱中具有明显周期成分和非周期成分,幅值信号主要集中在 0~512 Hz,而在 512~1 024 Hz 范围的信号幅值很小,且振动很微弱。振动信号均方根值是振动特征参数之一,其数值直接与振动能量大小有关,是衡量振动信号大小的重要指标。不同校中状态下艉后轴承座加速度响应幅值变化如图 4.54 所示。

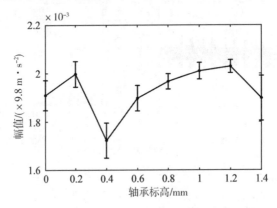

图 4.54　无扭矩 210 r/min 时加速度响应幅值变化

从图 4.54 可以看出:在艉前轴承标高从 0 mm 增至 0.2 mm 的过程中,加速度响应幅值逐渐增大;在标高为 0.4 mm 时,加速度响应幅值急剧下降且为最小值;在标高从 0.4 mm 增至 1.2 mm 的过程中,加速度响应幅值再次逐渐增大;在标高为 1.4 mm 时,加速度响应幅值却有所减小。在标高分别为 0 mm、0.4 mm 和 1.4 mm 时,加速度响应幅值波动变化比较剧烈,表明在这三种校中状态下加速度响应波动性大、随机性强。

综合图 4.53 和图 4.54 可看出:在轴系任一校中状态下,艉后轴承座加速度响应幅值是由多种周期和非周期振动信号组成的混叠信号幅值,且周期与非周期信号幅值无明显变化规律;混叠信号幅值变化具有随机性,无明显变化规律,不能清晰地反映出轴系校中状态的变化。因此,需要对艉后轴承座加速度响应进行降噪、分离,并提取出有效信号,分析校中状态对轴系轴承座加速度响应的影响。

利用谐波小波包变换将振动信号分解成 1 024 个频段,且每个频段的频域宽度为 1 Hz。前 5 倍频成分频域为 0~17.5 Hz,对第 1~18 频段内频率范围为 0~18 Hz 的信号进行重构。艉前轴承标高分别为 0 mm、0.4 mm、0.8 mm 和 1.2 mm 时艉后轴承座加速度响应中前 5 倍频成分的时域波形和频谱如图 4.55 所示。

从图 4.55 可以看出:时域波形中具有明显周期和非周期成分;频谱中具有幅值较大的基频及其 2、3 倍频成分,以及幅值较小的 4、5 倍频成分。再次利用谐波小波包变换从前 5 倍频中提取出幅值较大的基频及其 2、3 倍频成分,然后分别计算各频率成分幅值,分析其变化规律,如图 4.56~图 4.58 所示。

从图 4.56~图 4.58 可以看出:在艉前轴承标高增加的过程中,艉后轴承座加速度响应中基频成分幅值逐渐增大,且其幅值标准差较小,表明基频成分波动小、稳定性好;2 倍频成分幅值逐渐增大,且其幅值标准差较小,表明 2 倍频成分波动小、稳定性好;3 倍频成分幅值无明显变化规律,且其幅值标准差较大,表明 3 倍频成分波动大、稳定性差。

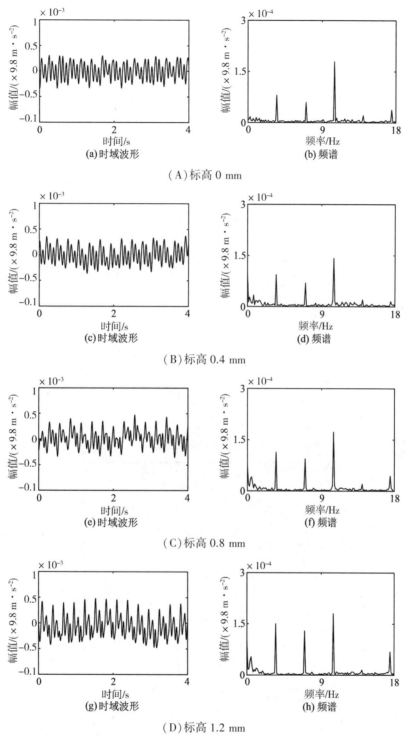

（A）标高 0 mm

（B）标高 0.4 mm

（C）标高 0.8 mm

（D）标高 1.2 mm

图 4.55　无扭矩 210 r/min 时前 5 倍频成分时域波形和频谱

结果表明:艉后轴承座加速度响应中基频和 2 倍频成分的幅值变化可以反映出校中状态的变化,而 3 倍频成分的幅值变化不能反映出校中状态的变化。

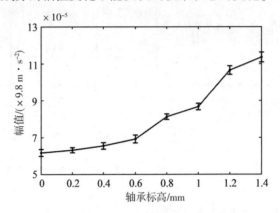

图 4.56　无扭矩 210 r/min 时基频成分幅值变化

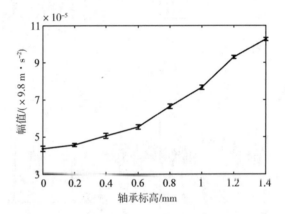

图 4.57　无扭矩 210 r/min 时 2 倍频成分幅值变化

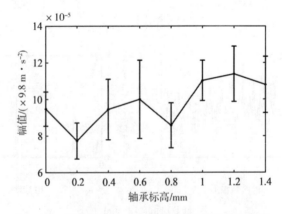

图 4.58　无扭矩 210 r/min 时 3 倍频成分幅值变化

艉后轴承座加速度响应变化与轴颈和轴瓦的接触状态密切相关,在试验过程中,艉后轴承处油膜状态指示灯变化如表 4.17 所示。

表 4.17　无扭矩 210 r/min 时艉后轴承处油膜状态指示灯变化

艉前轴承标高/mm	油膜状态指示灯
0	熄灭
0.2	熄灭
0.4	熄灭
0.6	熄灭
0.8	熄灭
1.0	熄灭
1.2	闪亮
1.4	闪亮且亮度增加

由表 4.17 可知:在艉前轴承标高增加的过程中,艉后轴承处油膜状态指示灯由熄灭到闪亮。而在艉前轴承标高增加的过程中,艉后轴承处轴承不对中程度逐渐增大,使得轴颈与轴瓦之间的油膜状态逐渐恶化,导致轴颈与轴瓦之间的接触强度逐渐增大,造成艉后轴承座加速度响应中基频和 2 倍频成分幅值逐渐增大。

②工况 2——转速 240 r/min

同上述,4 种标高状态下艉后轴承处加速度响应中前 5 倍频成分时域波形和频谱如图 4.59 所示。从图 4.59 可以看出:时域波形中具有明显周期和非周期成分;频谱中具有幅值较大的基频及其 2、3、5 倍频成分,以及幅值较小的 4 倍频成分。

利用谐波小波包变换从前 5 倍频成分中提取出幅值较大的基频及其 2、3、5 倍频成分,分别计算各频率成分幅值,分析其变化规律,如图 4.60~图 4.63 所示。

从图 4.60~图 4.63 可以看出:在艉前轴承标高增加的过程中,艉后轴承处加速度响应中基频成分幅值逐渐增大,且其幅值标准差较小,表明基频成分波动小、稳定性好;2 倍频成分幅值逐渐增大,且其幅值标准差较小,表明 2 倍频成分波动小、稳定性好;3 倍频成分幅值变化无明显规律,且其幅值标准差较大,表明 3 倍频成分波动大、稳定性差;5 倍频成分幅值变化无明显规律,在艉前轴承标高为 1.2 mm 时,其幅值标准差较大,表明该校中状态下 5 倍频成分波动大、稳定性差。结果表明:艉后轴承座加速度响应中基频和 2 倍频成分幅值变化可以反映出校中状态的变化,而 3、5 倍频成分幅值变化不能反映出校中状态的变化。

艉后轴承座加速度响应变化与轴颈和轴瓦的接触状态密切相关,在试验过程中,艉后轴承处油膜状态指示灯变化如表 4.18 所示。

由表 4.18 可知:在艉前轴承标高增加的过程中,艉后轴承处油膜指示灯处于熄灭状态。而在艉前轴承标高增加的过程中,艉后轴承处轴承不对中程度逐渐增大,使得轴颈与轴瓦之间的油膜状态逐渐恶化,导致轴颈与轴瓦之间的接触强度逐渐增大,造成艉后轴承座加速度响应中基频和 2 倍频成分幅值逐渐增大。

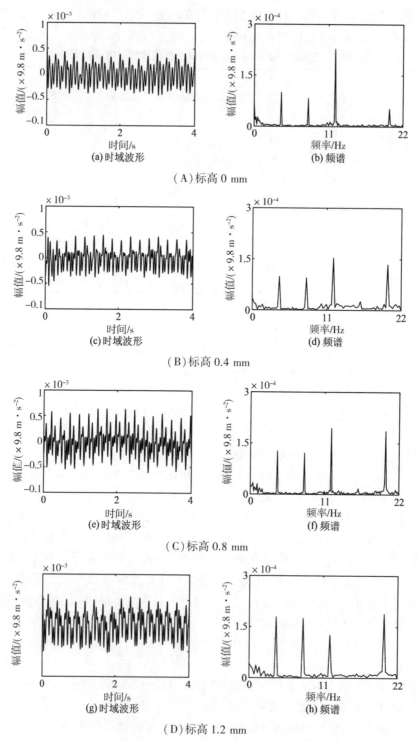

（A）标高 0 mm

（B）标高 0.4 mm

（C）标高 0.8 mm

（D）标高 1.2 mm

图 4.59　无扭矩 240 r/min 时前 5 倍频成分时域波形和频谱

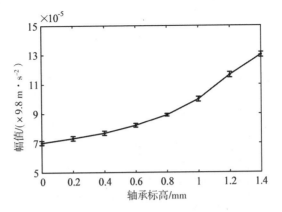

图 4.60　无扭矩 240 r/min 时基频成分幅值变化

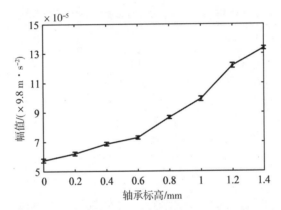

图 4.61　无扭矩 240 r/min 时 2 倍频成分幅值变化

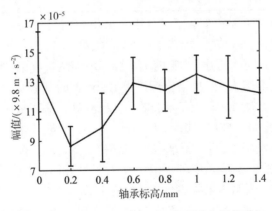

图 4.62　无扭矩 240 r/min 时 3 倍频成分幅值变化

③工况 3——转速 270 r/min

同上述,4 种标高状态下舵后轴承座加速度响应中前 5 倍频成分时域波形和频谱如图 4.64 所示。从图 4.64 可以看出:时域波形中具有明显周期和非周期成分;频谱中有幅值较大的基频及其 2、3、4、5 倍频成分。

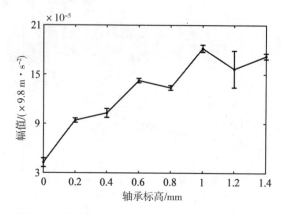

图 4.63　无扭矩 240 r/min 时 5 倍频成分幅值变化

表 4.18　无扭矩 240 r/min 时艉后轴承处油膜状态指示灯变化

艉前轴承标高/mm	油膜状态指示灯
0	熄灭
0.2	熄灭
0.4	熄灭
0.6	熄灭
0.8	熄灭
1.0	熄灭
1.2	熄灭
1.4	熄灭

利用谐波小波包变换从前 5 倍频成分中提取出幅值较大的基频及其倍频成分,然后分别计算各频率成分的幅值,分析其变化规律,如图 4.65~图 4.69 所示。

从图 4.65~图 4.69 可以看出:在艉前轴承标高增加的过程中,艉后轴承座加速度响应中基频成分幅值逐渐增大,且其幅值标准差较小,表明基频成分波动小、稳定性好;2 倍频成分幅值逐渐增大,且其幅值标准差较小,表明 2 倍频成分波动小、稳定性好;3 倍频成分幅值变化无明显规律,且其幅值标准差较大,表明 3 倍频成分波动大、稳定性差;4 倍频成分幅值逐渐增大,且其标准差比基频和 2 倍频成分标准差大,表明 4 倍频成分波动较大、稳定性较差;5 倍频成分幅值变化无明显规律,在标高为 0 mm 和 1.2 mm 时,其幅值标准差较大,表明 5 倍频成分在该校中状态下波动大、稳定性差。结果表明:艉后轴承座加速度响应中基频和 2 倍频成分幅值变化可以反映出校中状态的变化,而 3、4、5 倍频成分幅值变化不能反映出校中状态的变化。

艉后轴承座加速度响应变化与轴颈和轴瓦的接触状态密切相关,在试验过程中,艉后轴承处油膜状态指示灯变化如表 4.19 所示。由表 4.19 可知:在艉前轴承标高增加的过程中,艉后轴承处油膜状态指示灯熄灭。而在艉前轴承标高增加的过程中,艉后轴承处轴承不对中程度逐渐增大,使得轴颈与轴瓦之间的油膜状态逐渐恶化,导致轴颈与轴瓦之间的接触强度逐渐增大,造成艉后轴承座加速度响应中基频和 2 倍频成分幅值逐渐增大。

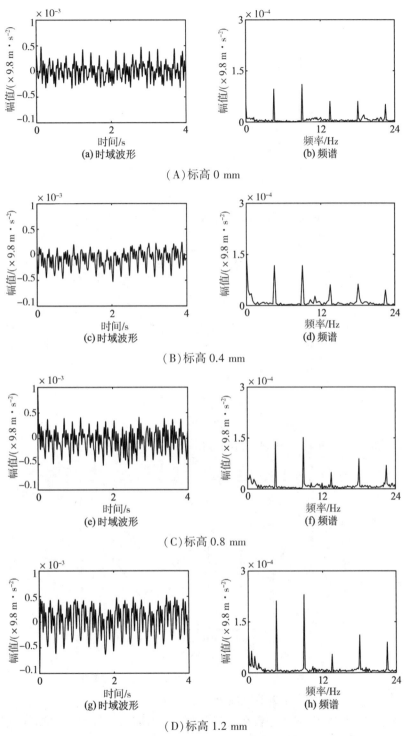

（A）标高 0 mm

（B）标高 0.4 mm

（C）标高 0.8 mm

（D）标高 1.2 mm

图 4.64　无扭矩 270 r/min 时前 5 倍频时域波形和频谱

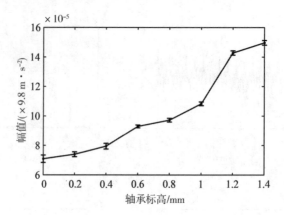

图 4.65　无扭矩 270 r/min 时基频成分幅值变化

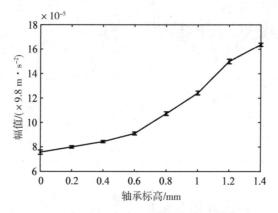

图 4.66　无扭矩 270 r/min 时 2 倍频成分幅值变化

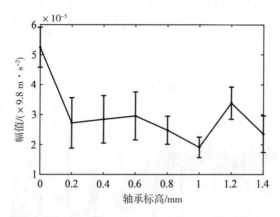

图 4.67　无扭矩 270 r/min 时 3 倍频成分幅值变化

④不同转速工况下基频和 2 倍频成分幅值变化

在上述研究的基础上,对比分析在艉前轴承标高增加的过程中,轴系以不同转速运行时,艉后轴承座加速度响应中基频和 2 倍频成分幅值变化,分别如图 4.70 和图 4.71 所示。

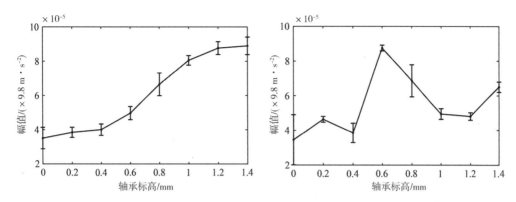

图 4.68　无扭矩 270 r/min 时 4 倍频成分幅值变化　图 4.69　无扭矩 270 r/min 时 5 倍频成分幅值变化

表 4.19　无扭矩 270 r/min 时艉后轴承处油膜状态指示灯变化

艉前轴承标高/mm	油膜状态指示灯
0	熄灭
0.2	熄灭
0.4	熄灭
0.6	熄灭
0.8	熄灭
1.0	熄灭
1.2	熄灭
1.4	熄灭

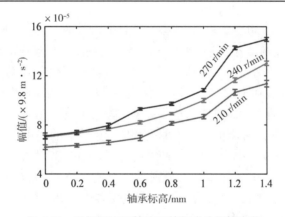

图 4.70　无扭矩不同转速下基频成分幅值变化

　　从图 4.70 和图 4.71 可以看出：在艉前轴承标高以 0.2 mm 步长从 0 mm 增加至 1.4 mm 的过程中，轴系以不同转速运行时，艉后轴承座加速度响应中基频和 2 倍频成分幅值均逐渐增大；且在相同校中状态下，270 r/min 转速下两者的幅值最大，240 r/min 转速下两者的幅值次之，210 r/min 转速下两者的幅值最小，表明基频和 2 倍频成分幅值因转速增大而增大，这是由于轴系运行转速增加导致轴系振动激励力增大，进而使艉后轴承座加速度响应增大，造成两者的幅值增大。

　　（7）有扭矩工况下轴承座加速度响应

　　在不同校中状态下，轴系艉部加载 22.5 kg 圆盘模拟螺旋桨悬臂载荷，磁粉制动器

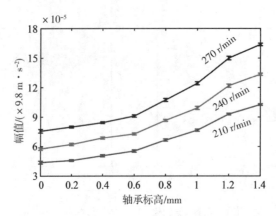

图 4.71　无扭矩不同转速下 2 倍频成分幅值变化

对轴系施加 42 N·m 扭矩工况,轴系分别以 210 r/min、240 r/min 和 270 r/min 的转速运行,利用单轴加速度传感器测量艉后轴承座加速度响应。在试验过程中,振动信号采样频率为 2 048 Hz,采样点数为 8 192,共采样 30 次,同时记录不同校中状态下油膜状态指示灯的闪烁状态。

①工况 1——转速 210 r/min

同样,4 种标高状态下艉后轴承座加速度响应中前 5 倍频成分时域波形和频谱如图 4.72 所示。从图 4.72 可以看出:时域波形中具有明显周期成分;频谱中具有幅值较大的基频及其 2、3 倍频成分,以及幅值较小的 4、5 倍频成分。

利用谐波小波包变换提取出基频和 2、3 倍频成分,并计算各频率成分均方根值,分析其变化,分别如图 4.73~图 4.75 所示。

从图 4.73~图 4.75 可以看出:在艉前轴承标高增加的过程中,艉后轴承座加速度响应中基频成分幅值逐渐减小,且其幅值标准差较小,表明基频成分波动小、稳定性好;2 倍频成分幅值逐渐减小,且其幅值标准差较小,表明 2 倍频成分波动小、稳定性好;3 倍频成分幅值变化无明显规律,且其幅值标准差较大,表明 3 倍频成分波动大、稳定性差。结果表明:艉后轴承座加速度响应中基频和 2 倍频成分幅值变化可以反映出校中状态的变化,而 3 倍频成分幅值变化不能反映出校中状态的变化。

艉后轴承座加速度响应变化与轴颈和轴瓦的接触状态密切相关,在试验过程中,艉后轴承处油膜状态指示灯变化如表 4.20 所示。由表 4.20 可知:在艉前轴承标高增加的过程中,艉后轴承处油膜指示灯保持闪亮,而亮度逐渐降低,表明轴段与轴瓦之间的油膜状态逐渐改善,即轴系校中状态逐渐改善。在校中状态改善过程中,轴段与轴瓦的接触强度逐渐减小,使得艉后轴承座加速度响应中基频和 2 倍频成分幅值逐渐减小。

②工况 2——转速 240 r/min

同上述,4 种标高状态下艉后轴承座加速度响应中前 5 倍频时域波形和频谱如图 4.76 所示。从图 4.76 可以看出:时域波形中前 5 倍频成分中具有明显周期和非周期成分;频谱中具有幅值较大的基频及其 2、3 倍频成分,以及幅值较小的 4、5 倍频成分。

利用谐波小波包变换从前 5 倍频成分中提取出幅值较大的基频及其 2、3 倍频成分,然后计算各频率成分均方根值,分析其变化,如图 4.77~图 4.79 所示。

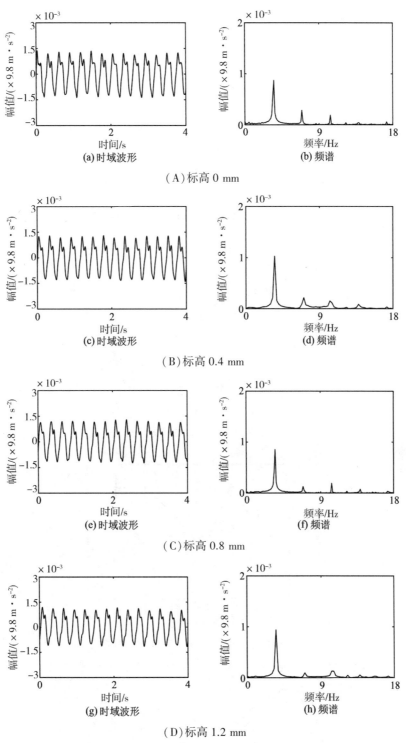

（A）标高 0 mm

（B）标高 0.4 mm

（C）标高 0.8 mm

（D）标高 1.2 mm

图 4.72　有扭矩 210 r/min 时前 5 倍频成分时域波形和频谱

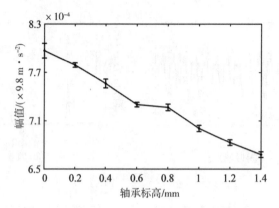

图 4.73 有扭矩 210 r/min 时基频成分幅值变化

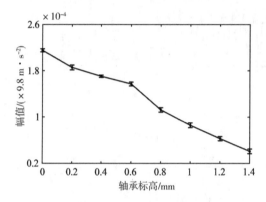

图 4.74 有扭矩 210 r/min 时 2 倍频成分幅值变化

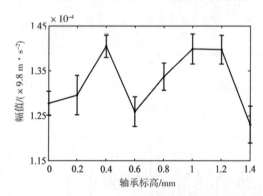

图 4.75 有扭矩 210 r/min 时 3 倍频成分幅值变化

表 4.20 有扭矩 210 r/min 时艉后轴承处油膜状态指示灯变化

艉前轴承标高/mm	油膜状态指示灯
0	闪亮
0.2	闪亮
0.4	闪亮
0.6	闪亮
0.8	闪亮且亮度降低
1.0	闪亮且亮度降低
1.2	闪亮且亮度降低
1.4	闪亮且亮度降低

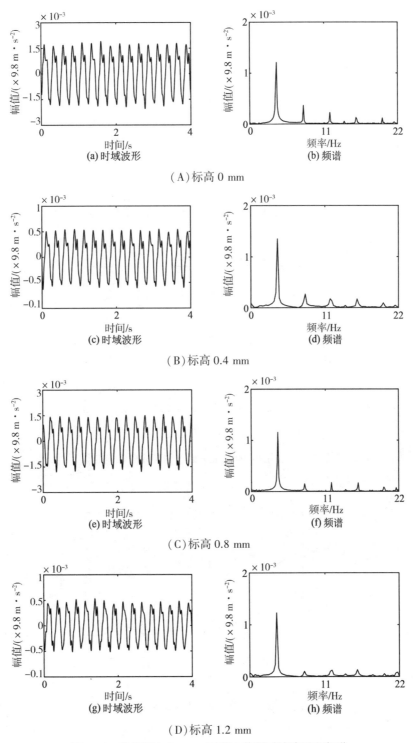

（A）标高 0 mm

（B）标高 0.4 mm

（C）标高 0.8 mm

（D）标高 1.2 mm

图 4.76　有扭矩 240 r/min 时前 5 倍频时域波形和频谱

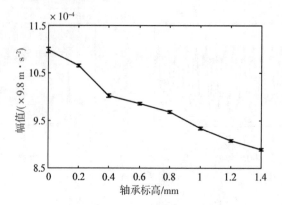

图 4.77　有扭矩 240 r/min 时基频成分幅值变化

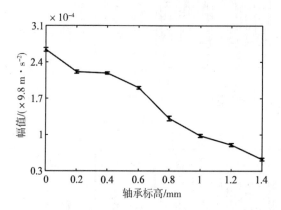

图 4.78　有扭矩 240 r/min 时 2 倍频成分幅值变化

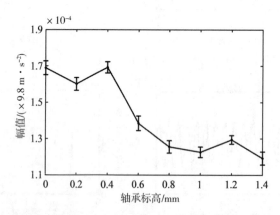

图 4.79　有扭矩 240 r/min 时 3 倍频成分幅值变化

从图 4.77~图 4.79 可以看出:在艉前轴承标高增加的过程中,艉后轴承座加速度响应中基频成分幅值逐渐减小,且其幅值标准差较小,表明基频成分波动小、稳定性好;2 倍频成分幅值逐渐减小,且其幅值标准差较小,表明 2 倍频成分波动小、稳定性好;3 倍频成分幅值变化无明显规律,且其幅值标准差较大,表明 3 倍频成分波动大、稳定性差。结果表明:艉后轴承座加速度响应中基频和 2 倍频成分幅值变化可以反映出校中状态的变化,而 3 倍频成分幅值变化不能反映出校中状态的变化。

艉后轴承座加速度响应变化与轴颈和轴瓦的接触状态密切相关,在试验过程中,艉后轴承处油膜状态指示灯变化如表 4.21 所示。

表 4.21 有扭矩 240 r/min 时艉后轴承处油膜状态指示灯变化

艉前轴承标高/mm	油膜状态指示灯
0	闪亮
0.2	闪亮
0.4	闪亮且亮度降低
0.6	闪亮且亮度降低
0.8	熄灭
1.0	熄灭
1.2	熄灭
1.4	熄灭

由表 4.21 可知:在艉前轴承标高增加的过程中,艉后轴承处油膜状态指示灯由闪亮至熄灭,表明轴颈与轴瓦之间的油膜状态逐渐改善,即轴系校中状态逐渐改善。在校中状态改善过程中,轴段与轴瓦的接触强度逐渐减小,使得艉后轴承座加速度响应中基频和 2 倍频成分幅值逐渐减小。

③工况 3——转速 270 r/min

同上述,4 种标高状态下艉后轴承座加速度响应中前 5 倍频时域波形和频谱如图 4.80 所示。从图 4.80 可以看出:时域波形中具有明显周期和非周期成分;频谱中有幅值较大的基频及其 2、3 倍频成分,以及幅值较小的 4、5 倍频成分。

利用谐波小波包变换从前 5 倍频成分中提取出幅值较大的基频及其 2、3 倍频成分,然后计算各频率成分均方根值,分析其变化,分别如图 4.81~图 4.83 所示。

从图 4.81~图 4.83 可以看出:在艉前轴承标高增加的过程中,艉后轴承座加速度响应中基频成分幅值逐渐减小,且其幅值标准差较小,表明基频成分波动小、稳定性好;2 倍频成分幅值逐渐减小,且其幅值标准差较小,表明 2 倍频成分波动小、稳定性好;3 倍频成分幅值变化无明显规律,且其幅值标准差较大,表明 3 倍频成分波动大、稳定性差。结果表明:艉后轴承座加速度响应中基频和 2 倍频成分幅值变化可以反映出校中状态的变化,而 3 倍频成分幅值变化不能反映出校中状态的变化。

艉后轴承座加速度响应变化与轴颈和轴瓦之间的接触状态密切相关,在试验过程中,艉后轴承处油膜状态指示灯变化如表 4.22 所示。

由表 4.22 可知:在艉前轴承标高增加的过程中,艉后轴承处油膜状态指示灯由闪亮至熄灭,表明轴颈与轴瓦之间的油膜状态逐渐改善,即轴系校中状态逐渐改善。在校中状态改善过程中,轴段与轴瓦的接触强度逐渐减小,使得艉后轴承座加速度响应中基频和 2 倍频成分幅值逐渐减小。

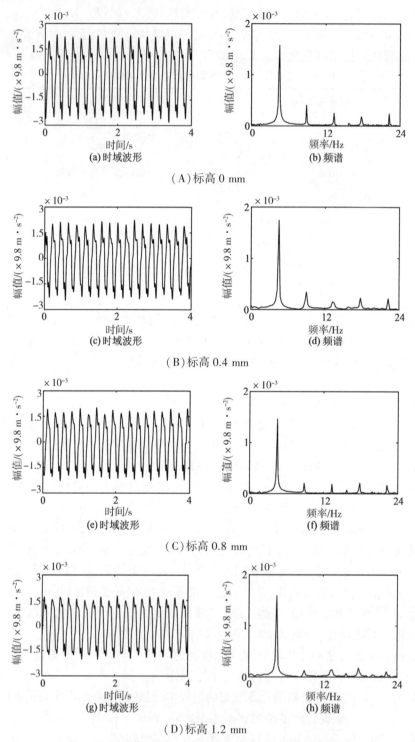

（A）标高 0 mm

（B）标高 0.4 mm

（C）标高 0.8 mm

（D）标高 1.2 mm

图 4.80　有扭矩 270 r/min 时前 5 倍频时域波形和频谱

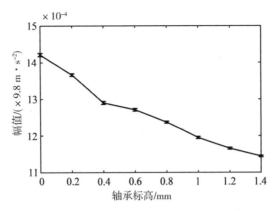

图 4.81 有扭矩 270 r/min 时基频成分幅值变化

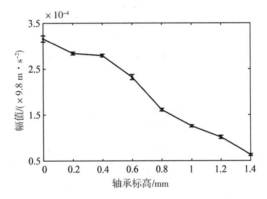

图 4.82 有扭矩 270 r/min 时 2 倍频成分幅值变化

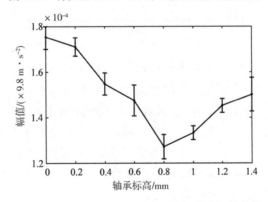

图 4.83 有扭矩 270 r/min 时 3 倍频成分幅值变化

表 4.22 有扭矩 270 r/min 时艉后轴承处油膜状态指示灯变化

艉前轴承标高/mm	油膜状态指示灯
0	闪亮
0.2	闪亮
0.4	闪亮且亮度降低
0.6	闪亮且亮度降低
0.8	熄灭
1.0	熄灭
1.2	熄灭
1.4	熄灭

④不同转速工况下基频和 2 倍频成分幅值变化

对比分析在艉前轴承标高增加的过程中,轴系以不同转速运行时艉后轴承座加速度响应中基频和 2 倍频成分幅值变化,分别如图 4.84 和图 4.85 所示。

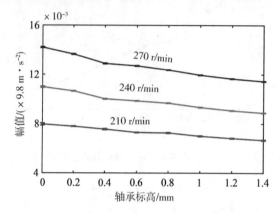

图 4.84　有扭矩不同转速下基频成分幅值变化

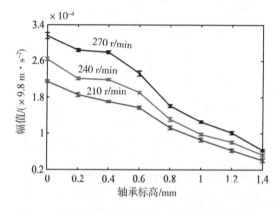

图 4.85　有扭矩不同转速下 2 倍频成分幅值变化

从图 4.84 和图 4.85 可以看出:在艉前轴承标高以 0.2 mm 步长从 0 mm 增加至 1.4 mm 的过程中,轴系以不同转速运行,艉后轴承座加速度响应中基频和 2 倍频成分幅值均在逐渐减小;在相同校中状态下,270 r/min 转速下两者的幅值最大,240 r/min 转速下两者的幅值次之,210 r/min 转速下两者的幅值最小,表明基频和 2 倍频成分幅值因转速增大而增大,这是由于轴系运行转速增大导致轴系振动激励力增大,进而使艉后轴承座加速度响应增大,造成两者的幅值增大。

在船舶推进轴系试验台上,通过施加于轴系艉部的 22.5 kg 圆盘悬臂载荷和调整艉前轴承标高进行有/无扭矩下不同转速的轴系校中试验,利用加速度传感器测量艉后轴承座加速度响应,分析加速度响应变化。本案例分析主要结论如下:

a.在轴系不同校中状态下,艉后轴承座加速度响应幅值是由多种周期和非周期振动信号组成的混叠信号幅值,对比不同校中状态下混叠信号幅值不能清晰地反映出校中状态的变化。所以,需利用谐波小波包变换从混叠信号中分离提取出有效信号,分析校中状态对轴系轴承座加速度响应的影响。

b.当轴系无扭矩时,在艉前轴承标高以 0.2 mm 步长从 0 mm 增加至 1.4 mm 的过程中,油膜状态指示灯由熄灭到闪烁,即轴系校中状态逐渐恶化,艉后轴承座加速度响应中基频和 2 倍频成分幅值逐渐增大。轴系分别以 210 r/min、240 r/min 和 270 r/min 运行时,基频和 2 倍频成分幅值变化规律一致,且在标高相同时,两者频率成分幅值因转速增大而增大。

c.当轴系有扭矩时,在艉前轴承标高以 0.2 mm 步长从 0 mm 增加至 1.4 mm 的过程中,油膜状态指示灯由闪烁到熄灭,即轴系校中状态逐渐改善,艉后轴承座加速度响应中基频和 2 倍频成分幅值逐渐减小。轴系分别以 210 r/min、240 r/min 和 270 r/min 运行时,基频和 2 倍频成分幅值变化规律一致,且在标高相同时,两者频率成分幅值因转速增大而增大。

4.4　往复式机械振动诊断技术

往复式机械种类很多,包括往复压缩机、内燃机(柴油机及汽油机)、往复泵等。其工业应用十分广泛,因此对往复式机械进行状态监测与故障诊断具有十分重要的意义。

由于往复式机械通常需要利用一系列机构将回转运动转换成往复运动(例如往复压缩机),或者将往复运动转换成回转运动(例如内燃机),因而其机械结构往往比较复杂,运动形式也较为复杂。

4.4.1　往复式机械振动特征

(1)以内燃机为例的往复式机械与旋转机械相比,具有以下特点:

①系统比较复杂。运动部分(活塞-曲轴机构)既有旋转运动引起的振动,又有往复运动产生的振动,还有燃烧时冲击造成的振动,频域范围宽的激励力比较难以识别。

②振动随负荷变化,在转速一定时,其负荷又随外界情况变化。

③同时发生多种振动,如气体压力引起的燃烧室组件的振动、活塞撞击连杆引起的振动、活塞撞击气缸引起的振动等几乎在同一时刻发生,因此,相互干扰大。当发动机的运动部件出现不同程度的机械故障时,难以从振动信号中检测出相应的激励力变化情况。

④各种撞击力大小都具有不稳定性。

⑤缸数多,互相耦合,互相干扰,邻缸对本缸中各运动部件之间的互相干扰不易区分。

⑥敏感测点的选择及判断依据的确定比较困难。

(2)相较 4.3 节的旋转机械,往复式机械的振动特点有:

①从结构上,往复式机械的一般信号传递路径相对复杂,结构导纳较差,信号传递衰减比较大,并且由于机械传播产生多频率叠加现象,从而使信号失真。

②从作用机理上,往复式机械以往复运动为主,滑动摩擦副和冲击运动占主导地位,其运动速度变化率(随着时间的变化,运动速度也发生变化)和相位变化较旋转机械大。往复式机械的活塞、连杆,由于受到脉动的气体压力,在往复运动时就会产生惯性力与惯性力矩的作用,可使其产生往复振动和扭转振动。

③往复式机械旋转频率、压缩上/下止点位置频率及爆燃频率之间有着密不可分的关系。往复式机械在一个工作循环内,主轴转速是相对稳定的,而直线运动速度是时时变化的(速度变化率变化),从而引起调相现象。因此,可以通过各特征频率相对于主轴

旋转频率的相位关系进行故障分析。所以,分析往复式机械故障信号时应同时考虑调幅、调相问题。

4.4.2 往复式机械故障及其特点

往复式机械的故障主要有两种:一种是结构性故障;另一种是性能方面的故障。结构性故障是指零件磨损、裂纹、装配不当,动静部件间碰磨,油路堵塞等;而性能方面的故障表现为机器性能指标达不到要求,如功率不足、油耗量大、转速波动较大等。显然,结构性故障会反映在机器的性能中,通过对性能的评定,也可反映结构性故障的存在和严重程度。

往复式活塞压缩机的典型故障包括:阀片碎裂、十字头及活塞杆断裂、活塞环断裂、气缸开裂、气缸和气缸盖破裂、曲轴断裂、连杆断裂和变形、连杆螺栓断裂、活塞卡住和开裂、机身断裂和烧瓦、电机故障等。往复泵的典型故障包括:烧瓦、曲轴磨伤、十字头磨损、轴承磨损、滑道拉伤、柱塞–缸套磨损、连杆及套筒磨损等,其中轴承损坏及十字头磨损是其主要故障所在,另外,泵阀组件作为其液力端关键部件也经常失效。

(1)柴油机拉缸

当间隙过小发生拉缸时,在缸体表面测得功率谱密度图中高频成分(大于 3 kHz)明显增加,这与正常工作状态下不同的特征说明了此时活塞作用力为宽频带激励,反映到缸体振动上是能量分布宽带增加,同时总振级测量值明显小于基准值。可以判定拉缸已经发生。

(2)气缸活塞磨损

气缸活塞的磨损状态可以利用缸体表面振动加速度总振级进行判别。若在正常工作状态下,各测点的振动加速度总振级为 L,实测各点的振动总振级为 L_a,比较这两值的倍数,可以确定气缸磨损状态,并确定磨损极限。

发动机气缸磨损可以通过活塞–气缸套间隙反映出来。功率谱峰值随着气缸套磨损量的增大而增大,达到极限磨损后,峰值急剧增大。磨损量增大,总振级呈上升趋势。

气体爆炸是一个低频(f 小于 500 Hz)的激振力。

(3)气缸盖表面振动信号

气体爆压冲击振动能量主要分布在 2.3~2.5 kHz;

进气阀关闭冲击激励振动,振动能量主要分布在 4~5 kHz;

排气阀开启冲击激励振动,振动能量主要分布在 600~800 Hz;

流体动力噪声一般小于 1 kHz。

(4)往复式压缩机故障振动

旋转惯性力主要是由曲轴的质量不平衡产生的,另外,连杆的刚体平面运动有一部分质量转化为旋转运动质量,一部分质量转化为往复运动质量。旋转惯性力引起的机器的振动像不平衡振动一样,产生每转一次的转速频率振动,这种振动可以通过平衡方法把旋转惯性力基本消除掉,即在旋转惯性力所指的相反方向上施加平衡质量。

往复运动的惯性力是由往复运动部件的加速度产生的。往复运动惯性力 F 由 F_1 和 F_2 两部分组成,其中

$$F_1 = m_s r \omega^2 \cos\alpha \tag{4.74}$$

称为一阶往复惯性力,力的变化周期等于曲轴旋转一周的时间,且在 $\alpha = 0°$ 时 F_1 为最大。因此,一阶往复惯性力引起的振动频率为机器的转速频率。

$$F_2 = m_s r \omega^2 \lambda \cos(2\alpha) \tag{4.75}$$

称为二阶往复惯性力,力的变化周期等于曲轴旋转半周的时间,且在 $\alpha = 0°$ 和 $\alpha = 180°$ 时 F_2 为最大。因此,二阶往复惯性力引起的振动频率为机器转速频率的 2 倍。

往复式压缩机由于存在旋转惯性力、往复惯性力及力矩,将会引起机器和基础的振动。除了这种机械运动引起的振动之外,往复式压缩机由于间歇性吸气和排气,气流的压力脉动还会引起管路振动。如果气流脉动频率恰好与气柱或管道自振频率相同,就会产生管道共振,这种共振将带来严重的后果,不仅引起压缩机和基础、管道各连接部分松动,严重时甚至会振裂管道。

往复式压缩机的振动监测经验:

①气缸上的测振点在径向和轴向的振幅对活塞在缸体内的运行情况比较敏感。径向和轴向振幅明显上升,说明活塞、连杆、十字头存在松动,在往复运动过程中发生直线位置偏移。

②地脚螺栓松动,机座垂直方向上的振幅将会明显上升。

③十字头滑道处径向振动明显上升,说明十字头与滑道接触不良。

同类机组振动情况的相互比较和机组自身不同时刻的振动情况比较,有助于判别机器是否存在故障和故障发展的程度。

4.4.3 往复式机械振动监测及其方法

振动诊断法在往复式机械中的应用不如旋转机械那样广泛和有效,其原因是往复式机械转速低,要求传感器有良好的低频特性,因而在传感器选用方面有一定的限制。此外,由于往复式机械结构复杂,运动件多,工作时振动激励源多,对不同零部件,这些激励源的作用是不同的,因而利用振动信号进行分析困难较多。利用振动分析实时监测内燃机工况面临的困难有:不同型号的内燃机振动信号共性不足,信号分析方法不能通用;振动源多,传递路径复杂,系统故障既有"纵向性"又有"横向性";多个故障并存,多故障的同时诊断影响诊断结果的准确性。但在实际工作中,近年来振动分析技术逐步发展,在往复式机械的监测和诊断中的应用日益增多。以内燃机的振动监测为例,可从机身表面或者缸套的振动信号中,提取不同的活塞-缸套间隙下的频率特征,诊断活塞-缸套系统的磨损状态;从缸盖表面的振动信号中,提取气门漏气故障的频域特征,诊断气门的工作情况;从喷油器和高压油泵的振动信号中,提取反映喷油过程各种参数的频域特征,据此诊断柴油机燃油系统的工作状态。

振动诊断法主要包含传递函数法、能量谱法和时域特征法等。其方法都是通过对正常情况下往复式机械的动态特性、能量数据进行采集,从而分别得到传递函数、参考能量谱、时域特征量等。再将实测的振动信号与之进行比较,判别出故障是否存在。除了以上几种方法外,还有评定缸体表面振动加速度总振级方法等。综合运用上述方法可以有效地确定气缸-活塞组的各种故障。

(1)通频(相对较宽频率范围)振动总值的诊断

检测正常状态下的滑动摩擦副振动信号,计算其通频的振动总值的门限值,当此值大于某一阈值时,将被检设备判断为有故障,因为存在故障的设备必然要产生大的能量消耗。

（2）特征频率诊断

对检测得到的滑动摩擦副振动信号进行频谱分析,根据此频谱和滑动摩擦副正常时的振动频谱(标准谱)之间的差异,和差异的频率成分与振源频率之间的对应关系确定故障是否存在,以及故障的程度、类别和发生原因。

对于四冲程柴油机,一阶频率为主轴的旋转频率,反映的是主轴系统的工作状态;二阶谐波分量反映的是往复运动件的工作状态。点火频率及谐波频率反映的往往是由于点火不均匀、活塞敲缸而引起的振动。柴油机因为有燃料爆燃频率存在,所以还有分数谐波。

①一般旋转运动特征频率为工频及其谐波占主导位置。工频的幅值变化能够反映出主轴的运动状态。

②往复式压缩机往复运动的主要特征为每个气缸在主轴旋转一周时,单个活塞要往复一次,上/下止点的位置频率即主轴的 2 倍频。

③对于四冲程柴油机,当主轴旋转一周时,产生的点火频率为气缸数/2,每秒点火频率即为(气缸数/2)×主轴频率。

④柴油机每个气缸点火产生的爆发冲击频率为主轴频率/2。

⑤柴油机喷油泵的工作频率为主轴频率的 1/2 倍。

（3）柴油机拉缸故障的诊断

拉缸是柴油机的一种常见故障。其常见的外部特征有:柴油机曲柄通气孔的排烟明显增多,压力增大,转速自动降低,运转吃力,机温明显升高,振动加剧等。利用这种参数的特征变化,可诊断其故障的所在。

①利用振动加速度总振级的变化趋势可判断活塞缸套的间隙(即磨损)变化情况与拉缸故障(拉缸时,总振级降低,振动功率谱中的高频成分明显增加)。

②根据机身振动加速度响应功率谱的变化,可以判别活塞缸套的间隙状态。

③功率谱图中高频成分明显增加时,可判断为拉缸的前兆,结合加速度总振级,可判断是否发生拉缸故障。

柴油机早期拉缸故障是可以监测的。在早期拉缸时,其曲柄压力、转速、排气温度等参数都有不同程度的变化。利用柴油机的瞬态转速参数,可监测某些不正常工况,如某缸不发火、油嘴堵塞等故障。

在往复式机械中,还可利用相位关系诊断故障。由于往复式压缩机的运动形式为旋转运动和往复运动的结合,找出两者之间的共同结合点,即查找各频率之间的相关相位关系变化,对诊断往复式压缩机有所帮助,尤其在滑动摩擦副的间隙判断方面。

4.4.4　往复式机械振动故障监测案例

下面以柴油机拉缸时的故障判别为例,具体说明振动诊断法的应用。

拉缸是柴油机活塞组件与气缸套配合工作表面相互剧烈作用(产生干摩擦),在工作表面上产生过度磨损、拉毛、划痕、擦伤、裂纹或者咬死的现象。拉缸是在缺乏润滑条件的情况下产生的不同程度的黏着磨损。拉缸轻时气缸套、活塞组件受损,严重时会造成咬缸的恶性机损事故。

其主要征兆为：

①柴油机运转声音不正常,发出"吭吭"声或"嗒嗒"声。

②柴油机转速下降乃至自动停车——因为气缸内摩擦功增大。

③曲柄箱或扫气箱冒烟或着火。

④排烟温度、冷却水温度和润滑油温度均显著升高。

⑤吊缸检查可以发现气缸套、活塞环和活塞工作表面呈蓝色或暗红色,有纵向拉痕;气缸套、活塞环,甚至活塞裙异常磨损,磨损量和磨损率很高,远远超过正常值。

运用振动诊断,某柴油机发生拉缸时的故障信号与正常信号的对比情况如图 4.86 所示。柴油机的气缸盖上振动加速度响应的功率谱分布在 0~7 kHz,大致可划分为以下三个频带:0~2 kHz,2~4 kHz,4~7 kHz。在正常工作情况下,能量主要均布在第一个和第二个频带内,如图 4.86(a)所示。当柴油机拉缸时,第一个和第二个频带比正常工作时有所拓宽,第三个频带比正常工作时有所拓宽,能量也比正常工作时有明显增加。同时,总能级测量值明显大于基准值。如图 4.86(b)所示,发生拉缸故障后,缸套内壁油膜被破坏,活塞环与气缸套在油膜被破坏的区域为干摩擦,金属表面被拉伤,粗糙度大大增加,因而活塞环对气缸套由于摩擦而产生的激励为高频激励,这就是功率谱中第三个频带比正常工作时有所拓宽,能量也有明显增加的原因。

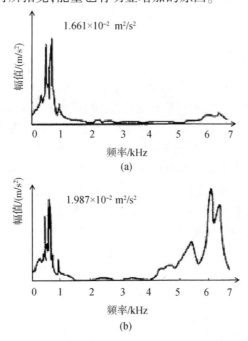

图 4.86 某柴油机正常信号与拉缸故障信号对比

第5章
轮机设备其他诊断技术

5.1 油样分析技术

目前,状态监测被广泛应用到设备预知性维修中,油样分析是设备状态监测的主要手段之一。设备运行状态的许多信息都反映在它所使用的润滑油中,因此通过对设备润滑油的污染、变质程度的检测可以预知设备磨损状况的发展变化趋势,掌握零件使用的程度,及时了解机械的潜在问题。在故障发生前适时修理,可以降低机械维修成本,缩短误工时间,提高设备利用率和安全性能。

5.1.1 润滑油的常规分析及监测

在机械设备运行的过程中,润滑油的作用非常重要,是保证机械能够正常运行的基础。油液监测技术通过对润滑油的物理化学性能进行检测,可以了解润滑油的使用状态,从而判断机械设备的运行状况。在监测的过程中,主要的指标包括运动黏度、水分、酸或碱值、闪点、凝点(或倾点)、机械杂质、抗乳化性、抗泡沫特性、抗磨性和极压性等。

润滑油油样分析的主要内容包括两方面:一是润滑油性能的测试,包括润滑油的质量指标、油品污染度、基础油与添加剂组分性能的变化趋势等,主要针对油品本身的质量,指导设备正确选油,视情换油,查询故障隐患与油样之间的关系,即监测设备的润滑状态。二是润滑油中污染物质及磨损颗粒的定性与定量分析,包括污染物质的种类、数量,磨损颗粒的数量、尺寸、颜色、成分、形状及其在油中的分布等。

(1)理化分析

油品的基本质量指标有黏度、闪点、酸或碱值、水分等。不同类别的油还应加测一些反映其主要特性的指标,如倾点、防锈性、磨损值等。对这些指标应定期、定点抽检化验。而对设备选用的新油应按石油产品规定的标准测试,建立数据齐全的设备用油档案。

需要注意的是,所选测的理化指标应能反映设备用油特点和工况条件。如内燃机油主要用于润滑内燃机的气缸-活塞、曲轴-连杆系统,其特点是在薄膜状态存在的条件下,与高温含氧燃气接触。因燃油一般都含有硫元素,在高温下燃烧便产生 SO_2、SO_3,若与空气中的水接触便产生 H_2SO_3、H_2SO_4 等有害物质,久而久之将造成设备的严重腐蚀。因此,这类油样的重要理化指标之一是总碱值。此外,还必须监测黏度、水分、闪点、不溶物或清净分散性等指标。齿轮是机械上的动力传递部件,其特点是啮合位置不断改变,啮合面上既有滚动,又有滑动。这些复杂的摩擦和操作方面的诸多因素都对润滑状态有很大影响。因此,齿轮油的基本要求是具有良好的黏温性和较高的承载能力、高附着性与高极压性,对齿轮油监测的主要理化指标是黏度、黏度指数、酸值、PB 值、PD 值等。

(2)污染度测试

油品在使用过程中不可避免地受到污染的影响,污染来自油品内部及外部两方面。内部因素如油本身劣化产生的积炭、氧化物、高聚物等,外部因素如泄漏引起的燃油、水分和空气中灰尘、砂石等杂质的混入及运动摩擦副产生的磨损颗粒等。在这些因素中以固体颗粒产生的影响最大,占污染失效的90%以上。

污染度测试方法很多,大多数情况下采用的是根据各项测试结果的综合分析,特别是结合光谱定量分析结果和铁谱显微镜直接观测结果,划定污染度界限等级,表 5.1 给出了润滑油中 20 种元素的主要来源。根据每次测试值作出污染度变化趋势图。对新油或精度要求较高的密闭液压系统用油,通常仍采用颗粒计数法。

表 5.1　润滑油中 20 种元素的主要来源

元素	元素符号	元素来源
铁	Fe	气缸套、阀门、活塞环、轴承、轴承环、弹簧、曲轴、活塞销、螺杆等
银	Ag	轴承保持器、主轴、齿牙、轴承、活塞销等
铝	Al	衬垫、垫片、活塞、主轴瓦、连杆瓦、轴承保持器、齿轮、凸轮轴箱等
铬	Cr	金属镀层、密封环、轴承保持器、缸套、铬酸盐腐蚀泄漏
铜	Cu	止推瓦、连杆小端轴瓦、油冷器、齿轮、阀门、垫片、铜冷却器的泄漏
镁	Mg	飞机发动机壳体材料、部件架、油中进入海水、添加剂
钠	Na	冷却系统泄漏、油脂、泄漏进水时带入的钠离子
镍	Ni	轴承材料、燃气轮机的叶片、阀类材料
铅	Pb	轴承材料、密封件、焊料、漆料、油脂
硅	Si	尘土、密封件、添加剂
锡	Sn	轴承材料、衬套材料、活塞销、活塞环、油封、焊料
钛	Ti	喷气发动机的活塞环、电动机、油添加剂
硼	B	密封件、尘土、水、冷却水系统泄漏、油添加剂
钡	Ba	油添加剂、油脂、冷却水系统泄漏
钼	Mo	柴油机发动机的活塞环、电动机、油添加剂
锌	Zn	黄铜制部件、氯丁橡胶密封件、油脂、冷却水系统泄漏、油添加剂
钙	Ca	油添加剂、油脂、冷却水系统泄漏
磷	P	油添加剂、冷却水系统泄漏
锑	Sb	轴承合金、油脂
锰	Mn	阀、喷油嘴、排气和进气系统

5.1.2　油液监测的主要技术方法

油液监测主要是针对设备当前的磨损状态,确认存在的故障隐患及其来源、部位、原因、程度和相应的解决措施,即监测设备的磨损状态。

（1）油样监测流程

油样分析的组织管理过程包括取样、油样分析、特征识别与故障诊断、报警与控制反馈等步骤。

①取样。

选取的油样必须具有一般性和代表性，才能确保分析、预报故障的准确率。具体实施中应注意以下问题：

a.不同的设备在不同的工况条件下，进行油样监测的侧重点应有所不同。对低速、重载的工程机械与内燃机监测金属元素浓度变化趋势相当重要；对液压油，应特别注意监测其污染度，因为液压系统和液压泵绝大多数故障是由清洁度问题引起的；对齿轮油，要特别注意其承载能力及油品性能的问题，因而光谱与理化分析应放在首要地位。

b.为提高设备状态监测与故障诊断的准确率，每次提取的油样必须有代表性，应在设备处于运行状态时取样。要制定规范化的制度，应明确规定取样部位、取样数量、取样周期、取样瓶、标签、测试项目等，并由专人负责。

c.对设备建立档案并妥善保管，对监测结论及时提供反馈信息。

定期油样分析可与一系列的可供选择的维修计划结合起来。在某一故障被诊断出以后，就有一个与其匹配的维修计划可供采用。同样，定期油样分析还可用来检测用户所采用的保养计划的有效性。

②油样分析。

③特征识别与故障诊断。

④报警与控制反馈。

（2）油样监测方法

对润滑油监测所采用的具体手段有理化分析、光谱分析、铁谱分析和颗粒计数分析等，如图5.1所示。

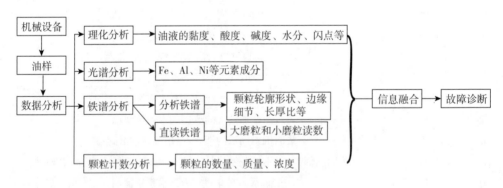

图 5.1　油液检测方法

5.1.3　润滑油光谱分析技术

目前工作中可用于油液分析的光谱仪有原子发射光谱仪、火焰原子吸收光谱仪、电感耦合等离子原子发射光谱仪和 X 射线荧光色谱仪等，其中原子发射光谱仪的应用较为普遍。在常规条件下，光谱仪所检测的磨粒尺寸在 10 μm 以下，尽管大磨粒对于诊断严重磨损有着特殊的意义，但是油液中小尺寸磨粒数量的迅速增加往往是磨损异常的重要前兆,因此元素光谱分析依然是磨损故障早期预报的有效工具。与铁谱分析方法相比,光谱分析在检测有色金属颗粒方面存在明显的优越性。在现代油液分析技术中,常常将光谱分析与铁谱分析配合使用,两者互为补充,以提高磨损故障诊断的准确性。另外,光谱分析还能指示出来自外界和其他子系统的污染物以及润滑油添加剂中金属元素的含量,在一定程度上反映油液受污染的程度和添加剂损耗的水平,为判断油液状况提供依据。从这个意义上讲,油液光谱分析具有综合的效能。光谱分析一般能够反映故障来源和故障水平两个方面的诊断信息。

(1)油样光谱分析

油样光谱分析,就是利用油样中所含金属元素原子的光学电子在原子内能级间跃迁产生的特征谱线来检测该种元素是否存在,特征谱线的强度则与该种金属元素的含量有关,通过光谱分析,就能检测出油样中所含金属元素的种类及浓度。以此推断这些元素的磨损发生部位及严重程度,并依次对相应零部件的工况做出判断。

任何元素的原子都是由带正电荷的原子核和围绕着它运动的电子组成的,每个电子处在一定的能级上,具有一定的能量。如图 5.2 所示,在正常情况下,原子处于稳定状态,即基态。当原子受到热、电弧冲击等作用时,会吸收能量,外层电子会跃迁到更高的能级上,处于激发态。原子不稳定,在极短时间内,便又返回基态,并发射出能量。表 5.2 给出了原子相应的吸收光谱波长,图 5.3 给出了常规金属吸收波长位序。

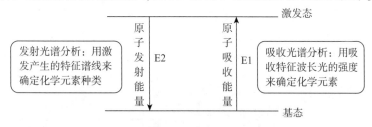

图 5.2　原子能级跃迁

表 5.2　原子相应的吸收光谱波长

元素和化学符号	铜(Cu)	铁(Fe)	铬(Cr)	镍(Ni)	铅(Pb)	锡(Sn)
波长/Å	3 247	3 270	3 579	3 415	2 833	2 354

元素和化学符号	钠(Na)	铝(Al)	硅(Si)	镁(Mg)	银(Ag)
波长/Å	5 890	3 092	2 516	2 852	3 281

图 5.3　常规金属吸收波长位序

由于光谱分析直接反映元素在油液中的浓度水平,只有充分了解油液中这些元素的可能来源,才能在诊断过程中对磨损和其他异常发生的可能部位(根源)做出正确的判断。因此,在应用元素光谱分析技术对设备状态进行监测时,掌握以下先期数据是十分必要的:

①设备中主要摩擦副的材料组成,即元素组成和相对的比例。

②在用润滑油(包括添加剂)中的元素,特别是金属元素的组成情况。

③可能对摩擦副和润滑油产生影响的机器和其他子系统(如燃油系统)的材料情况。

④可能对机器润滑与磨损产生影响的周围环境介质(如远洋运输船舶营运时海水和海洋大气环境)的大致材料组成情况。

这些数据是在元素光谱分析中判断油液中各种元素来源,确定机器磨损、润滑油品质下降或润滑油污染根源的基本依据。

通常情况下,在光谱分析中通过元素浓度变化来判断机器磨损异常、油液受外来污染物损害或添加剂损耗造成润滑效力低下的标准是,在特定工况条件下元素浓度的界限值和元素浓度变化的允许幅度。也就是说,判断油液中某种元素异常有两个方面的依据:

①该元素的浓度超过了界限值。

②该元素的浓度在界限值范围,但其浓度变化超过了允许范围。

(2)红外光谱分析

红外光谱分析是指利用红外光谱对物质分子进行的分析和鉴定。如图 5.4 所示,将一束不同波长的红外射线照射到物质的分子上,某些特定波长的红外射线被吸收,形成这一分子的红外吸收光谱。每种分子都有由其组成和结构决定的独有的红外吸收光谱,据此可以对分子进行结构分析和鉴定。红外光谱分析方法主要用于对润滑油中主要变质产物、污染物和添加剂的分析。

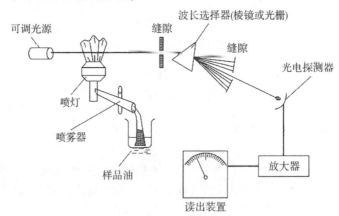

图 5.4　红外光谱分析

红外光谱监测项目包括氧化值、硝碱值、总碱值、水分、积炭、燃油稀释等十余项。润滑油的性能主要取决于构成它的各组分的性能油品的衰变、失效、更换等,更取决于各组分的变化程度。这种变化主要是物质分子结构发生变化引起的,属于化学变化,仅通过一般的理化分析和发射光谱分析是无法准确判断的。因此,利用红外光谱是最直接、最有效,也是最迅速的一种方法。

一般在管理失误造成油品牌号混淆不清、对新油质量有怀疑、新油入库检测和换油周期已到判断油品是否可继续使用等情况下,采用红外光谱分析得到的结果准确、快速、有效,往往会起到事半功倍的效果。

（3）发射光谱分析

发射光谱分析（见图 5.5）用于分析油中所含金属的种类和数量。油中的金属来自三方面：油品添加剂自身带来的元素，如 Ca、Ba、P 等（来源于油中极压抗磨剂或清净分散剂等）；外界污染物携入的元素，如 V、Na、Si 等；摩擦副表面产生的磨损颗粒混入油中使油中 Fe、Al、Pb、Cr、Cu 等元素明显增加。新油的金属含量是一定的，当污染或磨损出现时，就会使油中某些金属元素含量明显上升，因此经常监测油中金属元素含量是设备状态监测的必需且重要的手段之一。

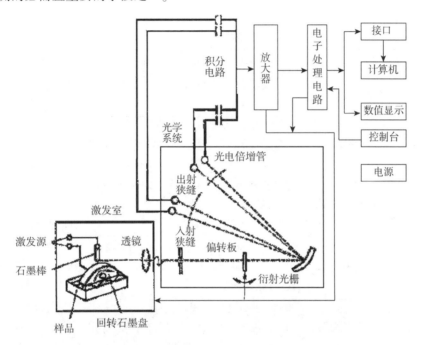

图 5.5　发射光谱分析

发射光谱主要是测定油中的小尺寸颗粒，对大尺寸颗粒的测试误差较大，因此它适用于监测设备的正常磨损及磨损趋势的变化，以及初期较轻微的异常磨损。

5.1.4　润滑油铁谱分析技术

铁谱分析是一种借助磁力将油液中的金属颗粒分离出来，并对这些颗粒进行分析的技术。利用铁谱分析可直接分析油中金属颗粒的尺寸、形态、颜色、数量及分布状况等。实际应用中经常将发射光谱分析和铁谱分析两种方法结合在一起使用。这样既可定性，又可定量分析油中金属元素含量；既可分析小颗粒，又可分析大颗粒；既可监测以小尺寸颗粒为主要特征的正常磨损状态，又可监测以大尺寸颗粒为主要特征的异常磨损状态。

目前铁谱分析仪主要有两种类型：一种是直读铁谱仪；另一种是分析铁谱仪。其中，分析铁谱仪又可分为直线式铁谱仪和旋转式铁谱仪两种。

①直读铁谱仪依据颗粒的沉积位置不同，将磨损颗粒大致区分为大颗粒和小颗粒，其读数分别以 D_L 和 D_S 表示，但这种区分缺乏严格的物理意义，如果试验数量多，其趋势线可以反映零件磨损的变化。

②分析铁谱仪主要是借助高倍显微镜来观察磨损颗粒的材料（颜色不同）、尺寸、特

征和数量,从而分析零件的磨损状态。分析铁谱也是一种强烈依赖个人经验的技术,结论的正确性与分析者的个人经验关系极大,这也是这项技术仍在推广之中的原因之一。在现场工作中,利用分析铁谱技术,可将磨损颗粒分为:黏着擦伤磨损颗粒、疲劳磨损颗粒、切削磨损颗粒、有色金属颗粒、污染杂质颗粒、腐蚀磨损颗粒。

由于不同的磨损颗粒代表不同的磨损类型,因此很容易从磨损颗粒的特征看出设备的主要磨损类型。在设备管理工作中,除了要分析磨损颗粒的特征外,还必须分析磨损颗粒的尺寸和数量,这样才能正确地判断设备的磨损状态。钢铁磨损颗粒的形貌及特征如表5.3所示。

表 5.3　钢铁磨损颗粒的形貌及特征

颗粒的性质与分类			颗粒的形状与尺寸特征	监测注意点
正常磨损	摩擦磨损颗粒		平均长度为 0.5~15 μm 或更小,厚度一般为 0.5~1 μm	磨合期与稳定运转期
不正常磨损	切削磨损颗粒		形如切削加工时的切屑,具有环形、曲线形与螺旋形等形状。尺寸特征为长而粗,平均长度为 25~100 μm,宽度为 2~5 μm	出现大量长度为 50 μm 的切削颗粒
	滚动疲劳磨损颗粒	剥落颗粒	扁平鳞片形状,有一个光滑的表面和不规则的周边。长度为 10~100 μm,长度与厚度之比为 1:(2~5)	注意监测层状磨粒与球形疲劳颗粒同时迅速增长的情况,这是发生疲劳磨损导致剥落的前兆
		球形颗粒	有两种:一种直径小于 3 μm 的为疲劳球形颗粒;另一种直径大于 10 μm 的为非疲劳球形颗粒	
		层次颗粒	非常薄的金属层状颗粒,表面有洞穴、四周不规则为其形状特征。最大长度尺寸为 20~50 μm,长度与厚度之比为 3:1	
	滚动与滑动联合磨损颗粒		齿轮副磨损产生的颗粒。有一个圆滑的表面和不规则的形状。厚度较大是它的重要特征,一般可达几微米。长度为 20~30 μm,长度与厚度之比约为 4:1	注意出现厚度较大的块状磨损颗粒。磨粒数量和大小磨粒比值迅速增大是损坏的前兆
	严重滑动磨损颗粒		由正常摩擦磨损阶段转变而来,磨粒形状包含上述各种不正常磨损微粒的形状,特点是表面不光滑,有条纹或直角边缘。尺寸大于 20 μm,最大可达 200 μm 或更大	

(1)铁谱分析程序

详细了解被测设备的情况:结构、润滑方式、摩擦副材料、维修历史。

①取样(尽量在不停机状态下取样)。

取样部位:循环油路→宜在过滤器之前;

　　　　　非循环油路→稍大于油箱一半深处。

取样间隔:根据机器的重要性、使用周期、负载特性。

取样容器:尽量用玻璃瓶。

取样规范:固定的采样位置和时间,油样不受污染。

②油液处理:沉淀一段时间,稀释,加热,摇匀。

③制铁谱片,用铁谱显微镜观察分析。

(2)铁谱分析——定性分析

使用铁谱显微镜对铁谱片上沉积颗粒的形状、尺寸、形貌进行分析,建立磨损状态类型与磨损颗粒形态的相互关系,判别摩擦副的磨损状态,参照表 5.3 以确定故障情况和磨损部位。

(3)铁谱分析——定量分析

较为常用的定量指标

$$I_s = (D_L + D_S)(D_L - D_S) \tag{5.1}$$

式中,I_s 为磨损烈度指数,既反映总的磨损浓度($D_L + D_S$),又表征大颗粒与小颗粒的浓度差($D_L - D_S$)。

5.1.5　油样分析案例

齿轮轴承的失效通常是从表面材料的疲劳脱落开始的,随着损坏程度的加剧,必然会有更多的金属颗粒脱落。即便在发生损坏的初期,也会有大颗粒(大于 200 μm)产生。将 MS3000 传感器串联在润滑油回路当中(如图 5.6 所示),当齿轮箱中齿轮、轴承发生损坏时,润滑油中金属颗粒数量会增加,润滑油带着这些颗粒通过传感器时会被传感器检测到,通过统计这些颗粒的数量,可以预报故障类型和故障程度。

MS3000 传感器内有三个线圈,通电后,两头的两个线圈将会感应出一个交互但平衡的磁场(如图 5.7 所示)。当有金属颗粒通过该磁场时,无论该金属颗粒是铁质还是非铁质,该磁场都会受到干扰,中间的线圈会感应到磁场的变化,并且在每个颗粒通过时都会发出一个脉冲信号。图 5.8 所示为齿轮箱中磨损结果跟踪显示。

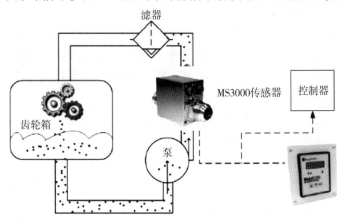

图 5.6　齿轮磨损油样在线监测

5.2　声学诊断技术

声音是机械振动的结果,当物体出现声频范围内的机械振动时,就会使周围介质也发生相应振动,从而以声波的形式向外辐射声音。声波的辐射实质上就是机械振动波

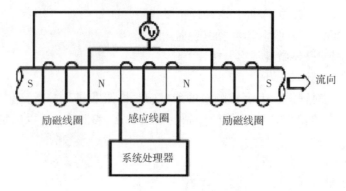

图 5.7　MS3000 传感器原理图

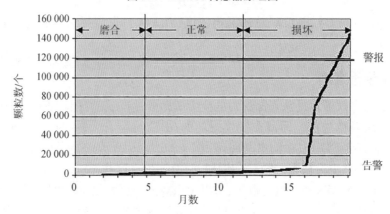

图 5.8　磨损结果跟踪显示

能量传递的过程。

5.2.1　声学基础及定义

物体的机械性振动在具有质点和弹性的媒介中传播,且引起人耳感觉的波动称为声波。声音的本质是波动。受作用的空气发生振动,当振动频率在 20～20 000 Hz 时,作用于人的耳鼓膜而产生的感觉称为声音。低于该振动频率的声波称为次声波;高于该振动频率的声波称为超声波。

波源处质点的振动通过弹性介质中的弹性力将振动传播开去,从而形成机械波。波动(或称行波)是振动状态的传播,也是能量的传播,但不是质点的传播。如图 5.9 所示,与声源不同距离处的压力变化,中间的一条水平线代表空气处于正常的大气压力,起伏曲线代表当声波经过时压力的增大或减小,亦即增大或减小的大气压。对于中等响度的声音,这种压力变化仅为正常大气压的百分之一。

①超声波:具有频率高,波长小,定向传播性好,穿透性好,在液体、固体中传播时衰减很小,能量高等特点。

超声波的传播速度对于介质的密度、浓度、成分、温度、压力的变化很敏感。利用这些可间接测量其他有关物理量。这种非声量的声测法具有测量精度高、速度快的优点。

②次声波:频率在 10^{-4}～20 Hz 的机械波,人耳听不到。它具有衰减极小的特点,具有远距离传播的突出特点。

因为在大气湍流、火山爆发、地震、陨石落地、雷暴、磁暴等大规模自然活动中,都有次声波产生,所以它是研究地球、海洋、大气等大规模运动的有力的工具。

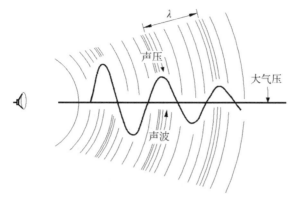

图 5.9　声压与声波

在声学诊断过程中,常用的术语包括:

(1)频率

声源在 1 s 内振动的次数叫频率,记作 f,单位为 Hz。

(2)波长

沿声波传播方向,振动一个周期所传播的距离,或在波形上相位相同的相邻两点间的距离称为波长,用 λ 表示,单位为 m。

(3)声速

1 s 内声波传播的距离叫声波速度,简称声速,记作 c,单位为 m/s。

(4)声功率

声功率是指单位时间内,声波通过垂直于传播方向某指定面积的声能量。在噪声监测中,声功率是指声源总声功率,记作 W,单位为 W。

(5)声强

声强是指单位时间内,声波通过垂直于声波传播方向单位面积的声能量,记作 I,单位为 W/s^2。

(6)声压

声压是指由于声波的存在而引起的压力增值,记作 p,单位为 Pa。

(7)分贝

分贝是指两个相同的物理量(如 A_1 和 A_0)之比取以 10 为底的对数并乘以 10(或 20),记作 dB。

$$dB = 10\lg\frac{A_1}{A_0} \tag{5.2}$$

分贝的符号为 dB,它是无单位的相对比值,是噪声测量中很重要的参量。上式中,A_0 是基准量(或参考量),A_1 是被量度量。被量度量和基准量之比取对数,该对数值称为被量度量的"级",亦即用对数标度时,所得到的是比值,它代表被量度量比基准量高出多少"级"。

（8）声功率级

声功率级常用 L_W 表示，定义为

$$L_W = 10\lg\frac{W}{W_0} \tag{5.3}$$

式中，W——声功率，W；W_0——基准声功率。

（9）声强级

声强级常用 L_I 表示，定义为

$$L_I = 10\lg\frac{I}{I_0} \tag{5.4}$$

式中，I——声强，W/m^2；I_0——基准声强。

（10）声压级

声压级常用 L_p 表示，定义为

$$L_p = 10\lg\frac{p^2}{p_0^2} = 20\lg\frac{p}{p_0} \tag{5.5}$$

式中，p——声压，Pa；p_0——基准声压，Pa。

在空气中，规定 p_0 为 2×10^{-5} Pa，该值是正常青年人耳朵刚能听到的 1 000 Hz 纯音的声压值。在水中，p_0 取 1×10^{-6} Pa。

（11）倍频程

将频谱分为若干个频段，每个频段为一个频程，如图 5.10 所示。

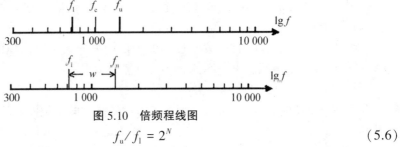

图 5.10　倍频程线图

$$f_u/f_1 = 2^N \tag{5.6}$$

当 $N=1$ 时，为一倍频程，简称倍频；当 $N=1/3$ 时，为三分之一倍频程；当 $N=1/12$ 时，为十二分之一倍频程。

中心频率

$$f_c = \sqrt{f_u f_1} \tag{5.7}$$

带宽

$$w = f_u - f_1 = (2^{N/2} - 2^{-N/2})f_c \tag{5.8}$$

倍频程最常用的中心频率（f_m），以及上、下截止频率如表 5.4 所示。

5.2.2　噪声诊断方法

对人们生活和工作有妨碍的声音叫噪声。

声能量是可以代数相加的。设两个声源的声功率分别为 W_1 和 W_2，那么总声功率 $W_总 = W_1 + W_2$。当两个声源在某点的声强分别为 I_1 和 I_2 时，叠加后的总声强 $I_总 = I_1 + I_2$。声压不能直接相加。

表 5.4 中心频率及上、下截止频率

中心频率 f_m/Hz	上截止频率 f_2/Hz	下截止频率 f_1/Hz	中心频率 f_m/Hz	上截止频率 f_2/Hz	下截止频率 f_1/Hz
31.5	44.547 3	22.273 7	1 000	1 414.2	707.1
63	89.094 6	44.547 3	2 000	2 828.4	1 414.2
125	176.775	88.387 5	4 000	5 656.8	2 828.4
250	353.55	176.775	8 000	11 313.6	5 656.8
500	707.1	353.55	16 000	22 627.2	11 313.6

$$L_p = 10\lg \frac{p_1^2 + p_2^2}{p_0^2} = 10\lg(10^{\frac{L_{p1}}{10}} + 10^{\frac{L_{p2}}{10}}) \tag{5.9}$$

（1）响度和响度级

响度是人耳判别声音由轻到响的强度等级概念,响度用 N 表示,单位宋。1 宋的定义为声压级为 40 dB,频率为 1 000 Hz,且来自听者正前方的平面波形的强度。如果另一个声音听起来是这个声音的 n 倍,则声音的响度为 n 宋。等响曲线如图 5.11 所示。

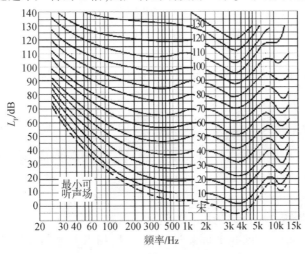

图 5.11 等响曲线(又称 ISO 等响曲线)

①响度级

定义 1 000 Hz 纯音声压的分贝值为响度级的数值,任何其他频率的声音,当调节 1 000 Hz 纯音的强度使之与这声音一样响时,这 1 000 Hz 纯音的声压级分贝值就定为这一声音的响度级值。响度级用 L_N 表示,单位是方。

②响度与响度级的关系

根据大量试验得到,响度级每改变 10 方,响度加倍或减半。

$$N = 2^{\left(\frac{L_N - 40}{10}\right)} \tag{5.10}$$

或

$$L_N = 40 + 33\lg N \tag{5.11}$$

响度级的合成不能直接相加,而响度可以相加。

③计权声级(见图 5.12)

A 计权声级是模拟 55 dB 以下低强度噪声的频率特性。

B 计权声级是模拟 55~85 dB 的中等强度噪声的频率特性。

C 计权声级是模拟高强度噪声的频率特性。

D 计权声级是对噪声参量的模拟,专用于飞机噪声的测量。

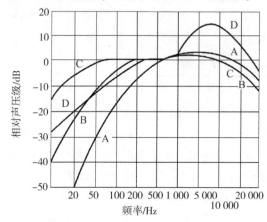

图 5.12　A、B、C、D 计权特性曲线

④等效连续声级

等效连续声级即用噪声能量按时间平均方法来评价噪声对人影响的问题,即,符号为 L_{eq} 或 $L_{Aeq,T}$。

$$L_{Aeq,T} = 10\lg\left(\frac{1}{T}\int_0^T 10^{0.1L_{pA}}\mathrm{d}t\right) \tag{5.12}$$

式中:L_{pA}——某时刻 t 的瞬时 A 声级,dB;T——规定的测量时间,s。如果数据符合正态分布,则可用下面的近似公式计算

$$L_{Aeq,T} \approx L_{50} + d^2/60, d = L_{10} - L_{90} \tag{5.13}$$

L_{10}, L_{50}, L_{90} 为累积百分声级,其定义是:

L_{10}——测量时间内,10%的时间超过的噪声级,相当于噪声的平均峰值;

L_{50}——测量时间内,50%的时间超过的噪声级,相当于噪声的平均值;

L_{90}——测量时间内,90%的时间超过的噪声级,相当于噪声的背景值。

(2)简略现场检测

简略现场检测,常用一般声级计(也叫噪声计)检测设施的噪声。现场检测时,先估量设施尺寸,然后确立测点的地点。

设被检测的设施最大尺寸为 D,其测试点的地点如下:

①$D<1$ m 时,测试点离设施表面 0.3 cm。

②$D=1$ m 时,测试点离设施表面 1 m。

③$D>1$ m 时,测试点离设施表面 3 m。

一般设施选 4 个测试点,大型设施选 6 个测试点。

测试高度一般为:小设施为设施高度的 2/3 处;中设施为设施高度的 1/2 处;大设施为设施高度的 1/8 处。

（3）ISO 近场测试法

在使用此法时，应注意以下几点：

①在平面内画出整机设施的包络线。

②环境近似自由场，也就是几乎没有反射，测点距离增加 1 倍，噪声降低 6 dB。

③丈量高度要求在设施高度的 1/3 ~ 1/2 处。

④测点的距离，要保证相邻点的声压级差不超出 5 dB。

⑤丈量值的计算要求：当各测点的最大值与最小值之差不超出 5 dB 时，只要求算出均匀值；当最大值与最小值之差超出 5 dB 时，则要求用能量均匀的方法计算。

（4）噪声常用采集仪器

①传声器

传声器的主要作用是，通过膜片等感受声压变化并将其变化转换为膜片振动，从而转化为电能，实现声压的测量。

目前有三类传声器，即压强式、压差式和组合式。压强式利用膜片感受声压；压差式利用膜片振动测量膜片左右的压差；组合式既可以感受声压，又可以感受压差。

电容传声器其实是以电容器为基础的，利用两边电压和负荷稳定的状态来输出变电压的特征值，这一过程取决于膜片声压的大小。电压传声器是一控制能量型的传感器，具有环境适应能力强、外部结构紧凑、输出特征稳定等优点。

压电传声器是一种通过压电效应实现声信号到电信号转变的传感器。其结构简单、小巧而电容量大，且性能相对稳定，是一种常用的传声器。

②声级计

声级计的作用主要是进行频谱分析测量信号声级以及记下声信号的时间特征、振动特征。工作方式：先利用传声器将要测量的声信号转变为电压信号，然后通过信号减弱、信号放大和计权网络将声信号用分贝表显示出来。

A 用于仿真 40 方等响度图形（大幅减弱声信号低频信号）；B 用于仿真 70 方等响度图形（部分减弱声信号低频信号）；C 用于仿真 100 方等响度图形（全部放过可检测声信号，可代表总的声信号）。

$L_B = L_C = L_A$ 时，目标声信号声能处于高频信号段；

$L_B = L_C > L_A$ 时，目标声信号声能处于中频信号段；

$L_C > L_B > L_A$ 时，目标声信号声能处于低频信号段；

声级计分为普通声级计、精密声级计和脉冲声级计。同时，声级计在使用前需要校准。使用声级计测量目标信号都需要重点关注起始及最后的结果（两者差值小于 1 dB）。扬声器校准和侧发生器校准是最常用的两种校准方法。

（5）故障的噪声识别

通常将噪声信号的特征值取极值作为故障诊断的参考量。需要识别故障的性质、发生部位以及严重程度，还需要提取噪声信号做频谱分析。一般对噪声进行相对标准、绝对标准、类比标准三个方面的判定。绝对标准用来测量噪声信号的特殊量；相对标准用来测量正常运行时的特征值；类比标准用来比较同类机械同等工况下的特征值。

5.2.3 超声波诊断技术

超声波的产生依赖于做高频机械振动的声源和传播机械振动的弹性介质，所以机械振动和波动是超声波检测的物理基础。超声波的频率高于 20 kHz,工业超声波检测常用的工作频率为 0.5~10 MHz。

超声波探伤仪(如图 5.13 所示)按声源的能动性分为主动测量探伤仪、被动测量探伤仪、声发射仪;按所测参数分为测量穿透能量——穿透法探伤仪、测量反射能量——反射法探伤仪、测量频率规律——谐振仪和测厚仪;按超声波的连续性分为连续波探伤仪、脉冲波探伤仪、调频波探伤仪。

图 5.13　超声波探伤仪

5.2.4　声发射诊断方法

材料中局域源快速释放能量产生瞬态弹性波的现象称为声发射(Acoustic Emission, AE),有时也称为应力波发射。材料在应力作用下的变形与裂纹扩展,是结构失效的重要机制。这种直接与变形和断裂机制有关的源,称为声发射源。近年来,流体泄漏、摩擦、撞击、燃烧等与变形和断裂机制无直接关系的弹性波源,称为其他或二次声发射源。

声发射是一种常见的物理现象,各种材料声发射信号的频率范围很宽,从几赫兹的次声频、20 Hz~20 kHz 的声频到数兆赫兹的超声频;声发射信号幅度的变化范围也很大,从 10^{-13} m 的微观位错运动到 1 m 量级的地震波。如果声发射释放的应变能足够大,就可产生人耳听得见的声音。大多数材料变形和断裂时有声发射发生,但许多材料的声发射信号强度很弱,人耳不能直接听见,需借助灵敏的电子仪器才能检测出来。用仪器探测、记录、分析声发射信号和利用声发射信号推断声发射源的技术称为声发射技术,又将声发射仪器形象地称为材料的听诊器。

(1)声发射检测的基本原理

声发射检测原理如图 5.14 所示,从声发射源发射的弹性波最终传播到达材料的表面,引起可以用声发射传感器探测的表面位移,这些传感器将材料的机械振动转换为电信号,然后放大、处理和记录。固体材料中内应力的变化会产生声发射信号,在材料加工、处理和使用过程中有很多因素能引起内应力的变化,如位错运动、孪生、裂纹萌生与扩展、断裂、无扩散型相变、磁畴壁运动、热胀冷缩、外加负荷的变化等。

(2)声发射检测的目的及特点

声发射检测的主要目的是:确定声发射源的部位;分析声发射源的性质;确定声发射发生的时间或载荷;评定声发射源的严重性。一般而言,对含超标缺陷的声发射源,要用其他无损检测方法进行局部复检,以精确确定缺陷的性质与大小。

裂纹扩展是间断进行的,大多数金属具有一定的塑性,裂纹每向前扩展一步,都会将积蓄的能量释放出来,使裂纹尖端区域卸载。这样,裂纹扩展产生的声发射很可能比裂纹形成产生的声发射大得多。当裂纹扩展到接近临界裂纹长度时,便开始失稳扩展,

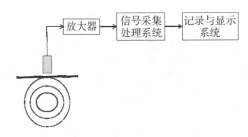

图5.14　声发射检测原理方框图

成为快速断裂,此时的声发射强度更大。图5.15为SPCC单向拉伸能量-幅度关系图。

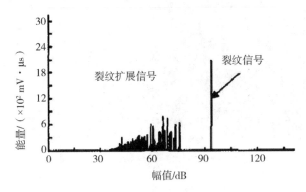

图5.15　SPCC单向拉伸能量-幅度关系图

声发射检测的特点如下:

①声发射检测是一种动态无损检测方法;

②声发射检测可以判断缺陷的严重性;

③声发射检测几乎不受材料种类的限制;

④声发射检测具有凯塞(Kaiser)效应;

⑤声发射检测到的是一些电信号;

⑥声发射检测的环境噪声干扰比较大。

(3)金属材料声发射机理

通过研究金属材料的微观结构(见图5.16)的力学模型,可知金属材料在受力形变时释放声发射波的过程,与机械系统的瞬态不稳定状态类似。通过观察金属材料的微观结构图,可知其内部结构是不均匀的。零部件在承载应力时,这些内部缺陷会导致局部应力集中,会在材料内部形成应力场,这是不稳定的应力分布,是一种不平衡状态。随着应变能的积累,高能量的不稳定状态会向稳定的低能量状态过渡,此时就会出现塑性形变、裂纹甚至断裂的现象。整个过程都会伴随着声发射波的释放,不同的是从塑性形变到屈服、从裂纹到断裂的声发射波的频率和幅度。

裂纹是从材料的微观形变量超过其屈服值开始的。在试件的单向拉伸受力分析试验中,材料在弹性形变阶段,只释放少数的声发射信号;但当试件被拉伸到屈服极限时,内部出现大范围塑性形变,微观位错运动大量发生,此时释放出的声发射信号最多,达到峰值;随后塑性形变加剧,材料硬化,位错运动自由度变小,声发射信号逐渐减弱;当材料发生紧缩现象时,声发射信号消失。在试件的交变负载试验中,试验环境模拟金属结构实际运行环境,材料会出现最主要的失效形式——疲劳裂纹,此时的声发射信号以

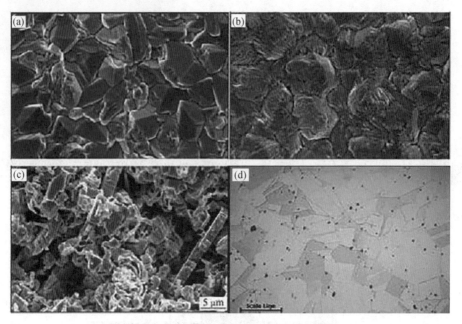

图 5.16　部分金属材料的微观结构图

高频扩展波为主。

（4）声发射信号在机械铸件里的传播

一般认为声发射信号属于非平稳随机信号，由多种模式的波组合而成，每种模式的波又含有宽带频率成分。声发射波的衰减速度与频率相关，频率越高，衰减速度越快。由于机械铸件的形状、波传输特性和传感器频率响应的影响，在实际声发射检测系统中得到的信号是非常复杂的。如图 5.17 所示，主要的影响有声发射波的反射、折射、衍射等，在这些因素的综合作用下，声发射波会出现不同程度的衰减和畸变，因此可见其信号的复杂性。

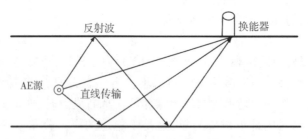

图 5.17　声发射信号在厚板结构中的传播图

声发射检测的目的就是寻找声发射源并提取到尽量多的有关声发射源的信息，并完成样本的状态评估，及时发现和排除安全隐患。因此，声发射信号的处理就是从不完整、混有噪声信号的畸变信号中提取特征参数和声源信息。

（5）铸件声发射信号分析方法

图 5.18 和图 5.19 所示为声发射信号的两种类型：突发型和连续型。突发型声发射信号指的是时域上可分离的波形，各种声发射源都会发出瞬态弹性波，而声发射现象的实质就是瞬态弹性波。如果前后两次突发型信号出现的时间间隔较短，从时域上无法区分开，则重叠后的波形成为连续型声发射信号。铸件在整个塑性形变过程中持续释

放出幅度较小的连续型声发射信号,裂纹产生时会伴随幅度较大且持续时间较短的突发型声发射信号。

图 5.18　突发型声发射信号　　　图 5.19　连续型声发射信号

声发射信号的物理模型表达式为

$$s(t) = A(t) e^{j\theta(t)} \theta(t) \tag{5.14}$$

式中,$A(t)$ 是声发射信号的波形包络幅值调整公式;$\theta(t)$ 是对应的频率调整公式。通常情况下,波形包络幅值调整公式和频率调整公式是未知的,但是其遵循随机分布规律。

(6)声发射信号的特征参数

声发射信号的特征参数用于描述和分析声音信号的特征,进而为分析声源提供途径。这些特征参数隐藏在波形信号里,有效地提取特征参数是声学研究的目的。图 5.20 中标注了声发射信号的五个主要特征参数的时域含义。

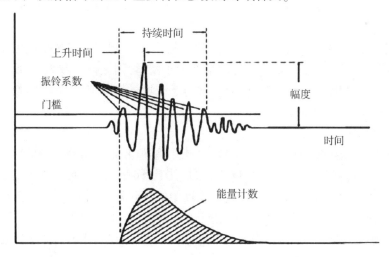

图 5.20　声发射特征参数定义

①振铃系数(Counts)

在实际声发射检测系统的 AD 转换环节,都会设置一个阈值来标记信号的到来。当声发射事件发生时,信号超过阈值的每一次振荡记为一次振铃。振铃系数是突发型声发射信号最通用的评估参数。由图 5.21 可知,阈值设置对振铃系数的统计有较大影响。除此之外,对振铃系数影响较大的因素还有传感器的性能、声发生源与传感器的距离、被测样本的几何形状等。振铃计数率是单位时间内的振铃次数,也是常用的分析参数。

振铃系数直接反映了铸件在负载运行时的性能变化,它与材料微观的位错运动和内部裂纹萌生及扩展时释放的应变能量成正比。因此,振铃系数虽然是对声发射信号

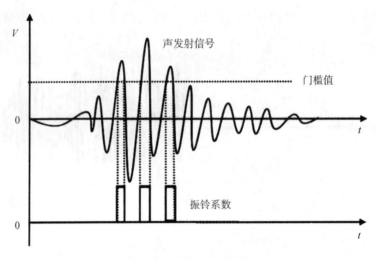

图 5.21　声发射事件振铃

的简单处理,却反映着铸件内部重要的状态信息。

②幅度(Amplitude)

幅度是突发型声发射信号整个事件中的电压峰值,计算公式如下

$$幅度(dB) = dB_{AE} = 20\lg \frac{U_{max}}{U_{ref}} - dB_{pre} \tag{5.15}$$

式中:U_{max}——声发射信号峰值电压;U_{ref}——参考电压,其值为 1 μV;dB_{pre}——前置放大器增益(dB)。

在声发射检测中,系统设置的阈值不仅决定了振铃系数的大小,也决定了此次声发射事件能否被仪器采集到。如果事件的幅度小于阈值,则振铃系数为零,仪器无法感知到事件的发生。幅度是重要的特征参数,常用于测量材料或结构的衰减量,因为它和振铃系数一样反映了材料的性能变化。

③上升时间(Rise Time)

上升时间是指声发射信号第一次超过系统门槛值和幅度出现位置的时间差。电磁干扰信号是声发射信号混入的主要噪声,但是其上升时间很短,使用上升时间可以有效识别出电磁干扰,所以此参数常用于检测流程中的去除背景噪声。根据定义可知,上升时间与系统设置的阈值有关,除此之外,由于声发射波在材料中传播会发生不同程度的衰减,且与传输距离成正比,所以声发射源与传感器的距离也会对上升时间产生较大影响。

④持续时间(Duration Time)

持续时间和振铃系数之间有密切的关系,持续时间是首次振铃的起始时间和末尾振铃的结束时间的时间差,又称延时。它反映了声发射信号的频率,在相同的振铃系数下,持续时间越短,说明声发射信号的频率越高。此参数也被用于识别信号的有效性,例如,电子干扰信号相对于金属材料声发射信号的持续时间明显较短,系统可以使用持续时间有效消除电子干扰噪声的影响。

⑤能量计数(Energy)

图 5.20 中阴影部分的面积就是此次声发射事件的能量计数,它与事件的幅度、持续时间和衰减速度等参数有关。此参数反映了材料内部声发射事件的相对强度,这与材

料的失效形式和损坏程度有关。

⑥有效值电压(RMS Voltage)

RMS 是针对连续性声发射信号提出的参考量,表示在采样时间内,声发射信号的电压的均方根值。RMS 反映了连续型声发射信号的能量大小,经常被用于检测容器泄漏和过程噪声。设声发射信号 $AE(t)$,对该信号连续采样可得 $AE_1,AE_2,AE_3,\cdots,AE_i(i=1,2,3,\cdots,n)n$ 个样本点,则下式的计算结果就是该信号的有效值电压。

$$AE_{\mathrm{RMS}} = \sqrt{\frac{1}{n}\sum_{i=1}^{n} AE_i^2} \tag{5.16}$$

⑦峰值时间(Counts of Peak)

峰值时间表示声发射信号从超越阈值到峰值来临的时间间隔。

⑧频率质心(Frequency Centroid)

频率质心反映了信号的频率和能量分布情况,是通过把声发射信号经过傅里叶变换得到的。它显示了不同频率的波在整个信号中所占的比重,也显示了信号所包含的频率带宽。如果频谱曲线分布越集中,质心就越明显,说明声发射信号包含的频率越单纯;反之,如果频谱曲线分布平坦均匀,说明声发射信号夹杂了多种噪声信号。

设声发射信号 $AE(t)$,通过对该信号连续采样可以得到 n 个样本点 AE_1、AE_2、AE_3、$\cdots$、$AE_i(i=1,2,3,\cdots,n)$,频谱质心 AE_f 的值可以由下式得到:

$$AE_\mathrm{f} = \Big(\sum_{i=1}^{n} Mag_{AE(i)}f_i\Big) \Big/ \Big(\sum_{i=1}^{n} Mag_{AE(i)}\Big) \tag{5.17}$$

式中,$Mag_{AE(i)}$ 为 $AE(i)$ 的幅值或能量;f_i 为 $AE(i)$ 对应的频率值。

(7)声发射信号的处理

根据分析对象的不同,可以将声发射信号处理方法分为两大类,即参数分析法和波形分析法。参数分析法就是通过对测得的声发射信号进行初步的处理和整理,变换成不同的声发射参数来对声发射源的特征、状态进行分析与处理。声发射信号的参数分析法包括事件计数和振铃计数。如图 5.22 所示的突发型声发射信号经过包络检波后的波形超过阈值电压的部分便形成一个矩形脉冲,此矩形脉冲即称为一个声发射事件。振铃计数就是逐一计算声发射信号波形超过预置阈值电压的次数。振铃技术法的原理如图 5.23 所示。

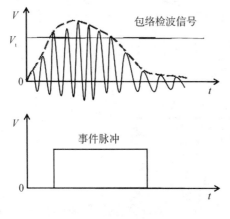

图 5.22 突发型声发射信号

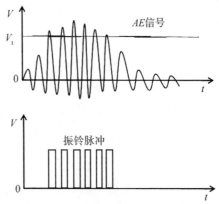

图 5.23 振铃技术法的原理

（8）声发射检测仪器及传感器

目前的声发射检测仪器大体分为两种基本类型，即单通道声发射检测仪和多通道声发射源检测仪，且大多为组合式结构。单通道声发射检测仪主要由传感器、前置放大器、衰减器、主放大器、门槛电路、声发射率计数器、总数计数器以及数模转换器等基本部分组成。多通道声发射检测仪除具有单通道声发射检测仪的模拟量检测和处理系统外，通常还包括数字量测定系统（时差测量装置等）以及计算机数据处理系统和外围显示系统。声发射传感器一般由壳体、保护膜、压电元件、阻尼块、连接导线和高频插座等几部分组成，其典型的简化结构如图5.24所示。

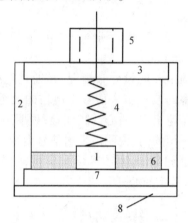

图5.24　单端谐振式声发射传感器

1—压电元件；2—壳体；3—上盖；4—导线；5—高频插座；6—吸收剂；7—底座；8—保护膜

断裂力学的观点认为，结构的危险性是由裂纹尖端的应力强度因子K所控制的，而K是唯一把裂纹尺寸、受力方式和结构联系起来的参数。试验研究表明，声发射与裂纹尖端的应力强度因子K之间存在的密切关系如下

$$N = AK^m \tag{5.18}$$

式中，N——声发射事件总数；A——裂纹长度，mm。

声发射参数与裂纹大小之间有如图5.25所示的良好对应关系。

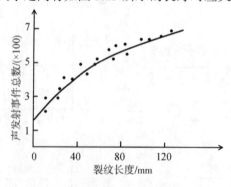

图5.25　声发射事件总数与裂纹长度的关系

（9）滚动轴承故障中的碰磨声发射信号

当轴承发生擦伤、凹痕、压痕、腐蚀这类故障时，随着轴承的旋转，轴承内的滚珠与内表面、外表面相互碰撞时，会产生一个很强的突发性声发射事件，它所引起的传感器

输出信号可以简化近似为指数衰减的正弦波,可以表示为

$$V = V_{\mathrm{P}} \mathrm{e}^{-\beta t} \cos(\omega t) \tag{5.19}$$

式中, V—— 瞬时电压; V_{P}—— 峰值电压; β—— 衰减系统; t—— 时间; ω—— 角频率,又可以表示为 $\omega = 2\pi f$; f——信号频率。

若把检测的阈值电压设为 V_t,以 N_{ec} 表示事件的振铃计数,则可以把 V_t 表示为

$$V_{\mathrm{t}} = V_{\mathrm{P}} \, \mathrm{e}^{-\beta N_{\mathrm{ec}} \frac{1}{f}} \cos(2\pi f) N_{\mathrm{ec}} \frac{1}{f} = V_{\mathrm{P}} \mathrm{e}^{-\beta N_{\mathrm{ec}} \frac{1}{f}}$$

即

$$\frac{V_{\mathrm{t}}}{V_{\mathrm{P}}} = \mathrm{e}^{-\beta N_{\mathrm{ec}} \frac{1}{f}} \tag{5.20}$$

那么一个故障信号的振铃计数可表示为

$$N_{\mathrm{ec}} = \frac{f}{\beta} \ln \frac{V_{\mathrm{P}}}{V_{\mathrm{t}}} \tag{5.21}$$

由式(5.21)可见,一个故障信号的振铃计数与衰减系数 β、工作频率 f、信号峰值电压 V_{P} 和阈值电压 V_{t} 有关。这种计数方法简单,因此在声发射检测中得到了广泛应用。但是这种计数方法故障信号的振铃计数受到工作频率的影响。频率高的故障会受到大的振铃次数,这没有真实地反映轴承故障信号能量的大小。因此,在轴承故障检测中,用声发射信号持续时间来检测轴承的故障,把式(5.21)变为

$$T_{\mathrm{e}} = \frac{N_{\mathrm{ec}}}{f} = \frac{1}{\beta} \ln \frac{V_{\mathrm{P}}}{V_{\mathrm{t}}} \tag{5.22}$$

再把式(5.20)代入式(5.22)中,则有

$$T_{\mathrm{e}} \approx \frac{1}{\beta} \ln\left(\frac{1}{V_{\mathrm{t}}} \frac{2.5 m K W^{\frac{1}{2}} \Delta A}{YBL}\right) \tag{5.23}$$

由式(5.23)式可以看出,故障轴承的声发射信号的持续时间与衰减系数 β、阈值电压 V_{t}、应力强度因子 K 以及裂纹扩展时所扫过的面积 ΔA 有关。因此,通过检测信号的持续时间就可以确定故障的基本情况。

(10)滚动轴承故障中的裂纹声发射信号

材料的变形与破坏的声发射试验表明,当滚动轴承发生辗皮、剥落、裂损、断裂这类故障时,大多数金属和合金中均匀塑性变形时所呈现的声发射特性是在屈服时出现的声发射高峰。滚动轴承的故障检测也遵循这一规律。因此,通过监测产生的信号的高能量声发射信号就可以识别轴承故障与否。

根据线弹性断裂力学,在弹性裂纹尖端附近的应力受单一的参数 K 控制, K 被称为应力强度因子。 K 取决于物体的几何形状、大小和外力的加载方式等。对于任何已知的几何形状或一组载荷情况,总是可以按足够的精度来确定 K。应力强度因子法研究断裂问题的基本原理就是应力强度因子 K 达到应力集中系数 K_{c}。

一般可把应力强度因子写成下列形式:

$$K = \sigma \sqrt{a}\, Y\left(\frac{a}{W}\right) = \frac{P}{BW} \sqrt{a}\, Y\left(\frac{a}{W}\right) \tag{5.24}$$

式中: σ 是特征应力; P 是特征载荷; a 是特征裂纹长度; W 是特征尺寸; $Y\left(\dfrac{a}{W}\right)$ 是所研

究的特定物体确定 K 的标定函数。

应力强度因子与声发射波动峰值幅度的关系为

$$V_\text{P} \approx \frac{2.5mK\,W^{\frac{1}{2}}\Delta A}{YBL} \tag{5.25}$$

式中：Y、B、L 为试件的几何参数；ΔA 为裂纹所扫过的面积；m 为比例常数。由此可见，声发射的峰值幅度与应力强度因子以及裂纹扩展时所扫过的面积成正比。

5.3 噪声、超声波及声发射诊断案例

5.3.1 噪声诊断技术案例

（1）离合器出现的异常噪声故障

某离合器结构如图 5.26 所示。内齿盘 3 与柴油机飞轮刚性连接，离合器处于脱离状态时，内齿圈带动两个外齿盘 2 随飞轮空转。离合器处于接合状态时，2 个离合器压盘 1 将外齿盘 2 与从动盘 5、摩擦片 4 压为一体，随柴油机一起转动，从动盘 5 通过输出轴 6 将动力输出。其机构特点是：当离合器处于脱离状态时，外齿盘 2 完全由内齿圈圆周约束，与输出轴 6 的间隙配合很大，柴油机的振动会导致内齿盘 3 与外齿盘 2 之间的碰撞。

在配套试车过程中，离合器在怠速工况下脱离时，离合器发出强烈的噪声，犹如破碎机工作时的响声；离合器接合，噪声消失；离合器脱离，噪声重现。

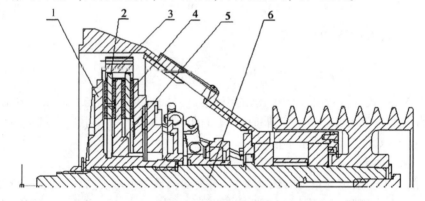

图 5.26　离合器结构

1—离合器压盘；2—外齿盘；3—内齿盘；4—摩擦片；5—从动盘；6—输出轴

四冲程发动机怠速时，离合器在脱离状态下，测得噪声频谱如图 5.27 所示，图中标尺表示噪声，单位为 dB（A 计权声级）。

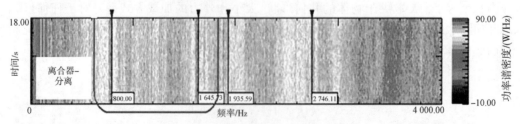

图 5.27　柴油机怠速工况噪声频谱

齿轮啮合噪声频率为

$$f = \frac{zn}{60} \qquad (5.26)$$

式中：f 为频率，Hz；z 为齿数；n 为转速，r/min。

离合器内齿圈（主动齿）的齿数为 80，柴油机怠速为 800 r/min 时，啮合噪声频率为 1 067 Hz 及其整数倍，而噪声频率测量值为 800 Hz、1 645 Hz、2 746 Hz。可见，啮合噪声不是主要原因。

频率与阶次的关系式可表示为

$$f = \frac{on}{60} \qquad (5.27)$$

式中：f 为频率，Hz；o 为阶次；n 为转速，r/min。

当转速为 800 r/min 时，二阶频率 $f = 2n/60$，与测得的噪声频谱图对应，由此看出异常振动噪声主要与二阶振动有关，也就是说，与二次往复惯性力和柴油机二阶扭转振动有关。

5.3.2　气缸裂损超声波检测案例

超声波探伤有纵波垂直探伤法、横波斜入射法、表面波探伤法等几种方法。如图 5.28 所示，观察气缸裂纹源、裂纹扩展及最后断裂的位置可知，裂纹起源于气缸外圆部位过渡圆处，之后向缸体径向斜向发展。气缸采用合金铸铁制成，其内部组织不均匀且晶粒粗大，但因为气缸壁厚不大（仅 19 mm），超声波衰减并不严重。由于气缸裂纹发生在沿圆周方向，探伤时应使超声声束尽可能和裂纹方向垂直，以便探伤仪接收裂纹最大反射能量。根据气缸的结构特点和几何尺寸，以及裂损位置和发展方向，选择横波探伤。

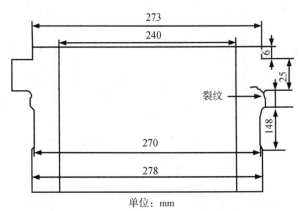

单位：mm

图 5.28　气缸裂纹

超声横波探伤是斜入射气缸内部发生波型转化，产生横波，又分为一次波探伤和二次波探伤。一次波探伤是直接倾斜入射进行扫查；二次波探伤是利用一次波倾斜入射到气缸内径面，通过内径面反射回来的反射波对缺陷进行探伤。

（1）一次波探伤

气缸是薄壁铸件，放置探头部位与裂纹源的垂直距离只有 19 mm。对于薄壁铸件的斜入射横波,由于波长比纵波小,故探伤灵敏度较纵波高,而衰减相对于在锻件材料中大。根据这些特征,采用一次波探伤时,由于超声波盲区和近场区的影响,会对缺陷的定量造成误差。斜入射横波一次波探伤气缸裂纹示意图如图5.29所示。

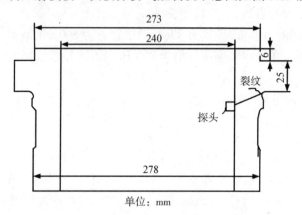

图 5.29 斜入射横波一次波探伤气缸裂纹示意图

（2）二次波探伤

由于气缸厚度较小,探伤检查范围在探头的近场区附近,而近场区检查不能对缺陷定量,所以应增加二次波探伤,以确保缺陷不漏检。二次波探伤是将探头放置在气缸外圆处,超声波束通过气缸内壁反射,对圆弧处进行扫查探伤。探伤时主声束应尽可能与裂纹面垂直。斜入射横波二次波探伤气缸裂纹示意图如图5.30所示。

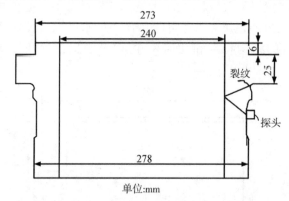

图 5.30 斜入射横波二次波探伤气缸裂纹示意图

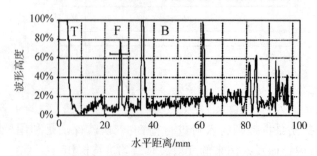

图 5.31 一次波探伤波形

在探伤过程中,探头放置在两个过渡圆弧中间的探测面上做轴向前后移动,同时做

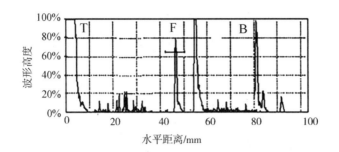

图 5.32　二次波探伤波形

周向移动。由于气缸过渡圆弧是机加工的,其棱角有一个反射波,在 1 mm 的人工缺陷探伤灵敏度下反射波的高度一般应在仪器荧光屏的 10% 左右,据此,当出现异常波形时可以判断其是否为缺陷波。

在实物试块上探伤,一次波探伤波形如图 5.31 所示,二次波探伤波形如图 5.32 所示。其中,T 波形是始波;F 波形是人工缺陷波;B 波形是气缸外圆最大直径的棱角反射波。

5.3.3　声发射诊断技术案例

（1）声发射信号与碰摩接触力的关系

在实际的应用中,碰摩接触力往往很难测量出来,因此需要根据测量的声发射信号来识别碰摩力的信息。要利用测量的声发射信号来确定碰摩力,则需要建立碰摩力和声发射信号之间的关系。由试验研究结果,建立多个声发射信号均方根值与界面接触力之间的经验关系式。

①经验模型

a.Diei 通过进行 Pin-on-Disk 滑动摩擦试验,给出了如式（5.28）所示的模型,用于定量估计声发射信号的均方根电压与单位时间作用的摩擦力之间的关系。

$$V_{rms} = (kA_r\tau V)^{m/2} \tag{5.28}$$

式中,k 和 m 为常数;τ 为界面的剪切力;A_r 为真实的接触面积;V 为滑动速度。

b.Ganapathi 等给出了如式（5.29）所示的模型,将声发射信号的均方根值 V_{rms} 作为盘旋转速度和接触力的函数。

$$V_{rms} = kFV^2 \tag{5.29}$$

式中,k 为常数。

c.Khurshudov 和 Talke 总结了声发射信号的一些试验公式,并指出很难给出关于 V_{rms} 依赖于速度和接触力变化的物理解释。基于陶瓷球在盘上滑动的试验,拟合得出线性关系式（5.30）,简单描述了声发射信号与界面上单位时间内能量耗散之间的关系。

$$V_{rms} = kFV \tag{5.30}$$

②改进的模型

上面的经验模型只是建立了声发射信号均方根值与碰摩力之间的关系,没有考虑实际的接触表面为微凸体接触。实际上,对于微凸体的分布,实际接触面积的大小影响测量到的声发射信号。结合 GW 接触模型,通过给出系统传递函数的形式,考虑声发射信号的传播过程以及传感器的响应,对上述经验公式进行改进,给出改进模型。

首先只考虑接触面单微凸体发生接触的情况,假设单微凸体碰摩时产生的应力为 $\sigma(x,y,z,t)$,则碰摩力能够表示为 $f(t) = \int_A \sigma \mathrm{d}A$,那么传感器的输出能够表示为

$$V(t) = \int_0^t h(t-\tau)f(\tau)\mathrm{d}\tau \tag{5.31}$$

式中,$h(t)$ 为系统的传递函数,其包括声发射源到传感器的传递函数 $h_1(t)$、传感器的响应函数 $h_2(t)$,则 $h(t)$ 为 $h_1(t)$ 和 $h_2(t)$ 的卷积,即 $h(t) = h_1(t) * h_2(t)$。

传感器输出信号的均方根值为

$$V_{\mathrm{rms}} = \left[\frac{1}{2\pi}\int_{-\infty}^{\infty} |H(\omega)|^2 S_{\mathrm{f}}(\omega)\mathrm{d}\omega\right]^{1/2} \tag{5.32}$$

式中,$S_{\mathrm{f}}(\omega)$ 为碰撞力的功率谱函数;$H(\omega) = H_1(\omega) + H_2(\omega)$,为频域系统传递函数,包含声发射波在结构中的传递函数 $H_1(\omega)$、传感器的传递函数 $H_2(\omega)$。

若考虑传感器频响范围的限制,则限制后的均方根值输出可改为

$$\widehat{V}_{\mathrm{rms}} = \left[\frac{1}{2\pi}\int_{\omega_1}^{\omega_2} |H(\omega)|^2 S_{\mathrm{f}}(\omega)\mathrm{d}\omega\right]^{1/2} \tag{5.33}$$

式中,ω_1,ω_2 为系统滤波器的截止频率。

在实际碰摩过程中,总是多个微凸体同时发生接触,因此声发射传感器测量到的信号是多个微凸体共同发生碰摩的结果。根据 GW 接触模型可知,对于粗糙接触表面,总的接触微凸体的数目 $n = \eta A_{\mathrm{nom}} F_0(h)$,则实际测得声发射信号的均方根值 $V_{\mathrm{tol}} = n \cdot \widehat{V}_{\mathrm{rms}}$,即

$$V_{\mathrm{tol}} = \eta A_{\mathrm{nom}} F_0(h) \cdot \left[\frac{1}{2\pi}\int_{\omega_1}^{\omega_2} |H(\omega)|^2 S_{\mathrm{f}}(\omega)\mathrm{d}\omega\right]^{1/2} \tag{5.34}$$

从该模型中能够看出,实际测量声发射信号的分布应该与接触表面微凸体的分布相似。若摩擦表面微凸体的分布密度均匀,系统的传递函数是线性时不变的,则声发射传感器的输出电压均方根值的大小与名义接触面积成正比,与单个微凸体的碰撞力 1/2 次方成比例。

(2)轴承中的声发射信号

在转子轴承结构中,声发射波在从碰摩源位置传播到声发射传感器的过程中,要穿过轮盘、套筒、轴、油膜、轴承、轴承座、传感器等多个界面,在传播过程中声发射波还会发生反射、折射等变化,使波形幅值发生较大的衰减,同时声发射信号的高频成分也会发生衰减。可采用能量的方法对声发射波在转子结构中的传播进行分析。

无论是原始的声发射信号,还是预处理过的信号,其能量都通过在一段时间 t 上取均方值来获得

$$E = \int_0^1 v^2(t)\mathrm{d}t \tag{5.35}$$

式中,$v(t)$ 为声发射波形的幅值,V;t 为时间,s;E 为声发射信号的能量,$\mathrm{V}^2\mathrm{s}$。

在半空间介质中,声发射信号的能量可以认为是按照简单的吸收规律衰减的,即

$$E(x) = E_0 \mathrm{e}^{-kx} \tag{5.36}$$

式中,$E(x)$ 是距离声发射源 x 位置处声发射信号的能量,$\mathrm{V}^2\mathrm{s}$;E_0 为声发射源信号的能量,$\mathrm{V}^2\mathrm{s}$;k 为衰减因子,m^{-1};x 为声发射源与声发射传感器之间的距离,m。

对式(5.36)取自然对数,可以得到声发射信号能量和距离之间的关系

$$\ln E(x) = \ln E_0 - kx \qquad (5.37)$$

从式(5.37)中可以看出,取对数的声发射信号的能量值和距离之间为线性关系。

在滚动疲劳试验中观测的波形如图5.33所示。图5.33(a)所示为检测系统的噪声波形,有相同的振幅,称作连续型声发射波形。图5.33(b)所示为突发型声发射,波形振幅急剧增加后衰减。一般在剥离之前观测到突发型声发射,一个突发型声发射与一次裂纹发生或扩展相对应。图5.33(c)所示为金属接触润滑不良产生的声发射波形,振幅的变化与突发型声发射相比较为缓慢。

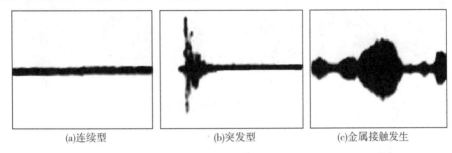

(a)连续型　　　　　　(b)突发型　　　　　　(c)金属接触发生

图5.33　在滚动疲劳试验中观测的波形

(3)滚动轴承声发射检测

滚动轴承的结构主要包括外圈、内圈、滚动体、保持架等四个部分,如图5.34所示。在实际运行中,滚动轴承往往处于一种大载荷、高强度、高疲劳的周期性运转中,外加一系列恶劣工况或环境的影响,滚动轴承易出现各种故障问题,主要包括点蚀、压痕、裂纹、磨损、胶合和腐蚀等,如图5.35所示。

某滚动轴承以170 r/min的转速旋转时,其旋转频率$f_{rot} = 170/60 \approx 2.83$ Hz。在正常旋转时,如图5.36(a)所示,其时域信号为密集周期信号,频域中有明显1倍和2倍频信号。当轴承外圈发生故障时,轴承外圈故障频率$f_{bor} = 10.19$ Hz,同样在时域信号可观察到幅值较小的密集周期信号,但是存在大幅值的突发信号。经频域信号分析发现,如图5.36(b)所示,除了旋转频率f_{rot}外,在外圈故障频率f_{bor}处存在幅值较大的信号。

外圈

防尘盖

内圈

保持架

钢珠

润滑脂

图5.34　滚动轴承的结构

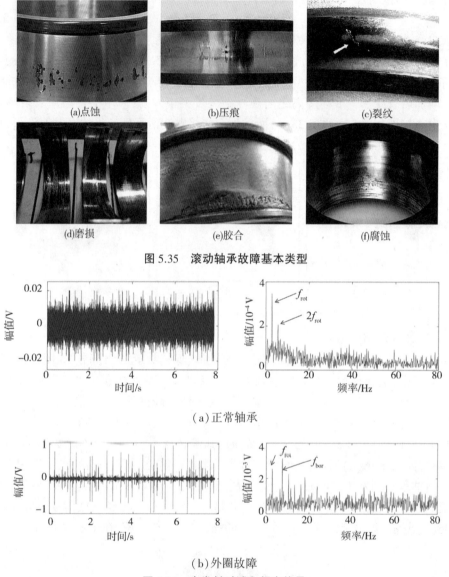

(a)点蚀　(b)压痕　(c)裂纹

(d)磨损　(e)胶合　(f)腐蚀

图 5.35　滚动轴承故障基本类型

（a）正常轴承

（b）外圈故障

图 5.36　声发射时域和频率信号

第6章

轮机设备故障诊断新技术

故障诊断技术是为了建立监控系统而发展起来的。其发展至今经历了三个阶段：第一阶段，依靠专家或维修人员的个人经验及简单仪表进行故障诊断工作；第二阶段，以传感器技术、动态测试技术为手段，以信号分析和建模处理为基础的现代诊断技术；第三阶段，依靠计算机技术、智能信息处理技术的发展，进入数据处理、优化建模与知识处理相融合的智能诊断技术阶段。

本章轮机设备中的故障诊断新技术主要就小波分析、分形与混沌、基于盲源分离的信号处理技术进行方法原理与应用案例的阐述。

6.1 小波分析在故障诊断中的应用

小波变换是 20 世纪 80 年代后期发展起来的应用数学分支，最初由法国学者 Daubechies 和 Mallat 等人把这个理论引入信号处理领域。其基本思想是对被诊断对象的输入输出信号进行小波变换，利用该变换求出输入输出信号的奇异点，再去除由于输入突变引起的极值点，其余的极值点就对应于被诊断对象的故障状态。

动态系统的故障通常会导致系统的观测信号发生变化。所以可利用连续小波变换检测观测信号的奇异点来检测出系统的故障。其基本原理是利用信号在奇异点附近的 Lipschitz 指数。当 Lipschitz 指数 $a>0$ 时，其连续小波变换的模极大值随尺度的增大而增大；当 $a<0$ 时，则随尺度的增大而减小。噪声对应的 Lipschitz 指数远小于 0，而信号边沿对应的 Lipschitz 指数大于或等于 0。因此，可以利用小波变换区分噪声和信号边沿，有效地检测出强噪声背景下的信号边沿（缓变或突变）。

小波分析的出现是非平稳信号领域的一个突破性进展，然而传统小波变换也有不足之处。其缺点主要有：小波基函数较少；小波基的构造与信号无关，不能有效地匹配信号；过分依赖傅里叶变换；数据长度必须是 $2n$ 倍等。第二代小波变换是近年来小波分析领域的重大突破，弥补了传统小波上述不足之处。

6.1.1 小波分析理论

小波分析的基础是傅里叶变换，但传统的傅里叶变换反映的是信号的整体特征，无法同时描述和定位信号在时间和频率上的突变部分，而这正是非平稳信号的关键部分。小波分析作为一种全新的时频分析方法，可以有效地应用于非平稳信号的分析。其主要表现是:小波分析在对低频信号进行分析时,采用高频率分辨率和低时间分辨率;在对高频信号进行分析时,采用低频率分辨率和高时间分辨率,从而实现信号的精确分析。

小波是一种具有零均值,且在时域和频域内能量局部化的函数,其波形为两端衰减为零的波形。小波,即小区域的波,是一种特殊的长度有限、平均值为 0 的波形。小波的确切定义为:设小波基函数 $\Psi(t) \in L^2(c)$,$L^2(c)$ 为平方可积的复函数空间,则 $\Psi(t)$ 必须满足

$$C_\varphi = \int_{-\infty}^{\infty} \frac{\Psi(\hat{\omega})^2}{\omega} \mathrm{d}\omega < \infty \tag{6.1}$$

式中,$\Psi(\omega)$ 为 $\Psi(t)$ 的傅里叶变换。式(6.1)为容许条件,该条件蕴含着 $\hat{\Psi}(0) = 0$,即函数具有零均值。

假设小波基函数 $\Psi(t)$ 经尺度伸缩和时间平移得到一个子波簇,其形式表达为

$$\Psi_{a,b}(t) = \frac{1}{a} \Psi\left(\frac{t-b}{a}\right) \tag{6.2}$$

式中,a ——尺度参数;b ——时间位移参数。a 用来调整子波覆盖的范围,b 用来调整子波的时域位置。

对于一个时变信号 $x(t)$,其连续小波变换定义为

$$W(a,b) = \frac{1}{\sqrt{a}} \int \Psi_{a,b}^*(t) x(t) \mathrm{d}t \tag{6.3}$$

式中,$\Psi_{a,b}^*(t)$ —— $\Psi_{a,b}(t)$ 的复共轭。时间位移参数 b 和尺度参数 a 在连续取值范围内连续变化。

对于基小波函数 $\Psi(t)$,如果其时窗宽度为 Δt,经傅里叶变换后,谱 $\Psi(\omega)$ 的频窗宽度为 $\Delta\omega$,那么对于 $\Psi(t/a)$,其时窗宽度为 $a\Delta t$,经相应的傅里叶变换后,谱的频窗宽度则为 $\Delta\omega/a$。因此,小波变换对低频信号在频域内有很好的分辨率。如果变动 a 和 b,形成一簇小波函数,然后将分析信号 $x(t)$ 在某一局部分解,根据展开的系数就可以知道信号 $x(t)$ 在某一局部时间内某一频段信号成分有多少,从而实现对可调窗口的时域频域的局部分析。因此,连续小波变换的这些特性可用来很好地处理非稳态信号。

由小波变换式(6.3)可以看到,每个变换系数 $W(a,b)$ 是由尺度参数 a、时间位移参数 b 的子小波的内积。它能衡量信号与该子波的相似性。$W(a,b)$ 越大,说明越相似。所以,为了能够有效地揭示出信号的特征成分,需要选择合适的基小波。当基小波选择合适时,就会使特征成分在时间尺度相平面上某处集结为高幅值的能量块,而与基小波不相似的能量发散到时间尺度平面上,从而实现信号检测和故障诊断。

6.1.2 小波分析信号降噪应用

信号的降噪和压缩是小波的重要应用之一。小波能够降噪主要基于小波变换具有以下三大特点:

(1)多分辨率特性:由于其采用了多分辨率的方法,所以可非常好地刻画出信号的非平稳性,如突变和断点等,可以在不同分辨率下根据信号和噪声的分布来消噪。

(2)去相关性:小波变换可对信号去相关,且噪声在变换后有白化趋势,所以小波域

比时域更利于去噪。

(3)基函数选择灵活:小波变换可以灵活选择基函数,也可根据信号特点和降噪要求选择多带小波、小波变换等,对不同的场合,可以选择不同的小波母函数。

小波阈值降噪的基本思想,假定一个叠加噪声的信号模型为

$$s(t) = f(t) + n(t) \tag{6.4}$$

式中,$f(t)$是想要得到的原始信号;$n(t)$为噪声。

如图 6.1 所示,降噪的目的就是抑制 $n(t)$ 以恢复 $f(t)$。通常情况下,$n(t)$ 表现为高频信号,而实际中 $f(t)$ 通常为低频信号,或者是较为平稳的信号。基于小波变换的去噪方法利用小波变换中的变尺度特性,对确定信号有一种"集中"能力。如果一个信号的能量集中于小波变换域少数小波系数上,那它们的值必然大于在小波变换域内能量分散后大量信号和噪声的小波系数。这时可通过选取合适的阈值,大于阈值的小波系数被认为是由信号产生的,予以保留;小于阈值的小波系数则被认为是由噪声产生的,置零,从而达到去噪的目的。

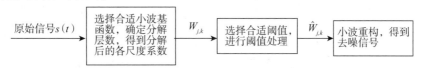

原始信号$s(t)$ → 选择合适小波基函数,确定分解层数,得到分解后的各尺度系数 → $W_{j,k}$ → 选择合适阈值,进行阈值处理 → $\hat{W}_{j,k}$ → 小波重构,得到去噪信号

图 6.1 小波阈值降噪

一般一维信号的小波阈值降噪可以按照下面三个步骤进行:

①选择合适的小波基函数,确定小波分解层数,对信号进行 N 层小波分解,得到各尺度小波分解系数 $W_{j,k}$。

②设定阈值,保留所有的低频系数,确保信号的整体形状不变;对每一层的高频系数 $W_{j,k}$ 进行阈值函数处理。

③根据阈值处理后的小波系数,进行一维信号的小波重构,得到去噪后的信号估计值 $f(t)$。

在进行小波分析时常用到近似和细节,近似表示信号的高尺度,即低频信息;细节表示信号的低尺度,即高频信息。对含有噪声的信号,噪声分量的主要能量集中在小波分解后的细节分量中。

在上述小波阈值降噪过程中,小波基和分解层数的选择、阈值的选取准则、阈值函数的设计,都会对最终的信号去噪效果产生很大影响。

(1)小波基的选择

通常希望所选取的小波同时满足以下条件:正交性、高消失矩、紧支性、对称性或反对称性。由于小波基函数在处理信号时各有特点,且没有任何一种小波基函数可以对所有类型信号都取得最优的去噪效果,所以,一般选取具有紧支的小波以及根据信号的特征来选取较为合适的小波。

(2)分解层数的选择

在小波分解中,分解层数的选择也是非常重要的一步。一方面,分解层数取得越大,则噪声和信号表现的不同特性越明显,越有利于两者的分离。但另一方面,分解层数取得越大,重构到的信号失真也会越大,在一定程度上又会影响最终去噪的效果。因此,在应用时要格外注意处理好两者之间的矛盾,选择一个合适的分解尺度。

（3）阈值的选取准则

在小波域，有效信号对应的系数很大，而噪声对应的系数很小。噪声在小波域对应的系数仍满足高斯白噪分布。因此，通过小波系数或者原始信号来进行评估能够消除噪声在小波域的阈值。目前主要有通用阈值（VisuShrink）、SureShrink 阈值、Minimax 阈值、BayesShrink 阈值等。

（4）阈值函数的设计

确定了噪声在小波系数（域）的阈值限之后，就需要有阈值函数对小波系数进行过滤，去除噪声系数。阈值函数就是用来修正小波系数的规则，常用的阈值函数有软阈值法和硬阈值法（见图 6.2）。

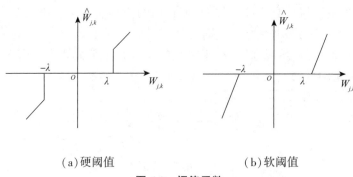

（a）硬阈值　　　　　　　（b）软阈值

图 6.2　阈值函数

①硬阈值法：将绝对值小于阈值的小波系数变为零，而将绝对值大于阈值的小波系数不加任何处理予以保留。硬阈值法可以很好地保留原始信号边缘等局部特征，由于其收缩函数是不连续的，重构得到的信号可能会产生一些振荡。

$$\widehat{W}_{j,k} = \begin{cases} 0, & |W_{j,k}| < \lambda \\ W_{j,k}, & |W_{j,k}| \geqslant \lambda \end{cases} \tag{6.5}$$

②软阈值法：对绝对值大于阈值的小波系数不完全保留，而是做收缩处理。采用软阈值算法处理，虽然整体连续性好，但分解系数之间总存在恒定的偏差，会影响重构信号与真实信号的逼近程度。

$$\widehat{W}_{j,k} = \begin{cases} 0, & |W_{j,k}| < \lambda \\ \mathrm{sgn}(W_{j,k})(|W_{j,k}| - \lambda), & |W_{j,k}| \geqslant \lambda \end{cases} \tag{6.6}$$

ⅰ.软阈值法算例

```
clear all;clc;N=5000;fs=1000;load xz.mat;s=xz(1:N);%加载信号%%小波分解
[c,l]=wavedec(s,7,'coif5');%小波基为 coif5,分解层数为 7 层
ca11=appcoef(c,l,'coif5',7);%获取低频信号
cd1=detcoef(c,l,1);cd2=detcoef(c,l,2);cd3=detcoef(c,l,3);cd4=detcoef(c,l,4);%获取高频细节
cd5=detcoef(c,l,5);cd6=detcoef(c,l,6);
cd7=detcoef(c,l,7);sd1=zeros(1,length(cd1));
sd2=zeros(1,length(cd2));%1~2 层置 0,3~7 层用软阈值函数处理
sd3=wthresh(cd3,'s',0.014);
```

```
sd4 = wthresh(cd4,'s',0.014);
sd5 = wthresh(cd5,'s',0.014);
sd6 = wthresh(cd6,'s',0.014);
sd7 = wthresh(cd7,'s',0.014);
c2 = [ca11,sd7,sd6,sd5,sd4,sd3,sd2,sd1];
s0 = waverec(c2,l,'coif5');%小波重构
save s0.mat s0figure;subplot(211);
plot(s0);ff=fs*(0:N/2-1)/N;
Yf = fft(s0);
Q = 2 * abs(Yf)/N;
Subplot(212);
plot(ff(1:N/2),Q(1:N/2));
```

ii.MATLAB 可用相关函数

a.Wden 函数

【函数功能】使用小波进行一维自动降噪。

【语法格式】[xd,cxd,lxd]=wden(x,tptr,sorh,scal,n,'wname');返回经过小波消噪处理后的信号 xd 及其小波分解结构。

Scal 定义了阈值的调整:

＊scal='one'时,表示不要调整。

＊scal='owo'时,表示对第一层系数噪声进行一次估计、调整。

＊scal='mln'时,表示对各层噪声分别进行估计和调整。

小波分解在 n 层时,使用的正交小波是 wname。

b.Wdencmp 函数

【函数功能】用小波降噪和压缩。

【语法格式】

[xc,cxc,lxc,perf0,perfl2]=wdencmp('gbl',X,'wname',N,THR,SORH,KRRPAPP)

【使用说明】该函数是一维或二维小波压缩或降噪的向导函数,它使用小波,对信号或图像执行降噪或压缩过程。

```
%装载语音信号
N = 1024;
s = wavread('wangwenzhen.wav',N);
figure(1);
plot(1:N,s,'LineWidth',2);
xlabel('时间 n');ylabel('幅值 A');
s = s+0.001 * randn(1,N)';
%用小波 db3 对 s 进行 5 层分解
level = 5;
[c,l] = wavedec(s,level,'db3');
%选用全局阈值进行信号增强处理
```

thr = 5;

[sd,csd,lsd,perf0,perfl2] = wdencmp('gbl',c,l,'db3',level,thr,'h',1);

figure(2);

subplot(2,1,1); plot(s,'LineWidth',2);

title('加噪声后的信号');

%xlabel('时间 n');

ylabel('幅值 A');

subplot(2,1,2);

plot(sd,'LineWidth',2); title('压缩后的信号');

xlabel('时间 n');ylabel('幅值 A');

原始语音信号波形如图 6.3(a)所示,可以看见语音信号中含有一定的噪声,先对此段语音信号追加噪声语音信号,如图 6.3(b)所示,然后对其利用小波变换进行分解,最后重构后得到的语音信号如图 6.3(c)所示。从图中明显可以看出,增强后的语音信号很光滑,基本不含有噪声成分。

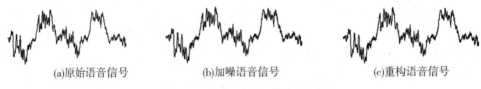

(a)原始语音信号　　　　　　(b)加噪语音信号　　　　　　(c)重构语音信号

图 6.3　语音信号波形及其小波重构

6.1.3　小波分析故障诊断应用

(1)小波信号分析流程

用小波进行信号处理的一般过程如下:

①取样。这是一个预处理步骤。若信号连续,那必须以能够捕获原信号必要细节的速率取样。不同的应用决定了不同的取样率。

②分解。对信号取样后,得到最高级的近似系数。循环使用分解公式直至到达一个合适的级别,输出各级别的小波系数。

③信号处理。通过舍弃非显著系数可以压缩信号,或者以某种方式使信号滤波或去噪。输出可被存储或立即重构以恢复经过处理的信号。

④重构。调用分解公式,输出最高级系数,获得修改的信号,处理后的信号与顶级重构系数近似相等。

小波分析的基本思想是把信号投影到一组互相正交的小波函数构成的子空间上,形成信号在不同尺度上的展开,从而提取信号在不同频带的特征,同时保留信号在各尺度上的时域特征。小波分析每次对信号的低频部分进行分解,高频部分保留不动,而且它的频率分辨率与 2^j(j 是尺度因子)成正比,因此可对信号低频部分做详细观察。相关小波分析代码亦可参考附录 V。

(2)小波分析故障案例

故障特征小波识别方法可简述如下:设有齿轮正常运转的信号 $f(x)$ 和故障信号 $g(x)$,其频率分布为 0~2 000 Hz,利用小波二分法将其分解成 5 个连续频段[0,125],

$[125,250]$，$[250,500]$，$[500,1\ 000]$，$[1\ 000,2\ 000]$，分别对应尺度 5 到尺度 1，然后对每个频段进行信号重构，比较每个频段的重构波形，若两信号某一频段波形具有较大差异，就可用该频段信号差异进行故障识别。

由于轴承本身的结构、加工、装配误差及运行过程中出现的故障等内部因素影响，当轴以一定的速度在一定的载荷下运转时，对轴承和轴承座组成的振动系统产生激励，系统产生振动。滚动轴承在运行过程中出现的故障按其振动信号的特征不同可分为两大类：一类称为表面损伤类故障，另一类称为磨损故障。

对于表面损伤类故障，当损伤点滚过轴承元件表面时，要产生突变的冲击脉冲力，该脉冲为一宽带信号，所以必然覆盖轴承系统的各个固有频率，从而引起轴承的振动，由于表面损伤故障引起的振动响应往往会被较大的振动信号所掩盖，因而无法将其从功率谱中分辨出来。

小波分析具有同时分析信号时域和频域的特性，冲击成分在小波分析的细节信号中得到放大，所以使用小波分析技术对检测的信号进行变换，再对具有故障特征的信号进行重构，再通过希尔伯特变换进行解调和细化频谱分析，从而可以将轴承中的故障信息成分检测出来，并判断轴承发生故障的部位。

此处选取 1 组正常轴承数据（normal2.mat），1 组内圈故障数据（inner-race2.mat），一组外圈故障数据（outer-race2.mat），利用 MATLAB 软件进行故障分析。信号采样频率均为 12 000 Hz。

从对正常轴承的 MATLAB 图像分析（见图 6.4 和图 6.5）中可以看出来，正常轴承的时域波形图形与有故障的 2 组图形（见图 6.6 和图 6.8）相比图形的线条比较疏，但是并不能看出问题，无法说明是否出现了故障。再对信号用 db10 正交小波进行小波分解，从上面的图形可以看出来，其中 d1 到 d4 分别表示第 1、2、3、4 层细节信号。为了提取故障的特性频率，进一步做包络分析。从图 6.7 可以看到频率 1 200 Hz 的存在，对比正常的轴承包络图，可以看到图像有着明显的变化，可以看到外圈发生了故障。在图 6.9 中同样可以看到频率 30 Hz 的存在，可以看出内圈出现了故障。

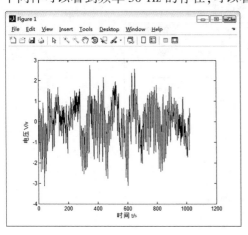

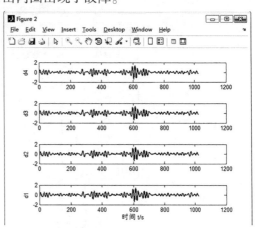

（a）时域波形　　　　　　　　　　　　　（b）小波分析结果

图 6.4　正常轴承

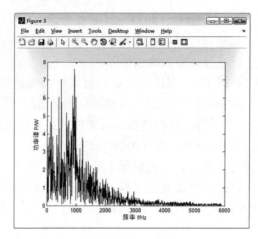

图 6.5　正常轴承第一层信号的包络图

②外圈故障分析

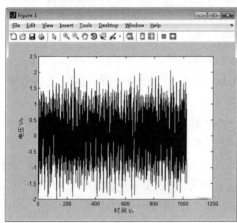

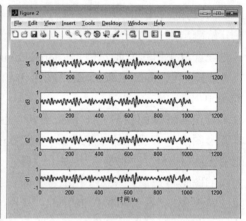

（a）时域波形　　　　　　　　（b）小波分析结果

图 6.6　外圈故障

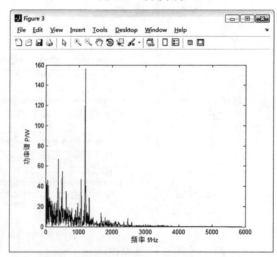

图 6.7　外圈故障第一层信号的包络图

③内圈故障分析

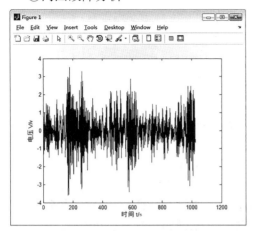
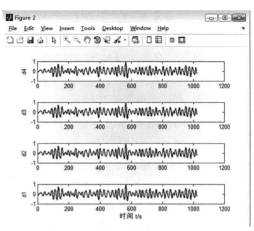

(a)时域波形   (b)小波分析结果

图 6.8 内圈故障

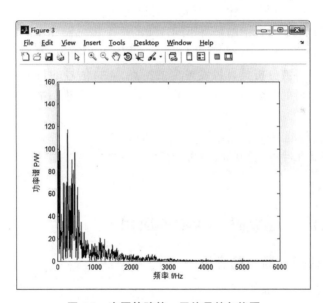

图 6.9 内圈故障第一层信号的包络图

6.1.4 小波分析故障诊断方法融合

(1)基于小波信号分析的故障诊断方法

基于小波分析直接进行故障诊断属于故障诊断方法中的信号处理法。这一方法的优点是可以回避被诊断对象的数学模型,这对于那些难以建立解析数学模型的诊断对象是非常有用的。

其具体可分为以下 4 种方法:

①利用小波变换检测信号突变的故障方法。

②观测信号频率结构变化的故障诊断方法。

③基于系统脉冲响应函数小波变换的故障方法。

④利用小波变换去噪提取系统波形特征的诊断方法。

（2）小波变换与模式识别相结合的故障诊断方法：

此方法特别适用于缓变故障或具有故障趋势的系统故障诊断。

（3）基于小波分析和模糊逻辑理论的故障诊断方法：

此方法具有干扰源故障诊断、局部时频特性。

（4）基于小波网络的故障诊断方法：

小波网络的基本思想是基于任何函数或信号可以由小波函数表示。小波网络在故障诊断中主要用于信号处理和特征提取。

目前，用于故障诊断的小波神经网络主要有 2 种方式：

①小波变换与常规神经网络的辅助式结合

它的基本思想是将信号经小波变换后提取相应的故障特征，将所得的故障特征输入常规神经网络，再利用神经网络的非线性映射能力对故障进行识别和诊断。

②小波分解与前馈神经网络的融合

它的基本思想是将常规单隐层神经网络的隐节点函数用小波函数代替。

（5）小波分析和数据融合相结合的故障诊断方法：

数据融合（Data Fusion）指的是将不同性质的多个传感器在不同层次上获得的关于同一事物的信息或同一传感器在不同时刻获得的同一事物的信息综合成一个信息表征形式的处理过程。小波分析具有尺度可变的特点，能将信号的特征在不同的尺度下刻画出来。将小波分析的多分辨特点与数据融合技术相结合进行故障诊断是一个很有前景的诊断方法。

（6）小波分析与混沌理论相结合的故障诊断方法：

此方法用于对非线性系统的故障进行诊断。

（7）其他。

6.2　分形与混沌在故障诊断中的应用

6.2.1　分形在故障诊断中的应用

（1）分形的定义与特征

分形的概念是美国数学家芒德布罗首先提出的。分形理论的数学基础是分形几何学，线是一维的，面是二维的，立体图形是三维的，分形理论更加趋近复杂系统的描述（也就是分数维情况），更加符合客观事物的多样性与复杂性。1967 年，芒德布罗在论文中提到，海岸线是不规则的，并且具有极其复杂的变化，用一把直尺去测量海岸线的长度，只能用直线来得出近似值，若用更小的直尺去测量细小之处，这些地方也是曲线。1975 年，他创立了分形几何学（Fractal Geometry），在此基础上，形成了研究分形性质及其应用的科学，称为分形理论。

根据相关学者的研究，如果一个集合 S 是分形几何集，则可以认为 S 具有以下五个典型的特征：

①无论在多么小的标度下，S 都有特别复杂的精致细节，但是 S 的实际定义其实是十分简单的；

②不管是近似的还是统计上的,S 都具有某种形式的自相似;

③S 具有不规则性;

④S 的 Hausdroff 维数始终大于其欧式空间的拓扑维数;

⑤S 可以用比较简单的方法定义出来,同时能够由迭代生成。

分形虽然具有复杂的结构,但是可由简单方法定义,由变换迭代产生。局部与整体以某种相似的方式呈现称为分形,而自相似性和无标度性是分形的两个重要的特征。分形维数则是为了知道某物体的分形程度,对其进行度量而出现的。它的定义很多,根据定义划分,有盒维数、关联维数、信息维数、Hausdroff 维数等。

(2)分形维数基础理论

在分形维数中,一维离散信号的网格维数为 1~2,信号越复杂,与之对应的网格维数越大。所以网格维数对于一维离散信号的评价和分类效果十分理想,是实现信号分类的基础。

①盒维数的定义及其算法

盒维数的原理:选取大小一样的盒子,边长均为 x,一个挨着一个地紧密排列,把研究对象进行完整的覆盖,排列时尽可能地少用盒子,而 $N(x)$ 是用边长为 x 的盒子覆盖研究对象使用的最少数目;然后将盒子的边长缩小为 $x/2$,重复以上步骤,此时对应的使用盒子最小数为 $N(x/2)$;以此类推,逐渐缩小盒子边长,重复上面的方法可以得到一系列的点 $(x,N(x))$;最后对这些点的坐标分别取对数得到新的坐标点,接着在对数坐标系下把这些点表示出来,并用最小二乘法进行拟合,拟合得到的直线斜率就是盒维数,其定义为:

$$d_b = -\lim_{x \to \infty} \frac{\log N(x)}{\log x} \tag{6.7}$$

如果研究对象是一条曲线,曲线的盒维数就是曲线在空间的充满程度。对于直线来说,它的盒维数就是 1.0;对于一般的曲线而言,它的盒维数的取值范围是(1.0,2.0)。

盒维数算法的实现:基于网格覆盖法,定义一个闭集合 $Y,Y \subset R_n,R_n$ 是一个 n 维欧式空间;设离散信号点 $y(i) \subset Y$,用尽可能小的网格格子划分 R_n,N_ε 对应着集合 Y 所占的格子数量;由式(6.7)求得的盒维数是不精确的,也无法得出精确的盒维数,但是可以利用近似法求得盒维数。网格的大小从 ε 开始进行计算并且逐渐地增加,由 ε 到 K_ε,可以得到

$$P(k_\varepsilon) = \sum_{i=1}^{n/k} |\max\{y_k(i-1)+1, y_k(i-1)+2, \cdots, y_k(i-1)+k+1\} - \\ \min\{y_k(i-1)+1, y_k(i-1)+2, \cdots, y_k(i-1)+k+1\}| \tag{6.8}$$

式中, $j = 1,2,\cdots,N/K$,样本点数为 N, $K = 1,2,\cdots,M,M<N$。

网格计数 $N_{k\varepsilon}$ 为

$$N_{k\varepsilon} = \frac{P(k\varepsilon)}{k\varepsilon} + 1 \tag{6.9}$$

式中, $N_{k\varepsilon} > 1$。

在 $\lg k_\varepsilon - \lg N_{k\varepsilon}$ 的对数坐标函数图中找到一段有较好的直线度、拟合程度较好的区间,设这个区间的起始点为 k_1,终点为 k_2,则可以得到

$$\lg N_{k\varepsilon} = a \lg k_\varepsilon + b, k_1 < k < k_2 \tag{6.10}$$

最后用最小二乘法来拟合确定该直线的斜率

$$a = -\frac{(k_2 - k_1 + 1)\sum \lg k \lg N_{k\varepsilon} - \sum \lg k \sum \lg N_{k\varepsilon}}{(k_2 - k_1 + 1)\sum \lg^2 k - (\sum \lg k)^2} \tag{6.11}$$

盒维数 $d_b = a$，这样就求得了所需要的盒维数。

②信息维数

信息维数计算的方法是：信息维数是从概率论角度建立和定义的，定义 ε 是进行分形维数度量时候所用盒子的边长，$p_i(\varepsilon)$ 则是分形对象落进第 i 个格子的概率，N 是盒子的总个数，而且 $\sum\limits_{i=1}^{N(\varepsilon)} p_i(\varepsilon) = 1$，同时定义信息方程

$$I(\varepsilon) = -\sum_{i=1}^{N(X\varepsilon)} p_i(\varepsilon) \ln P_i(X\varepsilon) \tag{6.12}$$

上述公式表示的是第 i 个单元格被覆盖时，假设落入每只盒子的概率一样，此时记号下面的每一项均和编号无关，则可以定义信息维数

$$d_{\inf} = -\lim_{\varepsilon \to 0} \log \frac{I(\varepsilon)}{\log(\varepsilon)} \tag{6.13}$$

③关联维数

关联维数的定义与盒维数的定义大致一样，计算方法也很类似，也是建立在各边长为 X 的单元格覆盖所要研究信号对象样本点概率大小的基础之上的。关联维数定义为

$$d_{\cor} = -\lim_{x \to \infty} \frac{1}{\log X} \log \left[\sum_{k=1}^{N(x)} p^2 \right] \tag{6.14}$$

关联维数对系统时间的过程反应较为敏感，从关联维数上可以通过反映的信号样本点间距离的远近程度来反映信号样本点之间的互相联系程度，关联维数越大，系统确定性越高。

除上述三种分形维数之外，还有容量维数。容量维数与盒维数类似，也是基于 Hausdroff 维数。分形维数的求解方法有面积-周长法、半方差法、计盒维数法等。

实际工况中采集得到的信号是以离散空间点集的网格计数点计算的，采样时间间隔固定，网格计数点的大小可以用来表示信号分形维数的大小。所以网格维数能够很好地反映振动信号的不规则性和非平稳性。

分形维数中实际应用较多的是 G-P 关联维数，设一维数据序列为 $x_1, x_2, \cdots, x_N$，取前 $N - (m-1)\tau$ 个数据，记 $n = N - (m-1)\tau$，其中 m 为嵌入维数，构成一组相空间量，矩阵表示为：

$$X_{n \times m} = \begin{bmatrix} x_1 & x_{1+\tau} & \cdots & x_{1+(m-1)\tau} \\ x_2 & x_{2+\tau} & \cdots & x_{2+(m-1)\tau} \\ \vdots & \vdots & & \vdots \\ x_n & x_{n+\tau} & \cdots & x_{n+(m-1)\tau} \end{bmatrix} \tag{6.15}$$

以 $X_{n \times m}$ 矩阵中的行向量 X_i 为重构空间中的点，任意两点之间的空间距离为

$$S_{ij} = |X_i - X_j| \tag{6.16}$$

给定一个距离 r，检测有多少对距离 S_{ij} 小于 r，并标记其占总数的比例为 $C(r)$。

$$C(r) = \frac{1}{n^2} \sum_{i,j=1}^{n} H(r - s_{i,j}) \tag{6.17}$$

式中，$H(r - s_{i,j})$ ——Heaviside 函数：

$$H(r - s_{i,j}) = \begin{cases} 1, r \geqslant s_{i,j} \\ 0, r < s_{i,j} \end{cases} \tag{6.18}$$

选取合适的距离 r，在无标度区内关联维数 D 有以下关系

$$D(m) = \lim_{r \to 0} \frac{\ln C(r)}{\ln(r)} \tag{6.19}$$

关联维数的大小和时延 τ、点数 N、嵌入维数 m 的大小有关，选取实验中的一组数据进行分析。通过计算 $m = 6$，$N = 1\ 024$，τ 依次为 1、2、3、4、5、6 时，关联维数依次为 0.8 463，0.822 5，0.816 9，0.829 7，0.839 0，0.835 4。可见，τ 的取值为 1 时关联维数最大，所以取 $\tau = 1$。

通过计算 $m = 6$，$\tau = 1$，N 依次为 256，512，1 024，2 048，4 096 时，关联维数大小依次为 0.799 0，0.837 6，0.846 3，0.882 1，0.891 3。虽然点数的增多会造成计算时间延长，为了保证实验结果的可靠性，N 取值为 4 096。

通过计算 $\tau = 1$，$N = 4\ 096$，m 依次为 2 到 12 的关联维数，得出随着嵌入维数的增大，无标度区内直线趋于平行，如图 6.10 所示。最终选取嵌入维数 $m = 8$，得到图形。

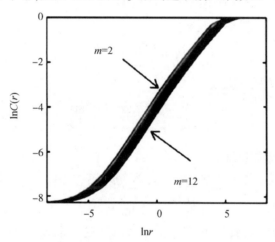

图 6.10　不同嵌入维数的关联维数曲线

（3）多重分形

多重分形（Multifractal）是在之前提出的分形几何的基础上进行了一定的延伸和推广。

①多重分形的概念

从分形被提出来，科学研究者就对分形进行了大量研究，将分形理论和其他学科融合，在应用上取得了多项成果。随着研究的愈加深入和透彻，有一些较为复杂的分形对象，在不同支集上的分形特征是不同的，如果仅仅利用单一分形，那么内在复杂结构的分形特征就不能被很好地表现出来。因此，多重分形应运而生，多重分形与之前提出的经典分形（单一分形）是不同的，它不是一个数，而是一个集合，这个集合是由多个不同标量指数的奇异测度组成的。用来描述多重分形的方式也不一样，通常用谱函数的方

法对多重分形的不同层次的特征进行刻画,不同支集上的分形测度均可以被表达出来。多重分形也可以用另外一种方法——广义分形维数进行描述。这两种多重分形的描述方法之间是可以相互转换的,已知一种参数,可以求得另外一种参数。多重分形的出现让分形几何的理论更加健全,也让分形几何在一些学科的应用中更加具有广泛性和实用性。

②广义分形维数的定义和计算方法

用来对分形进行描述的方法有很多种,而最为常用的就是覆盖法,因为它不仅可以刻画单一分形,还可以用来刻画多重分形。与盒维数计算方法看起来类似,广义分形维数也是对信号用规定尺度的大小为 ε 的盒子进行覆盖,得到覆盖所需的最小盒子数量 $N(\varepsilon)$,同时知道信号样本点落在第 i 个盒子的概率是 $P_i(\varepsilon)$,设定一个参数 q,而用 $k_q(\varepsilon)$ 来表示广义分形维数的广义信息熵:

$$K_q\left(\sum\right) = \ln \sum_{i=1}^{N} \frac{\left[P_i\left(\sum\right)\right]^q}{1-q} \tag{6.20}$$

由此可得到广义分形维数的定义为

$$D_q = \frac{\lim_{\varepsilon \to \infty} \ln K_q(\varepsilon)}{\ln \varepsilon} \tag{6.21}$$

可通过改变 q 来区分具有不同标尺的子集:

当 $q = 0$ 时,D_0 为盒维数

$$D_0 = \frac{\lim \ln N(\varepsilon)}{\ln(1/\varepsilon)} \tag{6.22}$$

当 $q = 1$ 时,D_1 为关联维数

$$D_1 = \frac{\lim_{\varepsilon \to \infty} \sum_{\varepsilon \to 0} P_i(\varepsilon) \ln P_i(\varepsilon)}{\ln \varepsilon} \tag{6.23}$$

当 $q = 2$ 时,D_2 为信息维数

$$D_2 = \frac{\lim_{\varepsilon \to 0} \sum_i P_i(\varepsilon)}{\ln \varepsilon} \tag{6.24}$$

从上面的公式和结果来看,广义分形维数其实是一个集合,而不是单一的一个数,它包含着多种不同的分形维数和测量方法。

广义分形维数的计算步骤如下:

a.信号的离散化:设一个参数 t,然后选择所需的采样长度和确定状态量 $X(t)$,从而采样的特征长度 T 被确定,选择采样的周期 Δt,采样的点数为 $L \approx T/\Delta t$,通过信号的离散化后得到数组 $X(k)$,$k = 1,2,\cdots,L$。

b.确定 ε 网格的划分采样区间:首先设定网格的宽度定义为 $\varepsilon_j = 2j\Delta t$,然后可以得到网格的行数和列数,$s_j = T/\varepsilon_j$ 为 mn 网格定义为第 m 行的第 n 列的网格,设定 j 为网格划分的种类数,图 6.11 所示为 mn 网格的坐标图。

从图 6.11 可得,每一个信号样本点落入的网格的 m 行和 n 列为

$$m = \text{int}\left(\frac{T(k)}{\varepsilon_j}\right) + 1 \tag{6.25}$$

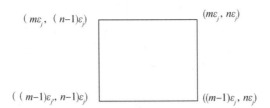

$$(m\varepsilon_j, (n-1)\varepsilon_j) \qquad (m\varepsilon_j, n\varepsilon_j)$$
$$((m-1)\varepsilon_j, n-1)\varepsilon_j) \qquad ((m-1)\varepsilon_j, n\varepsilon_j)$$

图 6.11　网格坐标

$$n = \text{int}\left(\frac{X(k)}{\varepsilon_j}\right) + 1 \tag{6.26}$$

mn 网格覆盖集合的点数记作 d_{mn} ，mn 网格覆盖集合的概率记作 P_{mn}

$$P_{mn} = \varepsilon_j = d_{mn}/L \tag{6.27}$$

关于 mn 网格覆盖点数 d_{mn} 和概率 P_{mn} 可以通过图 6.11 进行计算得到，由式（6.17）可以计算得到一组 $k_q(\varepsilon)$ ，然后就可以计算得到一系列的 $X(j)$ 、$Y(j)$ ，$X(j) = k_q(\varepsilon_j)$ ，$Y(j) = \lg(\varepsilon_j)$ ，$j = 1, 2, \cdots, J$ 。所以可建立下列函数

$$f(D_q, B) = \sum_{i=1}^{J} \left[Y(j) + D_q X(j) - B \right]^2 \tag{6.28}$$

在式（6.25）取最小值的条件下可以得到

$$D_q(\varepsilon_j) = \frac{\displaystyle\sum_{j=1}^{J} k_q(\varepsilon_j)\lg\varepsilon(J) - \sum_{j=1}^{J}\lg\varepsilon_j \sum_{j=1}^{J} k_q(\varepsilon_j)}{\displaystyle\sum_{j=1}^{J}(\lg\varepsilon_j)^2 - (\sum_{j=1}^{J}\lg\varepsilon_j)^2} \tag{6.29}$$

广义分形维数 D_q 就可以通过网格覆盖法计算得到。

③经典分形维数和多重分形维数对比分析

分形几何的出现为分析非线性、非平稳性的复杂信号提供了一种新的几何结构分析方法，是一种研究复杂信号的新思路。分形几何已应用于机械故障诊断领域，用于故障信号特征的提取，并取得了一些成果，为人们研究故障诊断提供了一个新的方向和方法。但是，随着研究的深入，人们发现单一分形维数已经不能够满足研究的需要，因为存在无法精确地刻画复杂振动信号的局部分形特征，不能够从不同层次上完美地刻画出分形特征。而多重分形的出现弥补了分形几何的这个缺陷，它能够从不同层次上对振动信号进行分析和描述，对振动信号的局部特征也能刻画得很好，能够在整体和局部全面地描述振动信号的故障特征。在实际的生产工作中，轴承的振动信号会或多或少地被其他信号污染，利用多重分形刻画仔细的特点，更能够从中找到振动故障特征。描述多重分形有多重分形谱和广义维数两套不同的参数体系，这两种体系是可以相互转换的。广义分形通常定义为

$$D_q = \frac{\lim_{\varepsilon \to 0} \ln K_q(\varepsilon)}{\ln\varepsilon} \tag{6.30}$$

当 q 分别取值为 0、1、2 的时候，可以分别求得分形维数中的盒维数、信息维数和关联维数，不同的 q 的取值得到的结果会对应着大部分单一分形维数。

广义分形维数包含着分形几何中的大部分单一的分形维数。因此，广义的分形维

数比单一分形维数更能够反映复杂信号的局部分形特征。无论是多重分形维数还是单一分形维数,都是基于覆盖法计算得到的,对振动信号都是采用网格划分的。因此,其精度都会有一定的误差。在使用分形维数的时候可以采取近似法或者多次测量尽量减小误差,更好地去刻画振动信号的故障特征。需要注意的是,由于多重分形在刻画局部的细节上功能较为强大,但是也相对加大了计算难度,有时对一些简单处理可能会造成问题的复杂化和误差,而且描述时的准确性未必有单一分形好。所以,在实际问题中,需要通过试验去选择合适的分形方法对信号进行特征的刻画和提取。

(4)分形理论故障应用

①基于纯分形维数的滚动轴承故障诊断

在不同的故障状态下,滚动轴承振动加速度信号的波动细致结构不一样,即分形维数是不同的。同时,由于采集的滚动轴承振动信号是离散的点,这对于故障诊断的预测是不利的。因此;采用把每2 000个振动信号点作为一个新的样本数据点的方法,这样每种滚动轴承状态集合就有60个数据样本点,可以利用新的样本点开展研究。利用盒维数计算每个样本点的分形维数,如图6.12所示。

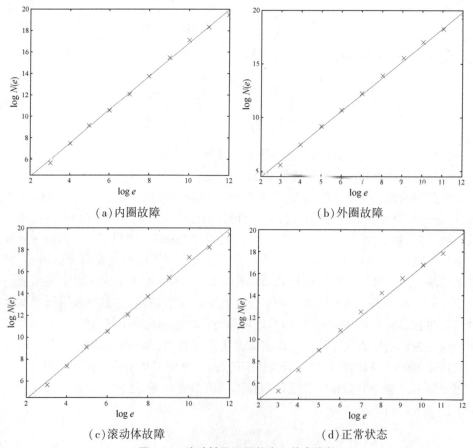

(a)内圈故障　　　　　　　　　　　　(b)外圈故障

(c)滚动体故障　　　　　　　　　　　(d)正常状态

图6.12　滚动轴承不同状态下的盒维数

图6.12中,e是网格大小ε的倒数即$e = 1/\varepsilon$,而$N(e)$是其对应的网格数量,利用最小二乘法拟合,斜率即所求的对应的分形维数(盒维数)。图6.12中,利用盒维数计算方法计算出的各状态下的分形维数的特征对比不明显,因此作出几种状态下分形维数

图,如图 6.13 所示。

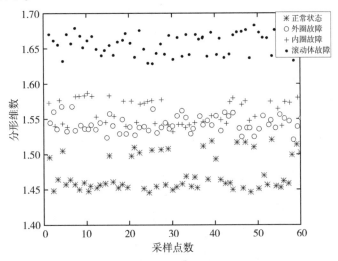

图 6.13　样本点在不同状态下的分形维数的分布

从图 6.13 可以看到,样本点在四种状态下的分形维数分布是区分开来的,但是内圈故障和外圈故障有一部分重叠,而如果将内圈故障和外圈故障看成一个整体的话就十分好区分。利用机器学习的 SVM（支持向量机）模型进行故障诊断的准确率能够达到90% 以上,但是故障诊断需区分开内圈故障和外圈故障,仅利用分形维数进行故障诊断得到的准确率只有约 70%,通过多次训练和一定的参数调节得到的准确率在 75% 左右。因此,只利用纯分形维数进行滚动轴承的故障诊断（区分正常、外圈、内圈和滚动体四类）的效果是不太理想的,需要引进新的方法和分形维数结合起来或者采取改进数据特征提取的方法来提高故障准确率。

②基于多重分形的滚动轴承故障诊断

滚动轴承的振动信号具有非常复杂的细致结构,局部的细小结构也存在一定的差异性,因此本节引入了基于分形理论的多重分形去趋势波动分析(Multifractal Detrended Fluctuation Analysis,MF-DFA)算法对滚动轴承进行故障诊断。

a.多重分形去趋势波动分析

设时间序列 $\{x_k\}$,$k = 1,2,\cdots,N$, MF-DFA 算法步骤如下:

i.基于时间序列 $\{x_k\}$ 构造均累积离差

$$Y(i) = \sum_{k=1}^{i} (x_k - \bar{x}),i = 1,2,\cdots,N \tag{6.31}$$

式中,$\bar{x}$ 表示序列 $\{x_k\}$ 的均值,$\bar{x} = \dfrac{1}{N}\sum_{k=1}^{N} x_k$。

ii.把上述式(6.31)中构造的 $Y(i)$ 分成 N_s 个不重叠的小区间,其中 $N_s = \text{int}(N/s)$,每个小区间包含 s 个样本数据。因为 N/s 不一定是整数,$Y(i)$ 的部分数据可能不被使用,为了使 $Y(i)$ 中的所有数据都被使用,所以再次对 $Y(i)$ 序列进行之前的分解,一共可以得到 $2N_s$ 个等长区间。

iii.在分解完 $Y(i)$ 序列后,用最小二乘法对每个区间 $v(v = 1,2,\cdots,2N_s)$内的 s 个点进行 k 阶多项式进行拟合,求得

$$y_\nu(i) = a_1 i^k + a_2 i^{k-1} + \cdots + a_k i + a_{k+1}, i = 1, 2, \cdots, s; k = 1, 2, \cdots$$

iv.计算均方误差 $F^2(s, \nu)$，当 $i = 1, 2, \cdots, N_s$ 时

$$F^2(s, \nu) = \frac{1}{s} \sum_{i=1}^{s} \{Y[(\nu-1)s+i] - y_\nu(i)\}^2 \tag{6.32}$$

当 $\nu = N_s + 1, N_s + 2, \cdots, 2N_s$ 时

$$F^2(s, \nu) = \frac{1}{s} \sum_{i=1}^{s} \{Y[N-(\nu-N_s)s+i] - y_\nu(i)\}^2 \tag{6.33}$$

v.对于 $2N_s$ 个区间，求 $F^2(s, \nu)$ 的均值，得到 q 阶波动函数 $F_q(s)$

$$F_q(s) = \left\{ \frac{1}{2N} \sum_{v=1}^{2N_s} [F^2(s, \nu)]^{\frac{q}{2}} \right\}^{\frac{1}{q}} \tag{6.34}$$

式中，q 可以取任意不为零的实数。

当 $q = 0$ 时，波动函数为

$$F_0(s) = \exp\left\{ \frac{1}{4N_s} \sum_{\nu=1}^{2N_s} \ln[F^2(s, \nu)] \right\} \tag{6.35}$$

由式(6.35)可以看出，q 的大小会影响到 $F_q(s)$ 的值和决定值大小的参数，当 $q = 2$ 时，就成为了 DFA；当 $q < 0$ 时，小波动偏差 $F^2(s, \nu)$ 的大小主要决定 $F_q(s)$ 的大小；而当 $q > 0$ 时，大波动偏差 $F^2(s, \nu)$ 的大小主要决定 $F_q(s)$ 的大小。

分析 $F_q(s)$ 与 s 的双对数函数，$F_q(s)$ 是关于数据长度 s 和分形波动阶数 q 的函数，随着 s 的增大，$F_q(s)$ 呈幂律关系增大，即

$$F_q(s) \propto S^{h(q)} \tag{6.36}$$

广义赫斯特指数 $h(q)$ 为 $\log F_q(s)$ 对 $\log s$ 函数关系图的斜率，而当序列是平稳时间序列时，$h(2)$ 被称为 Hurst 指数。对于非平稳时间序列，$h(2)$ 的值可以反映出振动信号的相关性，也可以作为信号特征。当 $0.5 < h(q) < 1$ 时，信号具有持久性和长程幂律相关性；当 $h(q) < 0.5$ 时，信号具有负的长程相关性；当 $h(q) > 1$ 时，信号具有持久性的长程相关性，且不存在幂律相关。

一般情况下，波动函数值 $F_q(s)$ 是 s 的增函数。因此，可以利用 MATLAB 做出 $\log F_q(s) - \log s$ 的函数关系图，然后利用拟合工具包求解出 $\log F_q(s)$ 对于 $\log s$ 的斜率，求得的斜率就是广义 Hurst 指数 $h(q)$。在一般情况下，s 的取值不会超过 $N_s/4$，因为取值过大会影响波动函数值。通过判断 $h(q)$ 是否依赖于 q，可以判断序列 $(x_k)_1^N$ 是否为单一分形，当序列 $(x_k)_1^N$ 为单一分形时，偏差 $F^2(s, \nu)$ 在所有区间的标度行为是一致的，从而 $h(q)$ 独立于 q 为一常数。当 $h(q)$ 依赖于 q 时，序列 $(x_k)_1^N$ 则表现出分形特征。

通过上面的方法，只能确定广义 Hurst 指数 $h(q)$ 的性质，而当其无限接近于 0 的时候，信号表现出强烈的逆相关就不能确定信号的性质了，因此需要修正 MF-DFA 过程来满足需求，其中一种简单办法是在 MF-DFA 的第一步求两次累计离差

$$\widetilde{Y}(i) = [Y(k) - \bar{Y}] \tag{6.37}$$

式中，$\bar{Y}$ 为第一次累计离差的平均值。接下来的步骤与 MF-DFA 算法的步骤一样，这样就可以得到广义波动函数 $\widetilde{F}_q(s)$

$$\widetilde{F}_q(s) \propto s^{h(q)} \tag{6.38}$$

在大标度下，$\widetilde{h}(q) = h(q) + 1$。

时间序列 $Y(i)$ 是平稳序列时，MF-DFA 方法就变成了传统的波动分析，记作 FA。式(6.32)可以改写为

$$F_{FA}^2(s,\nu) = [Y(\nu s) - Y((\nu - 1)s)]^2 \tag{6.39}$$

将式(6.38)代入式(6.34)和式(6.35)中得到 $m = N_s$

$$\left\{\frac{1}{2m}\sum_{\nu=1}^{2m} [Y(\nu s) - Y((\nu - 1)s)]^q\right\}^{1/q} \propto s^{h(q)} \tag{6.40}$$

如果只考虑比较简单的情况，N 可以被 s 整除，可以得到

$$|Y(\nu s) - Y((\nu - 1)s)| = \sum_{k=(\nu-1)s}^{\nu s} y_k = p_s(\nu) \tag{6.41}$$

再加上配分函数 $x_q(s)$ 定义标度指数 $\tau(q)$

$$x_q(s) = \sum_{\nu=1}^{m} |p_s(\nu)|^q \sim s^{\tau(q)} \tag{6.42}$$

则可以得到

$$\tau(q) = qh(q) - 1 \tag{6.43}$$

这样就可以得到广义 Hurst 指数 $h(q)$ 和标度指数 $\tau(q)$ 的关系，再通过勒让德 (Legendre) 变换式得

$$\begin{cases} \alpha(2) = \mathrm{d}\tau(q)/\mathrm{d}(q) \\ f(\alpha) = q\alpha(q) - \tau(q) \end{cases} \tag{6.44}$$

因此，可以得到多重分形中奇异指数 α 和奇异谱函数 $f(\alpha)$ 与广义 Hurst 指数 $h(q)$ 的关系

$$\begin{cases} \alpha(q) = h(q) + q\mathrm{d}h(q)/\mathrm{d}(q) \\ f(\alpha) = q[\alpha(q) - h(q) + 1] \end{cases} \tag{6.45}$$

通过 $f(\alpha)$ 可以判别出时间序列是多重分形还是单一分形：如果是单一分形，$f(\alpha)$ 是一个常数；如果是多重分形，$f(\alpha)$ 一般为单峰钟形图像，而把 $f(\alpha) \geq 0$ 的区间记为 $[a_{\min}, \alpha_{\max}]$。

b.基于 MF-DFA 的滚动轴承故障诊断流程设计

运用 MF-DFA 算法可以求出信号数据的奇异指数 α 和奇异谱函数 $f(\alpha)$。奇异指数 α 表示某一区域分形成长的概率，时域上局部概率测度的分布随机程度。其中，多重分形谱宽 $\Delta\alpha = \alpha_{\max} - \alpha_{\min}$，反映了信号整体分形特征的强度，$\Delta\alpha$ 越大，代表着信号的波动越不规则。最大与最小概率分形维数的差值 $\Delta f = f(\alpha_{\max}) - f(\alpha_{\min})$，可反映振动信号的大、小峰值所占的比例，大、小峰值所占的比例和变化速度可以刻画振动的剧烈程度。因此，多重分形谱反映了整个分形结构上概率测度分布的比例、不均匀程度，亦能够全面地描述振动信号的波动程度及振动剧烈程度。

c.试验验证

利用 MF-DFA 算法对样本点进行计算，其中 q 的选取是 -10 到 10，步长需选取为 0.1。得到如图 6.14 所示的 α-$f(\alpha)$ 的滚动轴承四种状态的奇异谱。从图中可以看到，滚动轴承振动信号的奇异谱图是开口向下的抛物线，滚动轴承在不同的状态下 α_0、

α_{max}、α_{min} 有着明显的区别。

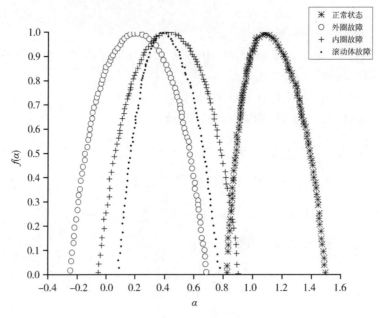

图 6.14　四种状态下的滚动轴承奇异谱图

同时,为了使训练更为准确,再增加一组数据,当 $q = 2$ 时, $h(q)$ 即为 Hurst 指数,反映信号的相关程度,如图 6.15 所示。

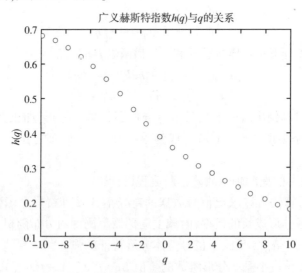

图 6.15　广义赫斯特指数 $h(q)$ 与 q 的关系图

从这个单一图上看不出区别,因此作出滚动轴承四种状态下的广义赫斯特指数 $h(q)$ 与 q 的关系图,如图 6.16 所示。

在选取了 α_0、α_{max}、α_{min} 三个特征后,从图 6.16 看出,可以再选取一个广义赫斯特指数,通常选择 Hurst 指数,在得到四个特征数据后,利用机器学习模型的 SVM 模型和 ELM 模型进行试验验证,其中训练样本和测试样本与之前的试验数据用到的一样,最终得到的诊断准确率能够达到 94.4%,有较好的故障诊断效果。

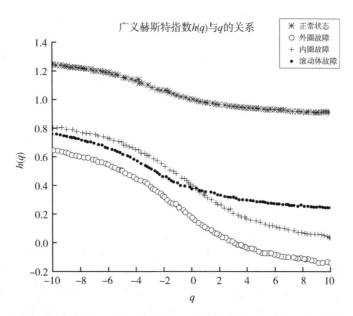

图 6.16　滚动轴承四种状态下的广义赫斯特指数 $h(q)$ 与 q 的关系图

6.2.2 混沌在故障诊断中的应用

混沌系统对初始条件的敏感依赖性揭示出一个微小的扰动在经过长时间的作用后将演变成巨大的波澜,使原系统的运行状态完全改变。可以说,混沌沟通了有序与无序、确定与随机、整体与局部,为故障诊断提供了一个全新的分析思路。

(1)混沌的基本概念

混沌理论与相对论和量子力学一起被称为 20 世纪物理学的三大革命,它架起了概率论和确定论两大理论体系之间的桥梁。混沌一词正式作为现代意义的科学词语,是由华裔科学家李天岩和他的导师约克(Yorke)于 1975 年提出的,在他们发表的《周期三意味着混沌》中对混沌给出了一个数学定义,现称为 Li-Yorke 定义。

设连续的自映射: $f:I \rightarrow I \subset R$,其中 I 是 R 的一个子区间。如果存在不可数集合 $S \subset I$ 满足:

①S 不包含周期点。

②任意给出 $x_1, x_2 \in S(x_1 \neq x_2)$,有

$$\limsup_{t \to \infty} |f^t(x_1) - f^t(x_2)| > 0$$

$$\liminf_{t \to \infty} |f^t(x_1) - f^t(x_2)| = 0$$

这里 $f^t(\cdot) = f(f(\cdots f(\cdot)))$ 表示 t 重函数的关系。

③任意 $x_1 \subset S$ 及 f 的任意周期点 $P \subset I$ 有

$$\limsup_{t \to \infty} |f^t(x_1) - f^t(x_2)| > 0$$

则称 f 在 S 上是混沌的。

以上定义中,前两个极限说明了子集的点 $x_1, x_2 \in S$ 既相当分散又相当集中;而第三个极限又说明子集不会趋近于任意的周期点,因此这个定理本身只能预测存在非周期轨道,但其既不涉及这些非周期点集合是否有非零测度,也不涉及其中哪个周期是稳

定的。因而，Li-Yorke 定义的缺陷在于集合 S 有可能存在零勒贝格测度，在此时混沌是不可观测的，人们感兴趣的是混沌为可观测的情况，即 S 有一个正的测度的情况。

1983 年，Day 根据 Li-Yorke 定义提出一个混沌系统应具有以下三种性质：一是存在所有阶的周期轨道；二是存在一个只含有混沌轨道的不可数集合，且其任意两个轨道既不趋向分离也不趋向靠近交替出现，同时任一轨道不趋近于其他周期轨道，即不存在周期轨道；三是混沌轨道应具有高度的不稳定性。这一定义所提出的周期三意味着混沌。

1989 年，Devaney R L 又给出了混沌的另一种定义：设 X 为一个度量空间，一个连续映射 $f:X \to X$ 称为 X 上的混沌，如果：

①f 是拓扑传递的；

②f 的周期点在 X 中是稠密的；

③f 对初始条件具有敏感的依赖性。

简单来说，混沌的映射需具有不可分解性、不可预测性和有规律性三个要素。正是由于系统对初始条件的极度敏感性，混沌系统变得不可预测；但是又因为拓扑传递性，它不能被分解为或不能被细分为在连续映射 f 下相互影响的两个子系统。尽管这样，在混沌行为中确存在有规律性的成分，即存在稠密的周期点。关于混沌，除了横截同宿点、拓扑混合、Smale 马蹄等定义外，还有以下四种等价的定义：

①混沌是由系统的内部确定性动力过程所产生的非周期的宏观时空行为，它把外在的无序性与内在的规律性有机地融为一体。

②混沌是在非线性确定性系统中，由于系统内部的非线性相互作用而产生的一种非周期的行为。例如，大气由于热对流而导致的湍流就是一种混沌现象。

③混沌是在确定性的非线性动态系统中产生的貌似随机的、不能预测的运动，它对初始条件有着高度的敏感性。

④混沌是对初始条件极为敏感的非线性确定性系统的动态行为，具有正的李雅普诺夫指数。

（2）混沌理论中的相关术语

①相空间（Phase Space）。用一组一阶微分方程描述连续动力学系统的运动，以状态变量（或状态向量）为坐标轴的空间构成系统的相空间。简单理解就是相空间是方程所有可能解存在的空间。

②分叉（Bifurcation）。依赖于某参数的某一动力系统，在该参数取到某一特定值时，系统的定性行为会发生变化。这种定性行为的变化称为分叉。分叉有三种类型：叉型分叉、Hopf 分叉和鞍结分叉。

③吸引子（Attractor）。相空间中的一个子集 A 如果同时满足以下性质：i.对其所在微分方程式的流是不变的；ii.存在一个在该微分方程式的流动下收缩至 A 的邻域；iii.在 A 上的流是循环的；iv.A 不可分解为两个不重叠的部分，则称 A 为吸引子，吸引子应具有低于相空间维数的维。

④李雅普诺夫指数（Lyapunov Exponent）。用于度量相空间中两条初始条件不同的相邻轨迹随时间按指数规律收敛或发散的程度，这种轨迹收敛或发散的比率，称为李雅普诺夫指数。它可以定量地表示映像中相邻点相互分离的快慢或奇怪吸引子中轨道分离的快慢。

⑤同宿点(Homoclinic Point),异宿点(Heteroclinic Point),同宿轨道(Homoclinic Orbit),异宿轨道(Heteroclinic Orbit)。从一个鞍点到另一个鞍点的运动轨迹称为异宿轨道;当两个鞍点合二为一时,从一个鞍点到鞍点本身的轨线称为同宿轨道;同一鞍点的稳定流形和不稳定流形的交点称为同宿点;鞍点的稳定流形与另一鞍点的不稳定流形的交点称为异宿点。只要两个流形相交于一个同宿点或异宿点,它们就一定会相交于无穷多个同宿点与异宿点。两个鞍点的稳定流形和不稳定流形之间无穷多次缠结在一起时的现象称为异宿缠结,它是一种伸长和折叠的机制,标志着混沌的产生。

⑥流形(Manifold)。一个点、一条曲线、一个曲面、一个体积或其在多维空间中的推广。

⑦普适性(Universality)。不同系统在趋于混沌时会表现出某些共同的特征,不会以具体的系统方程或系统参数而改变,这种共同的特征称为普适性。

⑧非线性系统(Nonlinear System)。其初始状态的变化未必会导致后续状态成比例地变化的系统,即不是线性系统。

⑨分维(Fractional Dimension)。分形的定量表征,反映耗散系统奇怪吸引子的结构或描述该吸引子演化所必需的状态变量的最小数目。

⑩耗散系统(Dissipative System)。这种动力系统相空间的有限体积的任何点集的映像都是更小体积中的点集。耗散系统也能够出现混沌,其相应的吸引子是奇怪吸引子。

⑪噪声(Noise):具有相对性,通常可以分为色噪声和白噪声。色噪声是具有非零相关时间的噪声,相关函数为指数型的高斯白噪声(White Gaussian Noise)是一种常用的色噪声模型。

⑫受迫杜芬振子(Forced Duffing Oscillator)。1918 年,Duffing G. 提出用带立方恢复力项的非线性振子方程来描述力学问题中所观察到的加硬弹簧的效应。典型的 Duffing(杜芬)方程是 $\ddot{x} + k\dot{x} - x + x^3 = \gamma\cos(\omega t)$,其中,$k$ 和 γ 分别为阻尼系数和驱动力强度,且均为正值,$\gamma\cos(\omega t)$ 为系统的驱动力。振子又称振动子或振荡器,表示一种能够产生某类型动力学行为的系统。

⑬混沌控制(Chaos Control)。对于一个给定的混沌吸引子,只需对系统添加十分微小的扰动就可以得到某个预期的周期行为。

(3)混沌模型举例

目前已有很多模型可以用于混沌信号的产生及建模,这些模型表现出了丰富的混沌行为,得到了广泛而深入的研究。

①Logistic 数学模型

由于孤立的单一群体几乎不可能存在于自然界中,所以群体数目的多少取决于食物的来源、竞争者、捕食者等因素。在生态学中,研究动植物群体与环境之间的相互作用非常重要。

假设有某种昆虫,在不存在世代交叠的前提下,即每年夏天成虫产卵后全部死亡,第二年春天每个虫卵均可孵化为虫。显然,如果每只昆虫产卵的数量大于1,虫口数量就会迅速增加。但是随着虫口数量的不断增多,虫口之间就会相互争夺有限的食物和空间,也可能因为接触感染而导致疾病,这些因素都会导致虫口数量的减少。考虑到虫口数量正增长和负增长(即激励与抑制)两方面因素的作用,经过一系列的数学抽象和变化后,得到虫口模型(Logistic 映射)如下:

$$x_{n+1} = f(x_n, \mu) = \mu x_n (1 - x_n) = \mu x_n - \mu x_n^2 \tag{6.46}$$

式中, x_n 和 x_{n+1} 分别表示第 n 代和第 $n+1$ 代昆虫出生的数量; μ 为控制参数,表示各种因素对昆虫群体数目的综合影响情况。

为了方便讨论问题,一般将式(6.46)中的 x_n 进行归一化,即 $x_n \in [0,1]$。由于 $x_n \in [0,1]$,故 μ 不得大于4,因此 μ 的取值范围为 $0 \leq \mu \leq 4$。由此式可见,其右端第一项 μx_n 表示第 $n+1$ 代的虫口数量 x_{n+1} 与第 n 代的虫口数量 x_n 成正比,第二项 $-\mu x_n^2$ 则是由于环境因素引起的非线性项,即由于昆虫群体与环境的相互作用引起的 x_{n+1} 存活率下降。

这是一个最简单的非线性动力学模型,该模型又被称为抛物线映射,其蕴含着丰富的现代混沌理论的基本思想,包括倍周期到混沌、分岔等非线性理论的基本框架和模式。系统的解会随着控制参量的变化(迭代次数 n 的推移,参量 μ 的变化)而变化。接下来研究系统轨道的长期行为,即式(6.46)所示系统在迭代次数足够大以后,所表现出来的那些稳恒行为。

不动点是曲线 $f(x)$ 和直线 $y = x$ 的交点,如图6.17所示,系统的不动点反映了系统的动态行为。此时,不动点方程为

$$x = \mu x (1 - x) \tag{6.47}$$

解方程得出方程的不动点(如图6.17所示)

$$O \text{ 点}: x = 0$$

$$A \text{ 点}: x = 1 - \frac{1}{\mu} \tag{6.48}$$

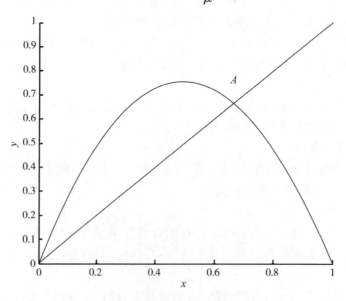

图 6.17 Logistic 映射不动点

对于不动点而言,其稳定性由不动点处映射 $y = f(x)$ 的斜率 $|f'(x)|$ 决定,即当 $|f'(x)| < 1$ 时,不动点是稳定的;

当 $|f'(x)| > 1$ 时,不动点是不稳定的。

这时

$$f'(x) = \mu - 2x\mu \tag{6.49}$$

由上式看出,系统不动点的稳定性依赖于参数 μ,即参数 μ 取不同的值时,系统的迭代过程产生不同的动态行为。下面取参数 $\mu = 3.8$,利用计算机得到系统经过 150 次迭代的行为,如图 6.18 所示。

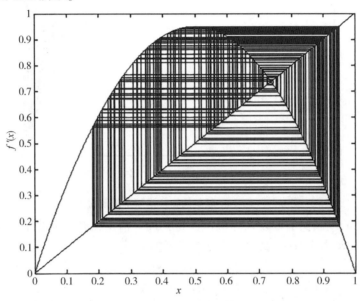

图 6.18　参数 $\mu = 3.8$ 时的系统迭代图

参数 μ 的取值区间是 $[0,4]$,通过研究发现在参数 μ 由 0 逐渐增大到 4 的过程中,系统的不动点会出现由稳定于一个点演化到稳定于两个点,再到稳定于四个点之间的周期变化。随着参数 μ 的逐渐增大,系统的稳定点按照倍周期分化不断地增加,直到后来出现混沌状态。

通过对式(6.47)所示模型系统编写相应的程序,得到系统的定态解在随参数 μ 由 0 增加到 4 的变化下的分叉过程,如图 6.19 所示。

由图 6.19 可看出参数 μ 对系统的影响。参数 μ 在 $(0,1)$ 范围内取值时,系统只有一个稳定的平衡点,即零点,这是 1 周期解,对应系统的稳定态。

μ 在 $(1,3)$ 范围内取值时,系统长时间的迭代也是收敛的,总是趋向一个稳定的不动点,这是个非零的 1 周期解,同样对应系统的稳定态。

μ 在 $(3,3.569\ 9)$ 范围内取值时,系统的迭代结果出现跳跃情况,即倍周期分叉开始。μ 在 $(3,3.499)$ 范围内取值时,系统为 2 周期,在 $(3.449,3.544)$ 范围内取值时为 4 周期。随着参数 μ 的不断增大,分叉越来越密,系统混沌程度越来越突出,直至 $\mu = 3.569\ 9$ 时系统的分叉周期变为 ∞,最后归宿为无穷多的不同值,表现出极大的随机性。而系统周期为 ∞ 就相当于不存在周期,系统开始进入混沌状态,其取值范围是 $[3.569\ 9,4]$。

②Lorenz 数学模型

Lorenz(洛伦兹)系统是 20 世纪 60 年代初期美国气象学家洛伦兹在研究气象预报

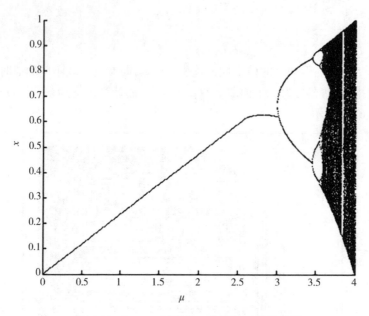

图 6.19　Logistic 映射的 x 分量随 μ 的演化图

时,对一个强化的气候模型进行计算机试验得到的。洛伦兹系统是世界上第一个表现出奇异吸引子的动力学系统,其数学模型的形式如下

$$\begin{cases} \mathrm{d}x = -\alpha x + \alpha y \\ \mathrm{d}y = \beta x - xz - y \\ \mathrm{d}z = xy - \gamma z \end{cases} \qquad (6.50)$$

式中,α、β 为常数。

　　上式是三个耦合的非线性一阶微分方程,可以看出,该方程总有 $x = y = z = 0$ 解,此外,当 $\beta \geqslant 1$ 时还可以得到解 $x = y = \sqrt{\gamma(\beta - 1)}$,$z = \beta - 1$。方程中 x、y、z 为无量纲,系统参数取 $\alpha = 10$,$\beta = 28$,$\gamma = 8/3$ 时,系统自任意初始状态出发最终都会回到状态空间的特定区域内,其吸引子根据指数发散的邻近轨线表征,演化是非周期的,具有奇特的结构,此时的系统进入混沌状态,即著名的蝴蝶效应,如图 6.20 所示。

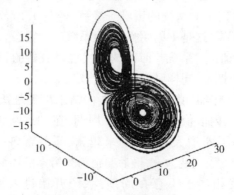

图 6.20　Lorenz 系统吸引子

　　上述过程表明,初始条件极小的变化会随着时间的推移而明显地改变系统的宏观行为,反映在状态空间中。初始状态非常接近的两条轨道,在较短的时间内是比较靠近

的,然后会迅速远离,如果由系统的初始状态预测其长期行为,会因为误差的快速变大,使长期行为的预测受到根本的限制。由此也说明混沌系统具有长期不可预测性。

③Duffing 数学模型

Duffing 方程可以由弱非线性单摆的运动演化而来。有驱动力方程为

$$\ddot{x} + k\dot{x} - x + x^3 = F\cos(\omega t)\mu \tag{6.51}$$

式中,k 是阻尼比;F 和 ω 分别是周期驱动力幅值和角频率。

当阻尼比和驱动力都取零时,式(6.51)变为

$$\ddot{x} - x + x^3 = 0 \tag{6.52}$$

对其积分

$$\frac{1}{2}(x)^2 + \frac{1}{2}\left(\frac{1}{2}x^4 - x^2\right) = E \tag{6.53}$$

由系统能量 $K+V=E$ 得到

$$V = \frac{1}{2}\left(\frac{1}{2}x^4 - kx^2\right) \tag{6.54}$$

令 $dV/dx = 0$,可得到系统的三个定常态:$(0,0)$,$(1,0)$,$(-1,0)$。经分析可知,$(0,0)$是鞍点,$(-1,0)$和$(1,0)$是中心点。系统吸引子围绕中心点做周期运动,周期随振幅的增大而延长。

当系统阻尼比不为零时,定常态$(-1,0)$和$(1,0)$变为稳定的焦点吸引子,此时两个中心点就像位势的两个槽,同时鞍点则像是位势的一个脊,如图 6.21 所示。

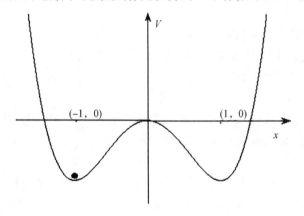

图 6.21　强迫振动的混沌模型

若有一小球起初在左槽内振动,随着时间的延长,小球会被吸引到左槽的底部;若小球起初在右槽内振动,则同样会被吸引到右槽的底部。此时的系统只有耗散力而无驱动力,阻尼耗散能量使得运动衰减。

若在系统中加入驱动力,如式(6.51)的右项 $F\cos(\omega t)\mu$,并不断调节驱动力幅值 F,调节到驱动力和阻尼力可比拟时,左槽中的小球在左槽中振荡若干次后就会跳到右槽,在右槽中振荡几次后又跳到左槽,且在左、右槽来回振荡的次数不定,这就演化为非周期的运动。

上述系统所示的动力学运动可通过如图 6.22 所示的试验平台形象地展示出来。钢架振动时,需考虑到驱动力。在钢架按固定的频率振动的情况下,当其振幅较小时,可

看到钢片在某一磁铁附近周期性振动;当其幅值增大到一定程度后,钢片会瞬时处于在两块磁铁之间无规则运动的状态:它在某个磁铁附近振动几次后,突然弹到另一磁铁附近振动几次,然后又弹回来振动。钢片在任何一侧时振动次数互不相同,这是一种混沌运动。

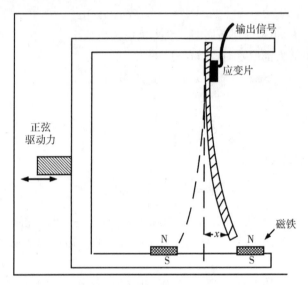

图 6.22　钢片在磁场强迫下的运动

(4)混沌运动基本特征

混沌运动是一种不稳定的有限定常运动,局限在有限区域但轨迹永不重复的复杂运动,有时也被描述为周期为无穷大的周期运动或随机运动。同其他复杂的现象相比较,混沌运动具有其独有的特征。

①随机性

处于混沌状态的非线性系统,其动态行为将随着时间的延长显现为随机性。用 Logistic 映射作为例子,假设参数 $\mu = 4$,系统的数学方程为:

$$x_{n+1} = 4x_n(1 - x_n) \tag{6.55}$$

此时的系统处于混沌状态,初值 x_0 可取区间$(0,1)$内任一值,进行迭代运算,得到一时间序列:$\{x_n\} = \{x_0, x_1, \cdots, x_n\}$,该序列就是系统的运动轨迹。对此运动轨迹进行分析,可以观察到该轨迹可能收敛于一个值,可能是周期运动状态,也可能是既不收敛也不是周期运动状态,表现为一种杂乱无章的运动形式。混沌信号在时域上呈现出较强的随机性,但与随机信号不同,它是由确定的系统产生的。理论上,对于确定的线性系统,当初值给定后,其运动轨迹是唯一确定的。因此,这种混沌随机性是非线性系统的特性。

②对初值条件的敏感性

对初值条件的敏感性表现为对一混沌轨道施加无穷小的扰动,随时间的演化,该轨道以指数发散的形式偏离原轨道。以式(6.55)所示系统为例,系统的初始值分别取为 $x_0 = 0.000\ 1$ 与 $\dot{x}_0 = 0.000\ 099$,两个初始值的差别很小,仅相差 10^{-6},进行迭代。通过迭代运算得到系统在不同的初始值条件下的轨迹,如图 6.23 所示:开始时刻迭代值非常接近,几乎重合,但经过多次迭代后,其数值曲线明显不同,这也验证了混沌系统对初始值的敏感依赖性。

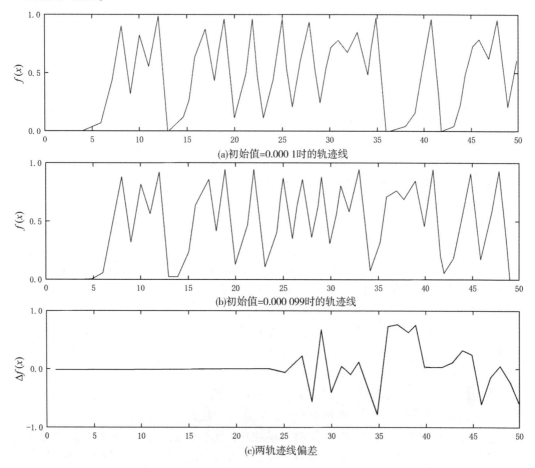

图 6.23　初始值的敏感性

③长期不可预测性

即使混沌系统的方程完全正确,其他条件也十分确定,对其进行长期预测也很困难,即其运动状态具有长期不可预测性。混沌的长期不可预测性是由混沌的非线性动力学特性决定的,它对初始条件的极度敏感性表明对其进行预测将存在一定难度。

④遍历性

遍历性是指混沌运动有限时间内混沌轨道不重复地经过混沌区内的每一个状态点。

⑤有界性

混沌运动的轨道始终限定于一个有限的区域内,这个区域就是所谓的混沌吸引域,即使系统内部十分不稳定,其轨道也不会偏离出混沌吸引域,所以说混沌系统从总体上是稳定的。

⑥分维性

混沌运动在相空间中的运动轨线在某个有限区域内经过无限次折叠,形成的一种特殊曲线。这种曲线的维数是分数而不是整数。

⑦整体稳定而局部不稳定

系统受到微小的扰动后仍能够保持原状态的属性和能力称为系统稳定性。由于混沌系统对初始值具有极敏感性,它在局部表现出很强的不稳定性;但是,混沌的有界性又使其混沌轨道永远不能超出混沌吸引域,所以混沌系统从整体上看是稳定的。

⑧普适性

普适性是不同系统在趋于混沌时表现出来的某些共同特征,它不因具体的系统方程或参数的不同而改变。普适性是混沌内在规律性的一种体现。

(5)混沌的研究方法与判断准则

①混沌的研究方法

由于混沌不是无序的,它的内部结构既复杂又丰富,因此要从多个不同角度来分析其内涵。目前,常用的分析方法有统计描述法、试验法、数值法和解析法。

A.统计描述法

a.遍历性。如果一个两自由度系统同时含有混沌区域和 KAM 曲线,则此系统不是遍历的。也就是说,一个系统是遍历的,但未必是混沌的。

b.李雅普诺夫指数。该指数既可用于耗散系统,也适用于 Hamilton 系统。若耗散系统的最大李雅普诺夫指数是正值,则该耗散系统做混沌运动并产生奇怪吸引子。这种判断方法给出了一个定量标准,具有高准确性。

c.测度熵。用来度量动力学系统运动轨道分裂数目渐近增长率,测度熵、李雅普诺夫指数和 Hausdorff 维数三者之间存在一定的关系,可作为衡量混沌性质的尺度。

B.试验法

该方法的实质是在试验结果的基础上对系统进行建模,常用的方法之一是相空间重构法。由状态空间运动产生的相空间是最常用的非线性动力系统模型。Takens 提出了基于混沌系统和物理观察量来获得动力系统几何信息的思想,并在理论上证明,原动力系统模型在一定程度上可由系统的一个观察量重构出,并且重构出的模型与用来重构的信号成分无关。

C.数值法

a.混沌运动的相图。对于用 n 维常微分方程表示的动力系统,相图就是系统方程的解在 n 维相空间中描述出的曲线。

b.胞映射法。该方法的基本思想是将状态空间 R^n 离散化,变为胞状态空间 C^n,状态变量 x_i 随之变为胞状态变量 z_i,点离散成胞,将一个动力学系统演化由点映射:$x(j+1) = F(x(j),\lambda)$ 变为胞映射即 $z(j+1) = C(z(j),\lambda)$。

c.混沌的功率谱。由于混沌运动是非周期的、复杂的运动,其功率谱与准周期运动或周期运动的离散谱线不同,是连续的谱。

D.解析法

解析法的基本思想是在动力学方程已给定的前提下,通过判断奇怪吸引子来确定混沌运动。研究混沌现象比较常用的两种解析方法为 Mel′nikov 法和 Shilnikov 法,Mel′nikov法也可以说是寻找横截同宿点的方法。若一个二维离散动力系统中存在横截同宿点,则该系统将出现 Smale(马蹄)现象(即在耗散扰动可积系统时分界线是否出现混沌),可通过 Mel′nikov 法来判别。与 Mel′nikov 法一样,Shilnikov 法也是先把所研究的系统化为一个二维映射系统;但不同的是,Shilnikov 法不是验证是否存在横截同宿点,而是通过估计来说明此映射存在 Smale 马蹄变换意义下的混沌。

②混沌现象判别准则

所有混沌运动必定是非线性运动,但是非线性运动不一定均是混沌运动。混沌运动具有非周期性及复杂性,因此需要从多方面来分析确定一个系统是否能够产生混沌。下面介绍几种常用的判别系统或时间序列是否有混沌特性的方法。

A.时域分析法

该方法就是画出系统动力学行为的时间曲线,因此又称波形图法,该曲线图反映了系统运动轨迹随时间的变化规律。

B.谱分析法

谱分析法是混沌研究的一个重要方法,任意形式的周期为 T 的信号 $x(t)$ 都可视为是由基振(频率为 $\omega_0 = 2\pi/T$)与其一系列泛谐振($n\omega_0$)叠加得到的,各泛谐振的振幅与频率的关系为一分立谱,即一系列离散的尖峰。由于非周期运动的时间函数不能展开为傅里叶级数,只能进行傅里叶积分,因此非周期运动的频谱是连续谱。显然,随机运动(包括混沌)的频谱是连续谱。由于频谱并不能充分描述随机运动或混沌运动的某些特性,可采用功率谱法(自相关函数的傅里叶积分)来研究随机运动和混沌运动的特性。

自相关函数的定义为

$$C(\tau) = \lim_{T \to \infty} \frac{1}{T} \int_{-T/2}^{T/2} x(t)x(t+\tau)\mathrm{d}t \tag{6.56}$$

式中,τ 是时间延迟。

对自相关函数进行傅里叶变换得

$$S(\omega) = \frac{1}{2\pi} \int_{-\infty}^{+\infty} C(\tau)\mathrm{e}^{-\mathrm{j}\omega t}\mathrm{d}\tau \tag{6.57}$$

周期运动的自相关函数仍是周期函数,因此周期运动的功率谱是离散的分立谱,即尖峰只出现在基频及其倍频处;随机运动(如白噪声)的功率谱是平滑连续的;对于不规则的但又不是完全随机的运动(如混沌运动),其自相关函数可以看作随机运动与规则运动的叠加,故混沌运动的功率谱是连续谱与一些具有一定宽度的线状谱的叠加。

C.非整数维

维数在传统的定义当中都是整数,然而在混沌的研究中,由于奇怪吸引子的形状极为复杂,既像线,又像面,很难用传统的维数来定义。因此需要重新定义维数,使它既可以对简单的线、面、体等集合特征所得到的维数与传统定义所得到的维数相一致,也可以较精确地描述复杂几何图形的维数。维数 k 的计算公式为

$$维数\ k = \lim_{\varepsilon \to \infty} \frac{\log N(\varepsilon)}{\log\left(\dfrac{1}{\varepsilon}\right)} \tag{6.58}$$

式中,N 为测量维数 k 的物体的大小所得数值;ε 为测量所用长度单位。

按照式(6.58)这样定义的维数称为容量维数。吸引子的容量维数是非整数,常被看作混沌解的一个重要特征。

D.庞加莱截面法

在多维相空间中选取某一适当截面,固定此截面上某一对共轭变量的值,此时的截面称为庞加莱截面。同时,相空间的连续轨迹与庞加莱截面的交点称为截点。通过观察庞加莱截面上截点的情况来判断是否有混沌发生:

a.有且只有一个不动点或少数离散点时,系统是周期的;

b.为一条封闭的曲线时,系统是准周期的;

c.为一些成片的具有分形结构的密集点时,系统是混沌的。

E.李雅普诺夫指数法

对于某一平面非自治系统,其相应的庞加莱映射为

$$x_{n+1} = X(x_n, y_n)$$
$$y_{n+1} = Y(x_n, y_n)$$

(6.59)

其雅可比矩阵是

$$J(x_n, y_n) = \begin{bmatrix} \dfrac{\partial X}{\partial x_n} & \dfrac{\partial X}{\partial y_n} \\ \dfrac{\partial Y}{\partial x_n} & \dfrac{\partial Y}{\partial y_n} \end{bmatrix}$$

(6.60)

假设从初始点 $P_0(x_0, y_0)$ 开始,经过逐次映射得到的点列为 $P_1(x_1, y_1), P_2(x_2, y_2), \cdots, P_n(x_n, y_n)$,则前 $n-1$ 个点处的雅可比矩阵为

$$J_0 = J_0(x_0, y_0), J_1(x_1, y_1), \cdots, J_{n-1}(x_{n-1}, y_{n-1})$$

令 $J^{(n)} = J_{n-1} J_{n-2} \cdots J_1 J_0$,并设为 $j_1^{(n)}, j_2^{(n)}$ 为 $J^{(n)}$ 的特征值的模且 $j_1^{(n)} > j_2^{(n)}$,则李雅普诺夫指数为

$$L_1 = \lim_{x \to \infty} \sqrt[n]{j_1^{(n)}}, L_2 = \lim_{x \to \infty} \sqrt[n]{j_2^{(n)}}$$

其中,$J_0, J_1, \cdots, J_{n-1}$ 均为对角矩阵,即

$$J_0 = \begin{pmatrix} \lambda_1^{(0)} & 0 \\ 0 & \lambda_2^{(0)} \end{pmatrix}, J_1 = \begin{pmatrix} \lambda_1^{(1)} & 0 \\ 0 & \lambda_2^{(1)} \end{pmatrix}, \cdots, J_{n-1} = \begin{pmatrix} \lambda_1^{(n-1)} & 0 \\ 0 & \lambda_2^{(n-1)} \end{pmatrix}$$

则

$$J^{(n)} = \begin{pmatrix} \lambda_1^{(n)} \lambda_1^{(n-1)} \cdots \lambda_1^{(1)} \lambda_1^{(0)} & 0 \\ 0 & \lambda_2^{(n)} \lambda_2^{(n-1)} \cdots \lambda_2^{(1)} \lambda_2^{(0)} \end{pmatrix}$$

从而有 λ

$$j_1^{(n)} = \lambda_1^{(n)} \lambda_1^{(n-1)} \cdots \lambda_1^{(1)} \lambda_1^{(0)}$$
$$j_2^{(n)} = \lambda_2^{(n)} \lambda_2^{(n-1)} \cdots \lambda_2^{(1)} \lambda_2^{(0)}$$

由此得

$$L_1 = \lim_{x \to \infty} \sqrt[n]{\lambda_1^{(n)} \lambda_1^{(n-1)} \cdots \lambda_1^{(1)} \lambda_1^{(0)}}$$

(6.61)

$$L_2 = \lim_{x \to \infty} \sqrt[n]{\lambda_2^{(n)} \lambda_2^{(n-1)} \cdots \lambda_2^{(1)} \lambda_2^{(0)}}$$

(6.62)

由以上分析可知,L_1 和 L_2 分别表示点变换时沿 x 轴和沿 y 轴距离伸长或缩短倍数的平均值,其值大于1表示距离伸长,小于1表示距离缩短。如果 $L_1 > 1, L_2 < 1$,就可能有 Smale 马蹄映射出现,进而有可能出现混沌。作为一个强有力的实验手段,李雅普

诺夫指数把不稳定的、混沌的行为从那些稳定且可预言的行为中分离开来,并测量这些特性,它已经成为衡量、评价和测量混沌行为的一个关键。

(6)基于混沌 Duffing 振子的微弱信号检测方法

Duffing 振子是一种常见的混沌振子,由于方程中非线性项的存在,它具有非常丰富的动力学特性。下面从定量和定性分析的角度,研究混沌 Duffing 振子的状态随周期驱动力幅值的变化规律,尤其研究其混沌运动的出现规律和出现条件,阐述混沌 Duffing 振子对幅值参数具有敏感性的原因。

①混沌 Duffing 振子的描述

1918 年,Duffing G.在深入研究了具有非线性恢复力项的受迫振动系统之后,引入了一个具有立方项的非线性振子,用于描述许多机械问题中的硬弹簧效应。这一标准化的动力学方程即称为 Duffing 方程:

$$\ddot{x} + k\dot{x} + f(x) = g(t) \tag{6.63}$$

式中, k 是阻尼比; $f(x)$ 是一个含三次项的非线性函数; $g(t)$ 是一个周期函数。

1979 年,Moon 和 Holmes 将其修改为描述处在两个永久磁铁的非均匀场中的支架梁的强迫振动。这种非线性振动问题可以看成一个两端固定的铁片在外力驱动下的振动,或考虑一端固定,另一端自由的铁片处于两块磁铁之间及在外力驱动下的运动等。由此得到规范化的 Holmes 型 Duffing 方程。

$$\ddot{x} + k\dot{x} - ax + bx^3 = A\cos(\omega t) \tag{6.64}$$

对应于式(6.63), $f(x) = -ax + bx^3$, a 、 b 均为大于零的正实数,称为系统参数; $g(t) = A\cos(\omega t)$,描述了一个幅值为 A 、圆频率为 ω 、初相位为 0 的周期驱动力。

方程(6.64)是一个看似简单的确定性方程,已有学者证明其解 $x(t)$ 具有存在性和唯一性。但是,由于方程中非线性项的存在,一方面,方程具有非常复杂的动力学特性,即有混沌特性;另一方面,方程的解不存在精确的解析表达式,需借助数值仿真手段对非线性微分方程进行仿真求解。

采用改进的四阶 Runge-Kutta 算法。对于形如

$$\ddot{x} + k\dot{x} + f(t, x) = sn(t) \tag{6.65}$$

的非线性微分方程,可以将其化为状态空间

$$\begin{cases} \dot{x} = y \\ \dot{y} = -ky - f(t, x) + sn(t) \end{cases} \tag{6.66}$$

的形式。将方程组(6.66)进行离散化之后,利用四阶 Runge-Kutta 算法求解方程组(6.66)的迭代过程可表示为

$$\begin{cases}
x_{n+1} = x_n + \dfrac{1}{6}(K_1 + 2K_2 + 2K_3 + K_4) \\[2mm]
y_{n+1} = y_n + \dfrac{1}{6}(L_1 + 2L_2 + 2L_3 + L_4) \\[2mm]
K_1 = h \cdot y_n \\[1mm]
L_1 = h \cdot [-ky_n - f(t_n, x_n) + sn(t_n)] \\[2mm]
K_2 = h \cdot \left(y_n + \dfrac{L_1}{2}\right) \\[2mm]
L_2 = h \cdot \left[-k\left(y_n + \dfrac{L_1}{2}\right) - f\left(t_n, x_n + \dfrac{K_1}{2}\right) + sn(t_n)\right] \\[2mm]
K_3 = h \cdot \left(y_n + \dfrac{L_2}{2}\right) \\[2mm]
L_3 = h \cdot \left[-k\left(y_n + \dfrac{L_2}{2}\right) - f\left(t_n, x_n + \dfrac{K_2}{2}\right) + sn(t_{n+1})\right] \\[2mm]
K_4 = h \cdot (y_n + L_3) \\[1mm]
L_4 = h \cdot [-k(y_n + L_3) - f(t_n, x_n + K_3) + sn(t_{n+1})]
\end{cases} \tag{6.67}$$

其中，h 为计算步长，是一常数。除特别说明外，初始条件均设为 $x(0) = \dot{x}(0) = 0$，计算步长 h 均取为离散信号的时间间隔，即信号采样频率 f_s 的倒数。

②混沌 Duffing 振子的动力学特性分析

Duffing 方程是研究最为充分的混沌连续动力系统模型之一。Duffing 混沌系统是一个典型的具有混沌特性的非线性动力学系统，具有丰富的非线性动力学行为，包括分岔、周期运动和混沌等复杂形态。采用 Mel'nikov 方法，并辅以其他相关理论，详细研究 Holmes 型 Duffing 方程(6.64)的动力学行为，同时从相轨迹角度描述 Duffing 系统状态，从而阐述基于混沌 Duffing 振子相轨迹变化检测微弱特征信号的基本原理。

A.无摄动的 Duffing 方程的相轨线

首先考虑无摄动的 Holmes 型 Duffing 方程，即方程(6.64)中没有外加周期力扰动（外力振幅等于零）的情况，方程可改写为

$$\ddot{x} + k\dot{x} - ax + bx^3 = 0 \tag{6.68}$$

或进一步改写为状态空间的动力学方程形式

$$\begin{cases} \dot{x} = y \\ \dot{y} = -ky + ax - bx^3 \end{cases} \tag{6.69}$$

同时令 $\dot{x} = 0, \dot{y} = 0$，很容易求得方程(6.69)在相平面 $\mathbb{R}^2$ 上的定点如下：

a.不稳定定点（鞍点）$S(0, 0)$；

b.稳定定点（焦点）$F_1(-\sqrt{a/b}, 0)$；

c.稳定定点（焦点）$F_2(\sqrt{a/b}, 0)$。

定点分布如图 6.24 所示。研究表明，不同初始条件的轨线被通过不稳定定点 S 的两轨线（称为分界线）分隔为两个区域：初始条件在图 6.24 中实线区域的轨线最终都趋于左侧的稳定定点 F_1，其余初始条件的轨线则都趋于右侧的稳定定点 F_2。这表明

Duffing 方程的整个相空间(或相平面)被划分为不同的流域或吸引域,不同流域中的轨线将趋于不同的稳定定点或者趋于无穷远。

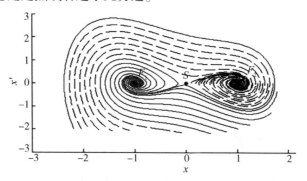

图 6.24　Duffing **方程的定点**(S、F_1 和 F_2)**和不同流域**

[其中方程(6.68)中参数 $k = 0.5$, $a = b = 1$]

对无摄动的 Duffing 方程(6.68),在参数 $k = 0$, $a = b = 1$ 的条件下,进一步考虑无阻尼的系统

$$\ddot{x} - x + x^3 = 0 \tag{6.70}$$

这是一个 Hamilton 保守系统,系统的总能量是一个守恒量,定义 Hamilton 函数等于系统的总能,可以很方便地求出 Hamilton 函数。

令 $y = \dot{x}$, 式(6.70)变为

$$\begin{cases} \dfrac{\mathrm{d}x}{\mathrm{d}t} = \dfrac{\partial H}{\partial y} = y \\ \dfrac{\mathrm{d}y}{\mathrm{d}t} = -\dfrac{\partial H}{\partial x} = x - x^3 \end{cases} \tag{6.71}$$

其 Hamilton 函数为

$$H(x,y) = \frac{y^2}{2} - \frac{x^2}{2} + \frac{x^4}{4} \tag{6.72}$$

图 6.25 所示为方程(6.70)系统相平面的相轨迹、奇点和几何特征。系统存在 3 个奇点,$(0,0)$ 为鞍点,$(\pm 1,0)$ 为中心,这与状态空间方程(6.69)的分析是一致的。由于轨道是由 Hamilton 量相等的点组成的,所以轨道实际上是系统的等能线。根据系统能量的不同,可将轨道分为 3 种:经过鞍点的形状为 ∞ 的左、右两条轨道称为同宿轨道 $q_\pm^1$,其 Hamilton 量为零;在同宿轨道以外的轨道簇 q_0^k 称为外轨,其 Hamilton 量在 $0 \sim +\infty$;在同宿轨道内的左、右两对轨道簇 $q_{i\pm}^k$ 称为内轨,其 Hamilton 量在 $-\dfrac{1}{4} \sim 0$。下面分别给出其参数方程。

i.同宿轨道 $q_\pm^1$

令 $H(x,y) = 0$,可得

$$\frac{\mathrm{d}x}{\mathrm{d}t} = \pm x \sqrt{1 - \frac{x^2}{2}} \tag{6.73}$$

求解方程(6.73),可得到同宿轨道以时间为参变量的参数方程

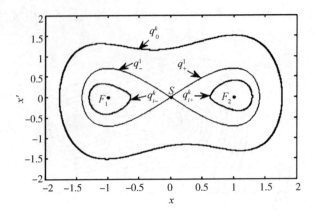

图 6.25　式(6.70)系统的奇点和相轨迹

$$\begin{cases} q_+^1(t) = (\sqrt{2}\operatorname{sech}t, \sqrt{2}\operatorname{sech}t - \tanh t) \\ q_-^1(t) = -q_+^1 \end{cases} \tag{6.74}$$

式中,下标+、-分别表示右边和左边的同宿轨道。

ii.同宿轨道内部的周期轨道 $q_{i\pm}^k$

$$\begin{cases} q_+^1(t) = \left[\dfrac{\sqrt{2}}{\sqrt{2-\kappa^2}} dn\left(\dfrac{t}{\sqrt{2-\kappa^2}}, \kappa \right), \dfrac{-\sqrt{2}\kappa^2}{2-\kappa^2} sn\left(\dfrac{t}{\sqrt{2-\kappa^2}}, \kappa \right) cn\left(\dfrac{t}{\sqrt{2-\kappa^2}}, \kappa \right) \right] \\ q_{i-}^\kappa(t) = -q_{i+}^\kappa(t) \end{cases}$$
$$\tag{6.75}$$

式中, sn、cn、dn 是 Jacobi 椭圆函数, κ 是椭圆模数, $\kappa \in (0,1)$。当 $\kappa \to 0$ 时,周期轨道趋向于中心点;当 $\kappa \to 1$ 时,周期轨道趋向于同宿轨道。将式(6.75)代入式(6.72),容易求出任一轨道对应的 Hamilton 函数为

$$H(\kappa) = \frac{\kappa^2 - 1}{(2 - \kappa^2)^2} \tag{6.76}$$

椭圆轨道的周期为

$$T_\kappa = 2K(\kappa)\sqrt{2 - \kappa^2} \tag{6.77}$$

式中, $2K(\kappa)$ 是第一类完全椭圆积分。$K(\kappa)$ 随 κ 单调增大,易验证 $\mathrm{d}T_\kappa/\mathrm{d}H_\kappa > 0$。

iii.同宿轨道外部的周期轨道 q_0^κ

$$q_0^\kappa(t) = \left[\frac{\sqrt{2\kappa^2}}{\sqrt{2\kappa^2 - 1}} cn\left(\frac{t}{\sqrt{2\kappa^2 - 1}}, \kappa \right), \frac{-\sqrt{2}\kappa}{2\kappa^2 - 1} sn\left(\frac{t}{\sqrt{2\kappa^2 - 1}}, \kappa \right) dn\left(\frac{t}{\sqrt{2\kappa^2 - 1}}, \kappa \right) \right]$$
$$\tag{6.78}$$

式中, $\kappa \in (1/\sqrt{2}, 1)$,当 $\kappa \to 1$ 时,周期轨道趋向于同宿轨道;当 $\kappa \to 1/\sqrt{2}$ 时,周期轨道变为无界。其 Hamilton 函数与周期分别为

$$H(\kappa) = \frac{\kappa^2 - \kappa^4}{(2\kappa^2 - 1)^2} \tag{6.79}$$

$$T_\kappa = 4K(\kappa)\sqrt{2\kappa^2 - 1} \tag{6.80}$$

B.受迫 Duffing 方程的混沌运动

对于含有周期驱动力的 Duffing 方程(6.64),其状态空间的形式为

$$\begin{cases} \dot{x} = y \\ \dot{y} = -ky + ax - bx^3 + Az \\ \dot{z} = -\omega^2 w \\ \dot{w} = z \end{cases} \tag{6.81}$$

与无摄动的 Duffing 方程(6.68)的状态空间的动力学方程(6.69)相比,由于周期驱动力的存在,Duffing 系统的相空间由 2 维变为 4 维,因此,定点的性质也可能发生变化,从而使系统可能在原来那些稳定定点的周围或不同定点之间做各种复杂的运动:由于方程中参量取值不同(系统和外力有所不同),系统既可以做周期运动或准周期运动,也可以做复杂的混沌运动。为便于理解,现在拟从另一角度来探讨方程(6.64)和方程(6.81)出现各种形式的解(或运动)的物理机制。

方程组(6.81)所描述的周期驱动力作用下的 Duffing 系统可以看成两个系统的耦合:一个是固有非线性系统,即无摄动的 Duffing 方程(6.68);另一个是线性振子,即代表外力作用的方程组(6.81)的最后两个方程。方程组(6.81)中第二式的最后一项表示两系统的耦合,周期驱动力的振幅 A 表示耦合强度。

当外加周期驱动力不存在($A = 0$)时,受迫 Duffing 方程(6.81)退化为无摄动的 Duffing 方程(6.68),系统将以螺旋形式(衰减振荡)趋于两稳定焦点之一。初始条件决定着系统将最终趋于哪一焦点,如图 6.24 所示。

当外加周期驱动力较小(A 很小)时,线性系统的振荡很弱,它对非线性 Duffing 系统的作用也很弱,整个系统[式(6.76)]的运动便可近似地看成两个独立运动的叠加,即整个系统的运动是围绕两焦点之一的线性振荡,其振荡频率就是 ω,周期 $T = 2\pi/\omega$,如图 6.26(a)所示。图 6.27 所示为图 6.26 中 A 取不同值时 Duffing 系统[式(6.69)]的输出响应在 $(x, \dot{x})$ 相平面上的相轨迹,图 6.26 和图 6.27 中信号的采样频率均为 $f_s = 100$ Hz。从图 6.27(a)可以看出,由于 A 很小,振动很弱(振幅不大),振荡不致越出既定的流域而走向另一侧的焦点附近。

继续加大外加周期驱动力的振幅 A,线性系统(周期外力)的作用使系统绕焦点的振荡出现分频(倍周期,即振荡周期 τ 变为 $\tau = 2T$),如图 6.26(b)和图 6.27(b)所示。系统按照外加周期驱动力周期的各种有理数倍数而振荡称为锁频或锁相,即振荡频率被锁在外力频率的有理数倍数上。

当 A 再继续加大,锁频继续,即振荡周期依次成倍变大:$\tau = 2^n T$,n 是正整数,如图 6.26(c)~(d)和图 6.27(c)~(d)所示,此时振荡振幅也随之变化。由此可见,Duffing 振子是通过倍周期分岔走向混沌的。

当 A 再继续加大以致超过某一临界值时,两系统的耦合作用强到可以使振荡的振幅大到超过原来流域的边界,系统将从原来的流域进入另一流域,从而趋向另一焦点并在其附近振荡。同样,这时的振荡振幅也可能大到超过新流域的边界而使之又进入原来的流域,即系统又要绕原来的焦点振荡。如此反复下去,系统便在两焦点附近来回跃迁和振荡。由于两流域互相紧贴(见图 6.24),有时甚至极窄,系统内秉的涨落或噪声极易使系统从一个流域进入另一个流域,而且极难重复原来的轨道而使运动具有随机性。

这种来回在不同流域之间跳动而且由于涨落而带有随机性的运动便是混沌,如图 6.26(e)、(f)和图 6.27(e)、(f)所示。可以看出,x 虽然做不规则振荡,但大体上总是围绕上、下两中心(见图 6.24、图 6.25 中的 F_1 和 F_2)振荡。此时我们说系统处于混沌状态。

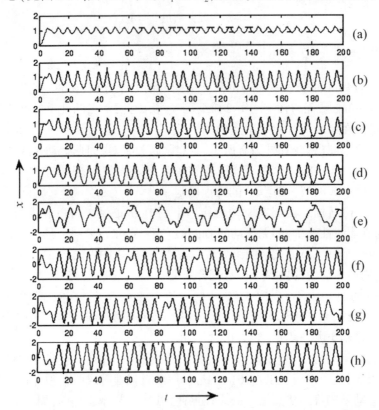

图 6.26　参数 $k = 0.5, a = b = \omega = 1$ 时,Duffing 方程(6.64)中 A 取小同值
(从上往下依次取 0.2、0.35、0.355、0.358、0.6、0.825、0.826、0.9)时的系统响应

当 A 进一步加大,线性振子便处于主导地位,非线性系统的影响变成次要的。整个系统便被锁在外加周期力的各分频上。当 A 很大时,线性振子完全处于支配地位,非线性系统的作用极弱而只能看作对线性振子的微扰。这时在非线性系统的基础上(在如图 6.24 所示的相平面上)来分析问题已经失去了意义。这时整个系统按照线性系统的方式运动,也就是被锁在外加周期驱动力的频率 $\tau = T$ 上的振荡,如图 6.26(g)、(h)和图 6.27(g)、(h)所示。此时,系统处于大尺度周期状态。

由此可见,类似受迫 Duffing 系统这样的双耦合系统,在其中一个系统(线性振子或外加周期驱动力)弱到整个系统可看作两个独立系统,或者其中之一(线性振子)强到占统治地位时,系统都将处于锁频状态(周期运动)。只有当两系统强弱不相上下,相互影响强烈,运动才变得十分复杂,从而才可能形成混沌。

从以上分析可知,在其他参数固定的条件下,周期驱动力的幅值 A 从 0 逐渐增加时,方程(6.59)的解会经历同宿轨道、分岔、混沌和大尺度周期等各个状态。需要特别注意的是,在 Duffing 系统混沌状态向大尺度周期状态转变的临界状态,系统对参数 A 的取值非常敏感。在图 6.26(f)中 $A = 0.825$,系统处于混沌状态;而在图 6.26(g)中 $A = 0.826$,只比 0.825 大一点,系统却处于大尺度周期状态。因此,受迫 Duffing 系统从混沌

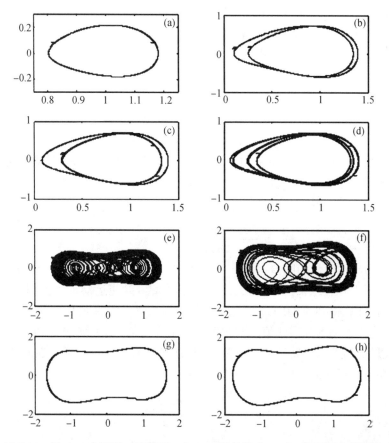

图 6.27　图 6.26 中不同 A 取值时 Duffing 系统输出在 $(x,\dot{x})$ 相平面上的相轨迹

状态向大尺度周期状态转变时存在一临界阈值,记为 A_d,当系统处于临界状态时,对参数 A 的取值非常敏感。这是混沌运动的重要特点之一,也是基于混沌 Duffing 振子的微弱特征信号检测方法的基础之一。

从图 6.27 也可以看出,Duffing 系统所处的状态也可以通过系统输出的相轨迹来判断。在相空间中,周期运动对应着封闭曲线,图 6.27(a)~(d)所示为围绕单一定点的小幅周期运动,图 6.27(g)、(h)则是围绕两定点的大尺度周期运动;混沌运动则对应一定区域内随机分布的杂乱无章的轨迹,如图 6.27(e)、(f)所示。因此,可以通过系统输出的相轨迹来判断系统输出的状态,从而对微弱待测信号进行检测。

③Duffing 振子周期轨道存在的条件

采用 Mel′nikov 方法研究 Duffing 振子周期轨道存在的条件。Mel′nikov 方法实质上是一种测量技术,通常分为两种:第一种称作同宿 Mel′nikov 方法,它通过度量 Poincaré 映射的双曲不动点的稳定与不稳定流形之间的距离来确定系统是否存在横截同宿点,从而导致 Smale 马蹄存在意义下的混沌;第二种称作次谐 Mel′nikov 方法,它通过分析受扰系统在 Poincaré 截面上的动力学性质,来判断是否存在稳定的次谐轨道。出现稳定的次谐轨道要求系统满足一定的参数条件,而次谐 Mel′nikov 方法正是精确地求出这个参数条件的有力工具。

对于 Holmes 型 Duffing 方程(6.64)来说,次谐周期运动就是前文所指的大尺度周期运动。因此,可以通过次谐 Mel'nikov 方法,求出在周期扰动下方程(6.64)在同宿轨道外部由混沌运动向大尺度周期运动转变的条件。

为简便起见,在方程(6.64)中假定参数 $a=b=1$,方程可重写为

$$\ddot{x} + k\dot{x} - x + x^3 = A\cos(\omega t) \tag{6.82}$$

其状态空间的动力学方程可表示为

$$\begin{cases} \dot{x} = y \\ \dot{y} = -ky + x - x^3 + A\cos(\omega t) \end{cases} \tag{6.83}$$

通过对同宿轨道的 Mel'nikov 函数 $M(t_0)$ 进行计算和推导,可以得到 Duffing 系统[式(6.82)]可能出现 Smale 马蹄变换意义下的混沌的必要条件。该必要条件的表达式如下

$$\frac{A}{k} > \frac{2\sqrt{2}\,\text{csch}(\pi\omega/2)}{3\pi\omega} = R^\infty(\omega) \tag{6.84}$$

式中, $R^\infty(\omega)$ 为出现混沌的阈值函数。

显然,阻尼 k 越小或幅值 A 越大,系统越容易发生混沌运动。当方程(6.82)中 $k = 0.5$, $\omega = 1$ 时,计算得到 $A = 0.376\,5$,这个阈值为混沌解出现的下界,即 Duffing 系统从倍周期运动到混沌运动的临界阈值。相对于这一临界阈值,更关键的是 Duffing 振子从混沌状态向大尺度周期状态转变的参数条件,即 Duffing 振子周期轨道存在的条件。

将 Duffing 方程(6.82)写成矢量场形式

$$\begin{cases} \dfrac{\mathrm{d}x}{\mathrm{d}t} = \dfrac{\partial \boldsymbol{H}}{\partial y} + \varepsilon p_1(x,y,t) \\ \dfrac{\mathrm{d}y}{\mathrm{d}t} = -\dfrac{\partial \boldsymbol{H}}{\partial x} + \varepsilon p_2(x,y,t) \end{cases} \tag{6.85}$$

式中, ε 为小量记号; p_1、p_2 为扰动量,分别为

$$p_1 = 0, \quad p_2 = -\frac{k}{\varepsilon}y + \frac{A}{\varepsilon}\cos(\omega t) \tag{6.86}$$

$\boldsymbol{H}$ 的表达式仍如式(6.72)所示。将式(6.85)转化为作用变量–角度变量形式,得

$$\begin{cases} \dot{I} = \dfrac{\partial I}{\partial x}\dot{x} + \dfrac{\partial I}{\partial y}\dot{y} = \left(\dfrac{\partial I}{\partial x}\dfrac{\partial \boldsymbol{H}}{\partial y} - \dfrac{\partial I}{\partial y}\dfrac{\partial \boldsymbol{H}}{\partial x}\right) + \varepsilon\left(\dfrac{\partial I}{\partial x}g_1 + \dfrac{\partial I}{\partial y}g_2\right) \\ \dot{\theta} = \dfrac{\partial \theta}{\partial x}\dot{x} + \dfrac{\partial \theta}{\partial y}\dot{y} = \left(\dfrac{\partial \theta}{\partial x}\dfrac{\partial \boldsymbol{H}}{\partial y} - \dfrac{\partial \theta}{\partial y}\dfrac{\partial \boldsymbol{H}}{\partial x}\right) + \varepsilon\left(\dfrac{\partial \theta}{\partial x}g_1 + \dfrac{\partial \theta}{\partial y}g_2\right) \end{cases} \tag{6.87}$$

式中, I 和 θ 分别为作用变量和角度变量。

进一步得到其矢量场表达式

$$\begin{cases} \dot{I} = \varepsilon \boldsymbol{F}(I,\theta,t,\varepsilon) \\ \dot{\theta} = \boldsymbol{\Omega}(I) + \varepsilon \boldsymbol{G}(I,\theta,t,\varepsilon) \end{cases} \tag{6.88}$$

其中, $\boldsymbol{\Omega}(I)$ 表示每条轨道的角速度, $\boldsymbol{\Omega}(I) = 2\pi/T(I)$; $T(I)$ 是确定的轨道周期,且有

$$
\begin{cases}
F(I,\theta,t,\varepsilon) = \dfrac{\partial I}{\partial x}(x(I,\theta),y(I,\theta))g_1(x(I,\theta),y(I,\theta),t,\varepsilon) + \\
\qquad\qquad \dfrac{\partial I}{\partial y}(x(I,\theta),y(I,\theta))g_2(x(I,\theta),y(I,\theta),t,\varepsilon) \\
G(I,\theta,t,\varepsilon) = \dfrac{\partial \theta}{\partial x}(x(I,\theta),y(I,\theta))g_1(x(I,\theta),y(I,\theta),t,\varepsilon) + \\
\qquad\qquad \dfrac{\partial \theta}{\partial y}(x(I,\theta),y(I,\theta))g_2(x(I,\theta),y(I,\theta),t,\varepsilon)
\end{cases}
\tag{6.89}
$$

定义次谐轨道的 Mel'nikov 函数为

$$
M_1^{m/n}(I,\theta) = \int_0^{mT} F(I,\Omega(I)t+\theta,\omega t,0)\,\mathrm{d}t
\tag{6.90}
$$

次谐函数加上标 m/n，是为了强调必须满足的共振条件。将 $n=1$ 的轨道称为次谐轨道，$n \neq 1$ 的轨道称为超次谐轨道。由于 $p_1=1$，所以

$$
F = \frac{\partial I}{\partial y}p_2 = \frac{\partial I}{\partial \boldsymbol{H}}\frac{\partial \boldsymbol{H}}{\partial y}p_2 = \frac{\partial I}{\partial \boldsymbol{H}}yp_2
\tag{6.91}
$$

由于 $\partial \boldsymbol{H}/\partial I = \Omega(I)$，将式(6.86)代入式(6.91)，将式(6.91)代入式(6.90)，得

$$
M_1^{m/n}(I,\theta) = \frac{1}{\varepsilon\Omega(t)}\int_0^{mT} y[A\cos(\omega t) - ky]\,\mathrm{d}t
\tag{6.92}
$$

根据有关次谐轨道存在性的定理可知，为推导 Duffing 方程(6.82)在同宿轨道外部的周期轨道存在的条件，关键在于求出使 $M_1^{m/n}(I,\theta)=0$ 的条件。为便于求解该条件，定义

$$
\begin{aligned}
\bar{M}_1^{m/n}(I,\theta) &= \int_0^{mT} y[A\cos(\omega t) - ky]\,\mathrm{d}t \\
&= kJ_1(m,n) + A\cos(\omega t)J_2(m,n) - A\sin(\omega t)J_3(m,n)
\end{aligned}
\tag{6.93}
$$

式中：

$$
\begin{cases}
J_1(m,n) = \displaystyle\int_0^{mT} y^2\,\mathrm{d}t \\
J_2(m,n) = \displaystyle\int_0^{mT} y\cos(\omega t)\,\mathrm{d}t \\
J_3(m,n) = \displaystyle\int_0^{mT} y\sin(\omega t)\,\mathrm{d}t
\end{cases}
\tag{6.94}
$$

利用完全椭圆积分的方法求解式(6.94)中的 3 个式子，可得

$$
\begin{cases}
J_1(m,n) = \dfrac{8n}{3(2\kappa^2-1)^{3/2}}[\kappa'^2 K + (2\kappa^2-1)E] \\
J_2(m,n) = 0 \\
J_3(m,n) = -2\sqrt{2}\,\pi\omega\,\mathrm{sech}\dfrac{\pi m K'}{2K}
\end{cases}
\tag{6.95}
$$

其中，κ' 为补模数，$\kappa' = \sqrt{1-\kappa^2}$。$E$ 为第二种完全椭圆积分的值，有

$$
E = E(1,\kappa) = \int_0^1 \sqrt{\frac{1-\kappa^2 t^2}{1-t^2}}\,\mathrm{d}t
\tag{6.96}
$$

且

$$K = K(1,\kappa) = \int_0^1 \frac{\mathrm{d}t}{\sqrt{(1-t^2)(1-\kappa^2 t^2)}} \qquad (6.97)$$

$$K' = K'(1,\kappa') = \int_0^1 \frac{\mathrm{d}t}{\sqrt{(1-t^2)(1-\kappa^2 t^2)}} \qquad (6.98)$$

对 $J_3(m,n)$ 的值做特别说明,当 $n \neq 1$ 或 m 为偶数时,$J_3(m,n)$ 的值必为零。当 $n = 1$ 且 m 为奇数时,$J_3(m,n)$ 的值由式(6.95)中第三式计算。

将式(6.96)~式(6.98)代入式(6.93)可得:

$$\bar{M}_1^{m/n}(I,\theta) = -kJ_1(m,n) - A\sin(\omega t)J_3(m,n) \qquad (6.99)$$

图 6.28 所示为根据式(6.99)绘出的 $\bar{M}_1^{m/n}(I,\theta)$ 与 ωt 的关系曲线。前面已经说过,只有当 $M_1^{m/n}(I,\theta) = 0$ 成立,Duffing 方程(6.82)才存在周期轨道。现在,我们根据图 6.28 分析式(6.99)。

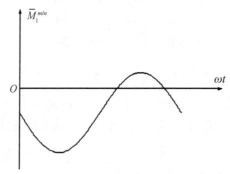

图 6.28 $\bar{M}_1^{m/n}(I,\theta)$ 与 ωt 的关系曲线

A.当 $n \neq 1$ 时,$J_3(m,n) = 0$,这样 $\bar{M}_1^{m/n}$ 的图形就是一条与 ωt 轴平行的直线,永远不会与 ωt 轴相交,即 $\bar{M}_1^{m/n}$ 不可能等于零。所以,在受迫周期驱动力作用下,在同宿轨道外不存在超次谐($n \neq 1$)周期轨道。

B.因为 $T(I) = mT$ [即 $\Omega(I) = (1/m)\omega$],并且 m 为偶数时,$J_3(m,n) = 0$,所以同宿轨道外部只存在奇分频 $[\Omega(I) = \omega,(1/3)\omega,(1/5)\omega]$ 的次谐轨道。

C.即使在 $n \neq 1$ 且 m 为奇数的情况下,也不能保证周期轨道的存在。这是因为,如果 A 值过小,以至于波峰不能超过 ωt 轴,那么 $\bar{M}_1^{m/n}$ 依然没有零解。所以 A/k 必须大于某一阈值 $R^m(\omega)$。下面我们来求此阈值。

令 $\bar{M}_1^{m/n} = 0$,根据式(6.99)有

$$-kJ_1(m,1) - A\sin(\omega t)J_3(m,1) = 0 \qquad (6.100)$$

得

$$|\sin(\omega t)| = \left| -\frac{kJ_1(m,1)}{AJ_3(m,1)} \right| \leq 1 \qquad (6.101)$$

所以

$$\frac{A}{k} \geqslant \left| \frac{J_1(m,1)}{J_3(m,1)} \right| = R^m(\omega) \tag{6.102}$$

将式(6.95)代入上式,得:

$$R^m(\omega) = \frac{2\sqrt{2}}{3(2\kappa^2 - 1)^{3/2}} \frac{\kappa'^2 K + (2\kappa^2 - 1)E}{\pi\omega\mathrm{sech}\dfrac{\pi m K'}{2K}} \tag{6.103}$$

D.由阈值 $R^m(\omega)$ 可以引出分岔的概念,$R^m(\omega)$ 称为参数 A/k 的分岔值。所谓分岔,是指当参数通过分岔值时,在相空间中矢量场拓扑性质的变化。这种分岔是典型的鞍结分岔,因为在分岔值 $A/k < R^m(\omega)$ 时,不存在周期闭轨,系统处于混沌状态;$A/k = R^m(\omega)$ 时,存在一个周期解,系统处于混沌临界状态;$A/k > R^m(\omega)$ 时,存在一条稳定的周期闭轨和一条不稳定的周期闭轨。由此,这个临界阈值也就是 Duffing 方程(6.82)由混沌状态向大尺度周期状态转变的临界阈值。

这样,利用 Mel′nikov 方法求出了 Duffing 方程(6.82)在微扰的情况下能稳定在某一次谐轨道的 A/k 临界值。需要注意的是,该方法的前提是 A 和 k 足够小,这种足够小,实际上是相对于该次谐轨道共振带宽度而言的。A 和 k 的值只有小到足以保证相点不被振出共振带时,才有可能形成闭轨。次谐轨道共振带宽度 ΔI 的公式为

$$\Delta I = \sqrt{\varepsilon\frac{m^3}{\omega^3}\exp\left(-\frac{2\pi m}{\omega}\right)} + O(\varepsilon) \tag{6.104}$$

由此看出,m 越大,轨道就越靠近同宿轨道,共振带的宽度就越窄,对 A 和 k 足够小的要求就越严格。因此,只有当 $m = 1$ 时,共振带才足够宽,这样即使在 A 和 k 相对较大的情况下,也能保证相点不被振出共振带。这就是选择 $m = 1$ 作为检测混沌轨道的原因。

当 $m = 1$,Duffing 方程(6.82)中 $\omega = 1$ 时,将其代入式(6.98)可以求出 A/k 的临界阈值 $A/k = 1.676\,890\,83$,进一步固定 $k = 0.5$,得到 A 的阈值 $A_d = 0.838\,445\,415$。当 A 略小于 A_d 时,系统处于混沌状态,但即将向大尺度周期状态转变,称为混沌临界状态。当周期驱动力的幅值 A 稍稍增加,使得 $A > A_d$ 时,振子将由混沌运动迅速转变为外轨道上的运动,变为大尺度周期状态。这就是非线性混沌 Duffing 振子对幅值参数 A 的敏感性,如图 6.27(f)和(g)所示,幅值 A 由 0.825 变为 0.826,这一细微的差别导致系统状态的巨大变化。

利用上述这一特点建立基于混沌 Duffing 振子的微弱信号检测模型。需要指出的是,仿真中得到的临界阈值与理论计算得出的临界阈值 A_d 的取值存在着细微的差别,这是由理论推导在理想条件下的误差和数值仿真的计算误差等原因共同导致的。另外,也可证明 Duffing 振子的这一参数敏感性与初值敏感性之间是等价的。对于 Duffing 方程(6.82),固定 k,只将 A 视为可变参数,系统初始点的坐标为 $(x(0), \dot{x}(0))$,系统对参数 A 表现出敏感性,即 A 的变化可能导致系统状态的根本变化。将式(6.82)两边对 t 求导得

$$\dddot{x} + k\ddot{x} - \dot{x} + 3x^2\dot{x} = -A\omega\sin(\omega t) \tag{6.105}$$

利用式(6.82)和式(6.105)消去 A 得

$$\dddot{x} + [k + \omega\tan(\omega t)]\ddot{x} + [3x^2 - 1 + k\omega\tan(\omega t)]\dot{x} + \omega\tan(\omega t)(x^3 - x) = 0$$

$$(6.106)$$

这个三阶系统的初始点坐标为 $(x(0), \dot{x}(0), \ddot{x}(0))$，将 $t = 0$ 代入式(6.82)可以得到 $\ddot{x}(0) = -k\dot{x}(0) + x(0) - x^3(0) + A$。从数学的角度看，参数敏感性与初始敏感性是等价的。所以，利用混沌 Duffing 振子进行微弱信号检测，实际上正是利用了混沌的初值敏感性。

④噪声对 Duffing 振子混沌临界状态的影响

利用 Duffing 振子在混沌临界状态时的参数敏感性来实现微弱信号检测，由于微弱信号中含有噪声成分，有必要对噪声进行研究，尤其是白噪声对 Duffing 振子混沌临界状态的影响，从而为基于混沌 Duffing 振子的微弱信号检测方法提供依据。

在 Duffing 方程(6.82)中，将系统幅值设为 A 略小于 Duffing 系统从混沌状态向大尺度周期状态转变的临界阈值 A_d，为简单起见，在不引起误会的前提下，直接表示为 A_d，同时在系统中输入噪声 $n(t)$，这样方程(6.82)变为

$$\ddot{x} + k\dot{x} - x + x^3 = A_d\cos(\omega t) + n(t) \qquad (6.107)$$

式中，$n(t)$ 为噪声强度为 D 的 Gaussian 白噪声，$n(t) = \sqrt{2D}\xi(t)$，其中 $\xi(t)$ 是均值为 0、方差为 1 的 Gaussian 白噪声。这样，$n(t)$ 满足

$$E(n(t)) = 0 \qquad (6.108)$$

$$E(n(t)n(t')) = 2D\delta(t - t') \qquad (6.109)$$

式中，$\delta(t)$ 为单位脉冲函数。

将 $n(t)$ 的相关函数进行傅里叶展开，得

$$S(\omega) = \int e^{-j\omega t} 2D\delta(\tau)d\tau = 2D \qquad (6.110)$$

可知 $S(\omega)$ 是白谱，与频率 ω 无关。假设 Duffing 方程(6.82)的解是 $x(t)$，用 Δx 表示噪声 $n(t)$ 对解 $x(t)$ 的微小扰动，从而得到含噪情况下系统的微分方程

$$(\ddot{x} + \Delta\ddot{x}) + k(\dot{x} + \Delta\dot{x}) - (x + \Delta x) + (x + \Delta x)^3 = A\cos(\omega t) + n(t) \quad (6.111)$$

用式(6.111)减式(6.82)，得

$$\Delta\ddot{x} + k\Delta\dot{x} - \Delta x + 3x^2\Delta x + 3x(\Delta x)^2 + (\Delta x)^3 = n(t) \qquad (6.112)$$

略去 Δx 的高阶项，并令 $c(t) = 1 - 3x^2(t)$，可得

$$\Delta\ddot{x} + k\Delta\dot{x} - c(t)\Delta x = n(t) \qquad (6.113)$$

上式可以写成矢量微分方程的形式

$$\Delta\dot{X}(t) = H(t)\Delta X(t) + N(t) \qquad (6.114)$$

式中：

$$\Delta X = \begin{bmatrix} \Delta x \\ \Delta x' \end{bmatrix}, H(t) = \begin{bmatrix} 0 & 1 \\ c(t) & -k \end{bmatrix}, N(t) = \begin{bmatrix} 0 \\ n(t) \end{bmatrix} \qquad (6.115)$$

由线性化定理和 $\|\Delta x\| \ll \|x\|$，可知式(6.113)与省去 Δx 的高阶项之前的系统(6.112)拓扑等价。由于解 $x(t)$ 是全局稳定的，因此存在一个常数 γ，使得 $\|\Delta x\| \ll \gamma$。根据解的存在与唯一性定理可知，方程(6.114)存在某个初始条件的唯一解，可表示为

$$\Delta X(t) = \Phi(t, t_0)\Delta X_0 + \int_{t_0}^{t} \Phi(t, u)N(u)du \qquad (6.116)$$

式中，Φ 是系统的状态转移矩阵，$\Phi(t, t_0)\Delta X_0$ 为系统的暂态解，将随时间很快衰减为

零。若只考虑系统稳态时的统计特性,式(6.116)可以近似为

$$\Delta X(t) = \int_{t_0}^{t} \boldsymbol{\Phi}(t,u) N(u) \, \mathrm{d}u \tag{6.117}$$

显然,其均值

$$E(\Delta X(t)) = \int_{t_0}^{t} \boldsymbol{\Phi}(t,u) E(N(u)) \, \mathrm{d}u = 0 \tag{6.118}$$

这意味着噪声在轨道上布满了均值为零的"毛刺"。$\Delta \dot{X}(t)$ 的方差矩阵为

$$\begin{aligned}
\boldsymbol{R}(t) &= \boldsymbol{R}(\Delta X(t), \Delta X(t)) = \boldsymbol{R}_{\Delta x}(t,t) \\
&= \int_{-\infty}^{t} \int_{-\infty}^{t} \boldsymbol{\Phi}(t,u) \boldsymbol{R}(N(u), N(v)) \boldsymbol{\Phi}^{*}(t,u) \, \mathrm{d}u \mathrm{d}v \\
&= \int_{-\infty}^{t} \int_{-\infty}^{t} \boldsymbol{\Phi}(t,u) E \begin{bmatrix} 0 \\ n(u) \end{bmatrix} \begin{bmatrix} 0 & n(u) \end{bmatrix} \boldsymbol{\Phi}^{*}(t,u) \, \mathrm{d}u \mathrm{d}v \\
&= \int_{-\infty}^{t} \int_{-\infty}^{t} \boldsymbol{\Phi}(t,u) \begin{bmatrix} 0 & 0 \\ 0 & 2D\delta(u-v) \end{bmatrix} \boldsymbol{\Phi}^{*}(t,u) \, \mathrm{d}u \mathrm{d}v \\
&= \int_{-\infty}^{t} \boldsymbol{\Phi}(t,u) \boldsymbol{L} \boldsymbol{\Phi}^{*}(t,u) \, \mathrm{d}u \tag{6.119}
\end{aligned}$$

式中,$\boldsymbol{L} = \begin{bmatrix} 0 & 0 \\ 0 & 2D \end{bmatrix}$。这意味着噪声使系统的相轨迹变得粗糙的程度由扰动的方差决定。对式(6.119)求导,可得

$$\begin{aligned}
\frac{\mathrm{d}\boldsymbol{R}(t)}{\mathrm{d}t} &= \boldsymbol{\Phi}(t,u) \boldsymbol{L} \boldsymbol{\Phi}^{*}(t,t) + \int_{-\infty}^{t} \frac{\mathrm{d}\boldsymbol{\Phi}(t,u)}{\mathrm{d}t} \boldsymbol{L} \boldsymbol{\Phi}^{*}(t,t) + \int_{-\infty}^{t} \boldsymbol{\Phi}(t,u) \boldsymbol{L} \frac{\mathrm{d}\boldsymbol{\Phi}^{*}(t,t)}{\mathrm{d}t} \\
&= \boldsymbol{L} + \boldsymbol{H}(t) \int_{-\infty}^{t} \boldsymbol{\Phi}(t,u) \boldsymbol{L} \boldsymbol{\Phi}^{*}(t,t) \, \mathrm{d}u + \left(\int_{-\infty}^{t} \boldsymbol{\Phi}(t,u) \boldsymbol{L} \boldsymbol{\Phi}^{*}(t,t) \, \mathrm{d}u \right) \boldsymbol{H}^{*}(t) \\
&= \boldsymbol{L} + \boldsymbol{H}(t) \boldsymbol{R}(t) + \boldsymbol{R}(t) \boldsymbol{H}^{*}(t) \tag{6.120}
\end{aligned}$$

这是一个对称线性微分方程,其基本解矩阵为 $(\boldsymbol{\Phi} + \boldsymbol{\Phi}^{*})/2$,因此 $\boldsymbol{R}(t)$ 一般解的表达式为

$$\boldsymbol{R}(t) = \frac{\boldsymbol{\Phi}(t,t_0) + \boldsymbol{\Phi}^{*}(t,t_0)}{2} \boldsymbol{R}(t_0) + \int_{t_0}^{t} \frac{\boldsymbol{\Phi}(t,u) + \boldsymbol{\Phi}^{*}(t,u)}{2} \boldsymbol{L} \, \mathrm{d}u \tag{6.121}$$

当 $t \to \infty$ 时,噪声对解 $x(t)$ 的微小扰动的相轨迹在整体上快速地衰减为 0,因此 $\boldsymbol{R}(t) \to 0$,即演化时间无限长时,外界噪声对相轨迹的扰动的方差可以忽略。

以上分析表明,在统计意义下,任何零均值的噪声都不会改变系统原有的运行轨迹,只会使运行的轨迹粗糙些,粗糙的程度由方差决定。也就是说,当 Duffing 方程处于混沌临界状态时,噪声只会影响混沌系统的微分流形分布情况和运动的稳定性,对系统的总体动力学行为没有影响。将混沌 Duffing 振子的这一特点称为混沌 Duffing 振子对噪声的免疫特性。这是基于混沌 Duffing 振子的微弱特征信号检测方法的另一基础。

在 Duffing 方程(6.112)中,令 $k = 0.5$,$A_d = 0.825$,显然该值略小于系统从混沌状态向周期状态转变的临界阈值。当噪声强度 $D = 0$ 时,系统处于混沌状态,如图 6.29(a)所示。而当 $D = 0.5$ 时,系统输出的相轨迹如图 6.29(b)所示,可以看出系统的相轨迹比没有噪声的情况下更粗糙,但并没有改变系统所处的混沌状态。此例仿真验证了混沌 Duffing 振子对噪声的免疫特性。

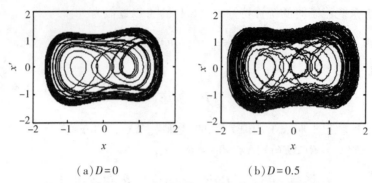

（a）$D=0$　　　　　　　　（b）$D=0.5$

图 6.29　混沌 Duffing 振子对 Gaussian 白噪声的免疫特性

（7）基于混沌 Duffing 振子的微弱特征信号检测

根据前述分析可知，Duffing 振子处于混沌临界状态时，对参数具有敏感性，对噪声具有免疫特性。因此可以设想，倘若将含噪特征信号以摄动项形式输入处于混沌临界状态的 Duffing 系统，由于混沌 Duffing 振子对噪声具有免疫特性，噪声的存在对系统状态不产生影响。此时如果特征信号的频率与周期驱动信号的频率一致，由于混沌 Duffing 振子对幅值参数具有敏感性，即使特征信号的幅值很小，信号很微弱，也可以使输入混合信号（特征信号+周期驱动信号）的幅值大于临界阈值，从而使系统从混沌状态转变为大尺度周期状态。于是，可以通过输入特征信号前后系统的状态变化，来判断输入特征信号是否含有与周期驱动信号同频率的信号成分，实现对含噪特征信号的检测。

①基于混沌 Duffing 振子的微弱信号检测原理

基于混沌 Duffing 振子的微弱信号检测系统如图 6.30 所示。驱动信号 $A_\mathrm{d}\cos(\omega t)$ 的幅值略小于该参数条件下 Duffing 系统从混沌状态向大尺度周期状态转变的临界阈值 A_d，在不引起误会的前提下直接记为 A_d；$sn(t)=s(t)+n(t)$ 为特征信号和噪声的混合信号，称为待测信号，其中 $s(t)$ 是特征信号，$n(t)=\sqrt{2D}\xi(t)$ 是噪声强度为 D 的 Gaussian 白噪声信号，当 $s(t)$ 幅值很小，为微弱信号时，待测信号 $sn(t)$ 则为含噪微弱信号。当只有驱动信号输入时，Duffing 系统的输出显然为混沌状态；而当驱动信号和待测信号同时输入 Duffing 系统时，根据系统输出信号 $x(t)$ 的相轨迹，即可获知系统所处的状态，从而判断特征信号 $s(t)$ 中是否含有与驱动信号一致的频率成分，最终实现微弱信号检测。

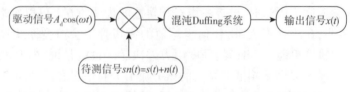

图 6.30　基于混沌 Duffing 振子的微弱信号检测系统

图 6.30 中基于混沌 Duffing 振子的微弱信号检测数学模型可表达为

$$\ddot{x} + k\dot{x} - ax + bx^3 = A_\mathrm{d}\cos(\omega t) + s(t) + n(t) \tag{6.122}$$

令特征信号 $s(t)=r\cos(\omega_0 t)$，表示幅值为 r、圆频率为 ω_0、初相位为 0 的谐波信号。将系统驱动信号圆频率调整为 $\omega=\omega_0$，由于特征信号与驱动信号同频，且 A_d 非常靠近系统状态变化的临界阈值，对幅值参数非常敏感，此时即使 r 很小，也能使混合输入信号幅值 $A_\mathrm{d}+r$ 越过该临界阈值；又由于混沌 Duffing 振子对噪声具有免疫特性，因此系统的输出将是大尺度周期状态,这样就能判断出待测信号中含有圆频率 $\omega_0 = \omega$ 的信号成分,实现微弱信号检测和频率特征提取。

考虑一组采样频率 $f_s = 100$ Hz 的含噪微弱待测信号 $sn(t) = s(t)+n(t)$,其中特征信号 $s(t) = 0.01\cos t$,噪声信号 $n(t)$ 强度 $D = 0.1$。在上述参数条件下特征信号 $s(t)$ 对噪声信号 $n(t)$ 的信噪比 SNR 约等于 -36.02 dB。本书中,信噪比定义为

$$SNR = 10\log\left(\frac{\psi_s^2}{\psi_n^2}\right) \tag{6.123}$$

式中,ψ_s^2 表示特征信号 $s(t)$ 的均方值;ψ_n^2 表示噪声信号 $n(t)$ 的均方值。

图 6.31 所示为待测信号 $sn(t)$ 的部分波形和低频频谱(0~1 Hz),从图中可以看出,由于特征信号微弱,信噪比太低,无论是通过信号波形还是频谱,都无法直接从强背景噪声中辨别出微弱特征信号。下面通过基于混沌 Duffing 振子的微弱信号检测方法来对该微弱特征信号进行检测。

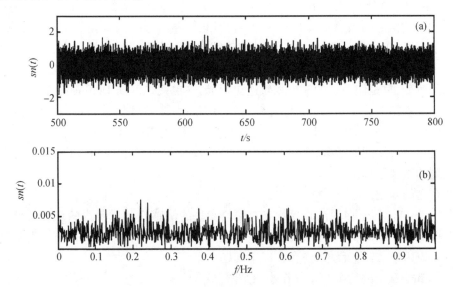

图 6.31　待测信号 $sn(t)$ 的(a)部分波形和(b)低频频谱(0~1 Hz)

在 Duffing 系统(6.122)中,取阻尼比 $k = 0.5$,系统参数 $a = b = 1$,驱动信号圆频率 $\omega = 1$ rad/s,从图 6.27 知道该参数条件下 Duffing 振子混沌临界状态的阈值在 0.825~0.826,因此将 A_d 取为 0.825,此时系统显然处于混沌状态,如图 6.32(a)所示。将图 6.30 的微弱待测信号以摄动项的形式输入 Duffing 系统,取计算点数 $N = 100\ 000$,并由后 50 000 个点绘出系统输出 $x(t)$ 的相轨迹(在本章中计算点数和绘制系统输出相轨迹的点数都按此给出,下文不再特别说明),如图 6.32(b)所示,这说明系统处于大尺度周期状态,待测信号中含有与驱动信号同频率的信号成分,即 $\omega_0 = 1$ rad/s,从而将微弱特征信号 $s(t)$ 成功识别出来。作为对比,将输入信号的圆频率分别改为 $\omega_0 = 0.9$ rad/s 和 $\omega_0 = 1.1$ rad/s,得到系统输出相轨迹,分别如图 6.32(c)和图 6.32(d)所示,可以看出系统均处于混沌状态,由此得出输入待测信号中不存在 $\omega = 1$ rad/s 的特征信号成分。

在图 6.32 中,(a)为待测信号输入前,混沌状态;(b)为含 $\omega_0 = 1$ rad/s 成分的待测信号输入后,大尺度周期状态;(c)为含 $\omega_0 = 0.9$ rad/s 成分的待测信号输入后,混沌状态;(d)为含 $\omega_0 = 1.1$ rad/s 成分的待测信号输入后,混沌状态。

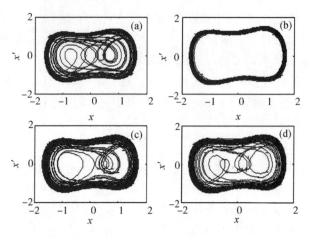

图 6.32　待测信号 $sn(t)$ 输入前后 Duffing 系统的状态

从图 6.32(a)到图 6.32(b)的变化可知,一方面,由于特征信号 $s(t)$ 的圆频率与系统设置的驱动信号圆频率 $\omega = 1\ \mathrm{rad/s}$ 相同,因此待测信号的输入相当于增大了驱动信号的幅值,并大于临界阈值 A_d,使系统从混沌状态转变为大尺度周期状态;另一方面,也可以看出,虽然待测信号中含有一定量的 Gaussian 白噪声,但并不影响该待测信号对系统状态的改变,只是使系统的输出相轨迹更粗糙,这也就是混沌 Duffing 振子对 Gaussian 白噪声的免疫特性。图 6.32(c)和图 6.32(d)则说明,当特征信号 $s(t)$ 的圆频率与驱动信号的圆频率不同时,哪怕只有细微的差别,特征信号的输入也无法使系统状态从混沌状态转变为大尺度周期状态,不会造成误判。这就是利用混沌 Duffing 振子对微弱信号进行检测的基本原理。

②存在的问题

利用 Duffing 振子在混沌临界状态对幅值参数的敏感性和对噪声的免疫特性,可以实现对极低信噪比微弱信号的检测,是一种很有前景的微弱信号检测方法。但是,要将这一方法应用于实际工程中,还存在以下问题。

A.Duffing 系统的检测频率存在小参数限制

从前文分析可知,方程(6.122)实现微弱信号检测的前提条件之一,是驱动信号圆频率 ω 与特征信号 $s(t)$ 圆频率一致。此前我们都将驱动信号圆频率设为 $\omega = 1\ \mathrm{rad/s}$,这不仅是为了简化分析,还因为 Duffing 振子只能在小频率参数下发生混沌。对式(6.103)进一步分析可知,随着 ω 的增大,参数 A/k 的分岔值 $R^m(\omega)$ 也增大,当 ω 大到一定程度时,A/k 就容易超出"微扰"的范畴。我们在仿真中也发现,固定方程(6.122)中其他参数不变,随着 ω 的增大,Duffing 系统混沌状态的临界阈值 A_d 逐渐增大,但是当 ω 大于 1.7 rad/s 时,系统的动态响应变得很差,不再出现明显的混沌状态和大尺度周期状态,也就不存在相应的临界状态,系统无法再作为检测模型进行信号检测。因此,Duffing 系统(6.122)的驱动信号圆频率 ω 被限定在一个很小的参数范围之内。利用该系统,我们只能检测该小参数范围内的微弱信号,也就是说 Duffing 系统的检测频率存在小参数限制。而实际工程信号中,待测信号的圆频率可能远远大于这一小参数范围,无法由该方法进行检测。

B.Duffing 系统驱动信号临界阈值难以确定

一方面,即使我们将 Duffing 方程(6.122)中的驱动信号圆频率限定为小参数,如 $\omega = 1 \text{ rad/s}$,该系统也存在驱动信号幅值难以确定的问题。Duffing 系统混沌状态向临界状态转变的临界阈值 $A_d = kR^m(\omega)$,由式(6.103)可知,该临界阈值受系统中参数 k、a、b、ω 的共同影响。其中参数 k、a、b 可以简单地固定下来,但是为检测不同频率的特征信号成分,需要相应调整驱动信号的圆频率 ω,临界阈值 A_d 也需要相应变化,给检测带来很大的不便。

另一方面,即使信号的圆频率确定,也无法仅通过式(6.103)计算得到准确的 $R^m(\omega)$,进而无法得到准确的临界阈值 A_d。 在实际信号处理中采取的是离散化的数值方法,因此需要通过大量仿真求取这一频率参数条件下的系统临界阈值 A_d,如果每一次针对不同的信号都要重复这个过程,显然是不经济的。

为研究离散步长 h 对系统临界阈值的影响,在 Duffing 方程(6.64)中,我们固定参数 $k = 0.5, a = b = \omega = 1$,选取不同的离散步长 h,得到相应的临界阈值 A_d 的取值,如表 6.1 所示,从中可以看出,在其他参数一致的条件下,Duffing 方程(6.64)从混沌状态向大尺度周期状态转变的临界阈值 A_d 基本一致。

表 6.1　不同离散步长条件下 Duffing 系统混沌临界状态的幅值

h/s	0.05	0.02	0.01	0.005	0.001	平均值
A_d	0.826 3	0.826 6	0.825 9	0.826 6	0.826 3	0.826 34

③噪声信号对 Duffing 系统状态可能产生影响

混沌临界状态的 Duffing 振子对任何零均值的 Gaussian 白噪声具有统计意义下的免疫特性,但是,这一免疫特性并不是绝对的,噪声信号的存在有可能对 Duffing 系统的状态产生影响。

一方面,当 Duffing 系统处于向大尺度周期状态转变的混沌状态时,即使没有与驱动信号同频率的特征信号输入,噪声信号的存在也可能使 Duffing 系统转变为大尺度周期状态。例如,在 Duffing 方程(6.122)中,令参数 $k = 0.5$, $a = b = \omega = 1$,假设信号的采样频率 $f_s = 50 \text{ Hz}$,则计算步长 $h = 1/f_s = 0.02 \text{ s}$,此时系统的临界阈值 $A_d = 0.826$。 显然,在不输入待测信号,即 $s(t) = n(t) = 0$ 时,系统处于混沌状态,如图 6.33(a)所示。此时,若保持特征信号 $s(t) = 0$,只输入噪声强度 $D = 0.000\ 01$ 的 Gaussian 白噪声 $n(t)$,系统状态将有可能发生变化,从混沌状态转变为大尺度周期状态,如图 6.33(b)所示。这说明当 Duffing 系统处于由混沌状态向大尺度周期转化的临界状态时,即使没有同频特征信号的输入,也可能由于 Gaussian 白噪声诱导系统状态发生改变。

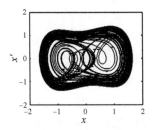
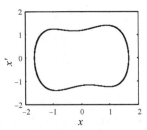

（a）无噪声输入时的系统状态　（b）噪声强度 $D = 0.000\ 01$ 的 Gaussian 白噪声信号输入时的系统状态

图 6.33　噪声对 Duffing 振子混沌临界状态的影响

表 6.2 中的数据是进行 50 次 Monte Carlo 仿真的统计结果,表示在上述参数条件下,驱动信号幅值分别取为 $A = 0.825\ 8$ 和 $A = 0.826\ 0$,输入噪声强度不同时 Duffing 系统不同状态发生的次数。这再一次证明了 Gaussian 白噪声的存在可能使混沌 Duffing 系统的状态发生改变,同时可以看出,系统在临界状态附近对噪声十分敏感,噪声的作用与噪声强度密切相关:当噪声强度增大时,系统的无序度增加,越容易进入混沌状态;而强度小的噪声具有与周期驱动信号相类似的扰动功能,能够抑制系统的混沌运动,使系统进入大尺度周期状态。其原因在于,宽带噪声中与 Duffing 振子驱动信号频率相同的窄带,可能导致系统的混沌解被牵引到稳定的周期轨道上,使得系统由混沌状态跳变到大尺度周期状态。

从表 6.2 中 $A = 0.825\ 8$ 和 $A = 0.826\ 0$ 的数据我们也可以对比发现,取不同的临界值,系统的抗噪能力也不一样:驱动信号幅值越接近系统的临界阈值,系统状态对噪声越敏感;反之驱动信号幅值远离系统的临界阈值,系统的抗噪能力则越强。这是因为系统混沌的深度不同,对噪声的抵抗能力也就不同。

表 6.2　Duffing 振子混沌临界状态输入 Gaussian 白噪声后的系统状态

噪声强度 D	$A = 0.825\ 8$		$A = 0.826\ 0$	
	混沌状态	大尺度周期状态	混沌状态	大尺度周期状态
0.1	50	0	50	0
0.01	50	0	50	0
0.001	50	0	42	8
0.000 1	46	4	31	19
0.000 01	48	2	29	21
0.000 001	50	0	39	11
0.000 000 1	50	0	35	15

另一方面,当 Duffing 系统处于临近混沌状态的大尺度周期状态时,如果噪声强度太大,噪声的存在不仅使得系统输出相轨迹变得粗糙,也可能使相轨迹看似无序,从而无法从相轨迹判断出系统处于大尺度周期状态。

正是由于这两方面的原因,在利用混沌 Duffing 振子对含噪微弱信号进行检测时,可能会因为噪声干扰造成误判:A.输入待测信号中不存在与驱动信号同频的信号成分,但由于噪声诱导使系统状态变为大尺度周期状态,从而得出待测信号中含有该频率成分信号的错误结论;B.输入待测信号中存在与驱动信号同频的信号成分,但由于噪声干扰无法从系统输出相轨迹判断出系统状态已经发生变化,从而做出待测信号中不含该频率成分信号的错误结论。这样噪声的存在就影响检测结果的正确性。

④待测信号初相位可能影响检测结果的真实性

前文的讨论均认为待测信号 $s(t)$ 的初相位等于 0。但对实际工程信号,初相位恰好等于 0 的情况是几乎不可能的。在 Duffing 方程(6.122)中,取阻尼比 $k = 0.5$,系统参数 $a = b = 1$,驱动信号圆频率 $\omega = 1\ \text{rad/s}$,临界阈值 $A_{\text{d}} = 0.825$。为研究特征信号初相位对检测结果的影响,不考虑噪声,将特征信号 $s(t)$ 分别取为 $0.01\cos t$,$0.01\cos(t+90°)$,$0.01\cos(t+180°)$ 和 $0.01\cos(t+270°)$,得到系统的输出相轨迹,如图 6.34 所示。从中可以看出,当特征信号初相位不为 0 时,即使其频率与驱动信号频率一致,也可能无法使系统状态转变为变尺度周期状态,从而无法将与驱动信号同频的特征信号检测出来。

这样,待测信号的初相位就影响了检测结果的真实性。

　　为解决上述问题,扩展基于混沌 Duffing 振子的微弱信号检测方法在实际工程中的应用,需要对检测模型进行进一步的改进。针对小参数限制问题,考虑将 Duffing 检测模型(6.122)中的参数固定下来,取阻尼比 $k = 0.5$,系统参数 $a = b = 1$,驱动信号圆频率 $\omega = 1\ \mathrm{rad/s}$,这样,系统的临界阈值就确定了,在不同离散步长下保持在 $0.825 \sim 0.826$,此时就无须再根据系统参数和特征信号频率进行调整;针对临界阈值难以确定的问题,将驱动信号的幅值 A 设为略小于但又远离临界阈值 A_d,如 $A = 0.82$,此时系统处于混沌状态,又稍远离系统向大尺度周期状态转变的临界状态,系统状态对 Gaussian 白噪声具有较强的抵抗能力,将不再受到噪声诱导发生变化。这样就得到利用混沌 Duffing 振子进行实际工程信号处理的检测模型。

$$\ddot{x} + 0.5\dot{x} - x + x^3 = 0.82\cos t + s(t) + n(t) \tag{6.124}$$

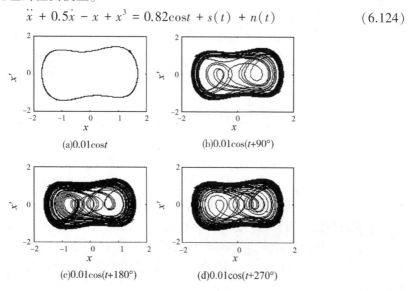

(a)$0.01\cos t$　　　　　(b)$0.01\cos(t+90°)$

(c)$0.01\cos(t+180°)$　　　　(d)$0.01\cos(t+270°)$

图 6.34　不同初相位特征信号输入后 Duffing 系统的输出相轨迹

　　显然,检测模型(6.124)无法检测圆频率 $\omega_0 \neq 1\ \mathrm{rad/s}$ 的微弱特征信号 $s(t)$,即无法解决小参数限制的问题,也无法保证能够检测初相位不为 0 的特征信号 $s(t)$,即无法解决初相位影响检测结果真实性的问题。下面针对这两个问题进行进一步的研究。

　　(8)基于变尺度混沌 Duffing 振子的大频率微弱信号检测方法

　　为了解决系统临界阈值难以确定的困难,在检测模型(6.124)中将驱动信号取为 $0.82\cos t$ 并固定下来,这样,要检测 $\omega_0 \neq 1\ \mathrm{rad/s}$(主要指 $\omega_0 \gg 1\ \mathrm{rad/s}$ 的大频率)的特征信号成分,就无法通过将驱动信号频率设为与特征信号频率一致的方法来实现了。为此,考虑对待测信号 $sn(t)$ 进行频率/时间尺度变换,将特征信号的圆频率 ω_0 通过变尺度方法变换为 $1\ \mathrm{rad/s}$,再将尺度变换后的待测信号 $sn(t')$ 输入方程(6.124)所示的检测模型中进行检测。

　　所谓变尺度,是指改变待测信号的频率/时间尺度,即在不改变离散数值的情况下,对待测信号的频率/时间尺度进行压缩或放大。考虑一组以采样频率 f_s 采集的圆频率为 ω_0 的待测信号 $sn(t)$,其离散数据的时间间隔 $\Delta t = 1/f_s$,引入一个变尺度系数 R,人为地认为信号的时间尺度放大了 R 倍,则时间间隔也放大了 R 倍,即 $\Delta t' = R \cdot \Delta t = R/f_s$;这相当于周期信号频率尺度被压缩为 $1/R$，信号频率也被压缩为 $1/R$，即 $\omega'_0 = \omega_0 = R$。这一变换的实质在于，一个采样频率为 f_s、圆频率为 ω_0 的待测信号 $sn(t)$，通过变尺度系数 R 进行尺度变换之后，变成一个变尺度采样频率 $f_s' = f_s/R$、圆频率为 $\omega'_0 = \omega_0 = R$ 的信号 $sn(t')$。变尺度的实现过程，就是以变换后的计算步长 $h = \Delta t' = R/f_s$ 对微分方程进行数值求解的过程。

利用变尺度系数 R 对大频率信号进行频率/时间尺度变换，是一种等价线性映射变换，这种时间尺度变换并不改变参与计算数据的数值，只是在时间或频率轴上对数值进行了重新排序。

将待测信号 $sn(t)$ 以摄动项形式输入检测系统[式(6.124)]，引入变尺度系数 R，以步长 $h = \Delta t' = R/f_s$ 进行数值求解，则待测信号尺度变换为 $sn(t')$。显然，当 $R = \omega_0$ 时，变尺度采样频率 $f_s' = f_s/R$，尺度变换后的特征信号圆频率 $\omega'_0 = 1$ rad/s。此时计算得到时间尺度 $t' = Rt$ 意义下的系统输出 $x(t')$，从其相轨迹可发现系统状态从混沌状态转变成大尺度周期状态，从而将该待测特征信号识别出来，并得到其圆频率 $\omega_0 = R$。基于变尺度 Duffing 振子的大频率微弱信号检测模型可以写成以下形式

$$\ddot{x}(t') + 0.5\dot{x}(t') - x(t') + x(t')^3 = 0.82\cos t' + sn(t') \tag{6.125}$$

其中，$sn(t')$ 是原待测信号 $sn(t)$ 经过尺度变换后得到的待测信号，$sn(t') = s(t') + n(t')$。

需要特别指出的是，由于对待测信号进行尺度变换之后 Duffing 方程的计算步长 h 相应改变，系统的临界阈值 A_d 也会稍微变化，但是由于模型中驱动信号幅值 $A = 0.82$ 远离了临界阈值，因此系统仍然处于混沌状态，不会受到临界阈值变化的影响。这也进一步说明将驱动信号幅值固定为 0.82 是可行的。

下面进行仿真研究，首先考虑不含噪声的情况。假设待测信号 $sn(t)$ 采样频率 $f_s = 1\,000$ Hz，特征信号 $s(t) = 0.05\cos(20t)$，噪声信号 $n(t) = 0$。将待测信号输入检测模型 (6.125) 中，取不同数值的变尺度系数 R 对其进行尺度变换，绘制出系统输出 $x(t')$ 的相轨迹，如图 6.35 所示。

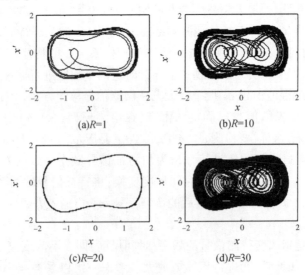

图 6.35　变尺度方法检测微弱信号 $s(t) = 0.05\cos(20t)$

从图 6.35 可以看出,由于待测信号圆频率 $\omega_0 = 20$ rad/s,与驱动信号圆频率 $\omega = 1$ rad/s 不相等,不能引起系统状态的变化,系统仍是图 6.35(a)所示的混沌状态。引入变尺度系数 R,当 $R = 10,30$ 时,由于 $R \neq \omega_0$,系统状态仍然不能发生改变,如图 6.35(b)和图 6.35(d)所示的混沌状态。只有当 $R = 20$ 时,由于变尺度系数与待测信号圆频率相等,系统才从混沌状态转变为大尺度周期状态,如图 6.35(c)所示。由此可以判断输入的待测信号中含有圆频率 $\omega_0 = 20$ rad/s 的信号成分。

进一步考虑噪声存在的情况。保持待测信号 $sn(t)$ 中其他参数条件不变,同时含有强度 $D = 0.1$ 的 Gaussian 白噪声,此时待测信号信噪比 SNR 约等于-22.04 dB。对于这样的待测信号,由于信噪比较低,直接做频谱分析很难识别出特征信号 $s(t)$。同样将此待测信号输入检测模型[式(6.125)]后引入不同数值的变尺度系数 R 进行尺度变换,绘制出系统输出 $x(t')$ 的相轨迹,如图 6.36 所示。

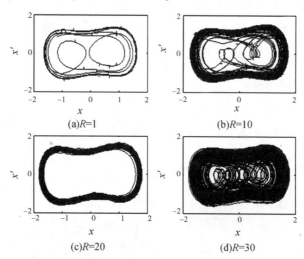

(a)$R=1$ (b)$R=10$

(c)$R=20$ (d)$R=30$

图 6.36 变尺度方法检测含噪微弱信号,$s(t) = 0.05\cos(20t)$,$n(t) = \sqrt{0.2}\xi(t)$

从图 6.36 中可以得出与图 6.35 相同的结论,即待测信号中含有圆频率 $\omega_0 = 20$ rad/s 的信号成分。此外,图 6.36(c)再次说明了混沌 Duffing 系统对噪声的免疫特性。

以上两个仿真实例验证了基于混沌 Duffing 振子的变尺度方法检测微弱特征信号的可行性。只要能够使变尺度系数 R 与特征信号的圆频率 ω_0 相等,就能够通过系统的状态变化确定特征信号的存在,从而提取出特征信号的圆频率 $\omega_0 = R$。理论上该方法可以对任意频率(尤其是大频率)的特征信号进行识别和检测。

(9)基于阵列 Duffing 振子的任意初相位微弱信号检测方法

待测信号的初相位会对 Duffing 振子的状态产生影响,这实际上是因为待测信号初相位与驱动信号初相位不一致。

首先考虑驱动信号初相位对系统混沌状态的临界阈值 A_d 的影响。在 Duffing 方程(6.64)中令 $k = 0.5$,$a = b = \omega = 1$,驱动信号初相位为 $\gamma(\gamma \in [-180°,180°])$,得到以下 Duffing 方程

$$\ddot{x} + 0.5\dot{x} - x + x^3 = A\cos(t + \gamma) \tag{6.126}$$

直观地理解,γ 的取值几乎不影响 Duffing 系统混沌临界状态的临界阈值,因为 γ

的存在只改变了受迫力的初值，进而只影响方程解的初始轨迹而不影响系统的状态。为验证这一点，改变方程(6.121)中驱动信号初相位 γ 的值，以计算步长 $h=0.01\text{ s}$ 仿真得到该系统从混沌状态向大尺度周期状态转变的临界阈值 A_d 的数值，如表 6.3 所示。从中可以看出，随着驱动信号初相位 γ 的不断变化，系统的混沌临界阈值基本保持一致，稳定在 $0.825\sim0.827$。因此，不论驱动信号初相位为何值，都可以将检测系统驱动信号的幅值设为 0.82。

表 6.3　不同初相位下 Duffing 系统的混沌临界阈值

γ	$-180°$	$-135°$	$-90°$	$-45°$	$0°$	$45°$	$90°$	$135°$	平均
A_d	0.826 3	0.826 4	0.826 0	0.826 8	0.825 9	0.826 3	0.826 0	0.826 5	0.826 3

进一步考虑待测特征信号初相位的影响。由于总要将待测信号圆频率尺度变换为 1 rad/s，不失一般性，将待测特征圆频率设为 1 rad/s。令驱动信号为 $0.82\cos(t+\gamma)$，特征信号 $s(t)=r\cos(t+\varphi)$，其中 $\varphi\in[-180°,180°]$，得到考虑初相位的微弱信号检测模型。

$$\ddot{x}+0.5\dot{x}-x+x^3=0.82\cos(t+\gamma)+r\cos(t+\varphi)+n(t) \tag{6.127}$$

对方程(6.122)等号右端进行化简得

$$0.82\cos(t+\gamma)+r\cos(t+\varphi)$$
$$=(0.82\cos t\cos\gamma-0.82\sin t\sin\gamma)+(r\cos t\cos\varphi-r\sin t\sin\varphi)$$
$$=(0.82\cos\gamma+r\cos\varphi)\cos t-(0.82\sin\gamma+r\sin\varphi)\sin t$$
$$=\sqrt{(0.82\cos\gamma+r\cos\varphi)^2+(0.82\sin\gamma+r\sin\varphi)^2}\cos(t+\theta)$$
$$=\sqrt{0.82^2+1.64r\cos\gamma\cos\varphi+1.64r\sin\gamma\sin\varphi+r^2}\cos(t+\theta)$$
$$=\sqrt{0.82^2+1.64r\cos(\varphi-\gamma)+r^2}\cos(t+\theta) \tag{6.128}$$

其中，$\theta=\arctan[(0.82\sin\gamma+r\sin\varphi)/(0.82\cos\gamma+r\cos\varphi)]$。

上式的化简使得 Duffing 方程(6.122)中待测信号项与驱动信号项合并为一个三角函数项，前面已经分析过 θ 的数值几乎不影响 Duffing 系统的临界阈值，因此理论上，只要该三角函数的幅值大于系统的临界阈值，即

$$\sqrt{0.82^2+1.64r\cos(\varphi-\gamma)+r^2}>A_\text{d} \tag{6.129}$$

系统就可以越过临界值，从混沌状态向大尺度周期状态转变，从而将待测特征信号检测出来。反之，如果式(6.129)不成立，待测特征信号就不能被识别。若已知特征信号的幅值 r，就可以通过式(6.129)求出特征信号可以被识别的参数范围。

$$-\arccos\frac{A_\text{d}^2-0.82^2-r^2}{1.64r}<\varphi-\gamma<\arccos\frac{A_\text{d}^2-0.82^2-r^2}{1.64r} \tag{6.130}$$

将 $\arccos[(A_\text{d}^2-0.82^2-r^2)/(1.64r)]$ 记为 Ψ，$\Psi\in[0°,180°]$。当 $r=0.05$ 时，取临界阈值 $A_\text{d}=0.826$，计算得到 $\Psi=84.839°$。仿真分析也证明，当 $\gamma=0°$ 时，上述参数条件下方程(6.130)能够从混沌状态向大尺度周期状态转变的 φ 的取值范围是 $-84°<\varphi<84°$，与理论计算基本吻合。显然，当 r 增大时，Ψ 增大，φ 的取值范围 $[\gamma-\Psi,\gamma+\Psi]$ 也随着增大。

由上述分析可知，在其他参数确定的条件下，待测特征信号的初相位 φ 需满足一定范围，该待测信号才能被检测出来，即 φ 存在一个可检测窗口。图 6.37(a)阴影区域表

示了 $\gamma = 0°$ 时 φ 的可检测窗口,只有当 φ 的数值落在这个可检测窗口范围内时,待测特征信号才能够被识别,否则就不能被识别。

显然,由于该检测窗口的存在,单一的 Duffing 振子只能检测出初相位在该检测窗口范围内的微弱信号,对初相位超出该检测窗口范围的微弱信号检测就无能为力了。但是我们同时发现,该检测窗口在 $[-180°,180°]$ 区间内所覆盖的范围是随着驱动信号初相位 γ 的变化而变化的,因此,将单一的 Duffing 振子(6.127),扩展为由 4 个驱动信号初相位不同的 Duffing 振子组成的阵列方程组,来实现任意初相位特征信号的检测。该阵列 Duffing 振子如下:

$$\begin{cases} \ddot{x} + 0.5\dot{x} - x + x^3 = 0.82\cos(t + 0°) + r\cos(t + \varphi) + n(t) \\ \ddot{x} + 0.5\dot{x} - x + x^3 = 0.82\cos(t + 90°) + r\cos(t + \varphi) + n(t) \\ \ddot{x} + 0.5\dot{x} - x + x^3 = 0.82\cos(t + 180°) + r\cos(t + \varphi) + n(t) \\ \ddot{x} + 0.5\dot{x} - x + x^3 = 0.82\cos(t - 90°) + r\cos(t + \varphi) + n(t) \end{cases} \quad (6.131)$$

该阵列 Duffing 振子中每一个 Duffing 方程都存在一个特征信号 φ 的可检测窗口,从上到下分别是 $[0° - \Psi, 0° + \Psi]$、$[90° - \Psi, 90° + \Psi]$、$[180° - \Psi, 180° + \Psi]$ 和 $[-90° - \Psi, -90° + \Psi]$,如图 6.37 所示,显然,当 $\Psi > 45°$ 时,这 4 个检测窗口能够覆盖 φ 从 $-180°$ 到 $180°$ 的整个可能范围。换言之,无论待测特征信号初相位 φ 为何值,都能使阵列 Duffing 振子(6.131)中至少一个 Duffing 方程发生状态变化,从而将该特征信号检测出来。

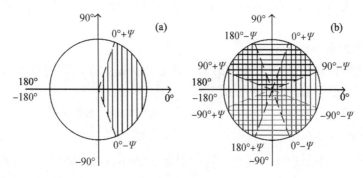

图 6.37 单 Duffing 振子和阵列 Duffing 振子的初相位检测窗口

假设待测信号 $sn(t)$ 采样频率 $f_s = 100$ Hz,特征信号 $s(t) = 0.05\cos(t + 110°)$,噪声信号强度 $D = 0.1$,利用阵列 Duffing 振子对该微弱特征信号进行检测。由于特征信号幅值 $r = 0.05$,$\Psi = 84.839° > 45°$,该阵列 Duffing 振子可检测该幅值任意初相位的特征信号。图 6.38 给出了该 Duffing 振子 4 个方程的输出相轨迹,从中可以看出,不引入驱动信号初相位的检测模型(6.119)是无法将该待测信号检测出来的,如图 6.38(a)所示,系统输出仍处于混沌状态。这是因为单一 Duffing 振子只能检测初相位在 $(-84°, 84°)$ 范围内的特征信号,而所检测的待测特征信号初相位 $\varphi = 100°$ 超出了这个区间,因而无法被检测。而阵列 Duffing 振子中第二个方程的检测窗口为 $(90° - 84°, 90° + 84°)$ 即 $(6°, 174°)$,能够覆盖该待测特征信号的初相位,系统输出转变为大尺度周期状态,从而将该待测特征信号检测出来,如图 6.38(b)所示。图 6.38(c)同样为大尺度周期状态,根据该结果也能够将待测特征信号检测出来,这是因为 $\varphi = 110°$ 位于阵列 Duffing 振子(6.131)第二和第三个方程共同覆盖的检测区间内。而图 6.38(d)所示系统的混沌状态表明第四个方程无法识别出待测特征信号。

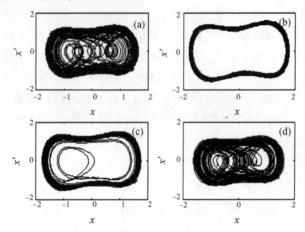

图 6.38　待测信号 $sn(t) = 0.05\cos(t + 110°) + \sqrt{0.2}\xi(t)$
输入后阵列 Duffing 振子(6.131)的输出相轨迹

综上所述,只要待测特征信号圆频率为 1 rad/s,且信号幅值足够大,使得 $\Psi > 45°$,那么将该待测特征信号输入阵列 Duffing 振子(6.131)中,至少有一个 Duffing 系统能够从混沌状态转变为大尺度周期状态,从而将该待测特征信号检测出来。换言之,只要特征信号幅值足够大,阵列 Duffing 振子(6.131)能够实现与驱动信号同频的任意初相位特征信号的检测。

(10)检测模型与检测步骤

根据以上分析和结果,进一步给出基于混沌 Duffing 振子的微弱特征信号检测方法应用于实际工程信号检测的检测模型。

$$\begin{cases} \ddot{x}(t') + 0.5\dot{x}(t') - x(t') + x(t')^3 = 0.82\cos(t' + 0°) + sn'(t') \\ \ddot{x}(t') + 0.5\dot{x}(t') - x(t') + x(t')^3 = 0.82\cos(t' + 90°) + sn'(t') \\ \ddot{x}(t') + 0.5\dot{x}(t') - x(t') + x(t')^3 = 0.82\cos(t' + 180°) + sn'(t') \\ \ddot{x}(t') + 0.5\dot{x}(t') - x(t') + x(t')^3 = 0.82\cos(t' - 90°) + sn'(t') \end{cases} \quad (6.132)$$

式中, $sn(t')$ 是待测信号 $sn(t)$ 经过变尺度系数 R 尺度变换后的信号; $sn'(t') = \eta sn(t')$; η 是幅值变换系数,用于对待测信号进行线性幅值变换(放大或缩小)。

对于任意的待测信号 $sn(t) = r\cos(\omega t + \varphi) + \sqrt{2D}\xi(t)$,其经过线性幅值变换后变为

$$sn'(t) = \eta \cdot sn(t) = \eta r\cos(\omega t + \varphi) + \sqrt{2\eta^2 D}\xi(t) \quad (6.133)$$

对待测信号进行线性幅值变换有两个目的。第一,特征信号幅值存在一个最小值 r_{min} ,只有当特征信号幅值 $r > r_{min}$,才能使 $\Psi > 45°$ 成立,进而使阵列 Duffing 振子的初相位检测窗口覆盖特征信号初相位的整个范围,因此,就需要通过调节 η 使 $\eta r > r_{min}$ 成立;第二,如果噪声强度太大,噪声的存在不仅使得系统输出相轨迹变得粗糙,也可能使相轨迹看似无序,从而无法从相轨迹判断出系统处于大尺度周期状态,因此,需要调节 η 使输入噪声强度 $\eta^2 D$ 在一个合适的范围内。

下面以机械设备的故障诊断为例,给出基于混沌 Duffing 振子的微弱特征信号检测

模型(6.132)应用于实际工程微弱信号处理中的具体检测步骤：

①分析设备可能存在的故障类型,根据故障机理,确定运行设备故障特征信号圆频率 ω_0 可能的范围 $[\omega_1,\omega_2]$,设定合适的采样频率 f_s,对运行设备的振动信号进行采集,得到实测信号 $sn(t)$。

②对实测信号 $sn(t)$ 进行 FFT 变换得到其幅值谱 $sn(\omega)$,对频率范围 $[\omega_1,\omega_2]$ 内的所有谱值 $A(\omega)$ 进行平均运算,得到均值 $\bar{A}=\dfrac{1}{M}\displaystyle\sum_{\omega_1\leqslant\omega\leqslant\omega_2}A(\omega)$,其中 M 为频率范围 $[\omega_1,\omega_2]$ 内的谱线数量,同时计算信号总能量 E。将 $sn(t)$ 乘上一个合适的幅值变换系数 η,使 $\eta\bar{A}$ 和 η^2E 的值都落在合适的范围之内。将幅值变换后的待测信号记为 $sn'(t)$。

③将幅值变换后的信号 $sn'(t)$ 输入检测模型(6.132),引入变尺度系数 R(初设为 ω_1),采用计算步长 $h=R/f_s$ 求解检测模型中各方程,则待测信号尺度变换为 $sn'(t')$,其特征信号圆频率变为 ω_0/R,变尺度采样频率 $f'_s=f_s/R$。绘出各方程输出相轨迹,观察是否有大尺度周期状态出现。如果有,记录下此时的变尺度系数 $R_0=\omega_1$;如果没有,以一定的间隔 ΔR 逐渐增大 R 的取值,直到检测模型中至少一个方程出现大尺度周期状态,记录下此时的变尺度系数 $R_0=\omega$;或当 R 增大到 ω_2 之后,检测模型都没有出现大尺度周期状态,证明无故障特征信号。

④根据步骤③的结果,得到实测信号 $sn(t)$ 中的微弱特征信号圆频率 $\omega_0=R_0$,或证明不存在微弱特征信号成分,从而对设备的故障进行诊断和识别。

6.3　基于盲源分离的信号处理技术

盲源分离(BSS,Blind Source Separation)是信号处理中一个传统而又极具挑战性的问题。BSS 指仅从若干观测到的混合信号中恢复出无法直接观测的各个原始源信号的过程。这里的"盲"指源信号不可观测、混合系统特性事先未知这两个方面。与其他信号处理方式比起来,盲信号处理模式具有特殊的优势,可处理图像恢复、图像增强、图像滤波和视频人脸识别检测、阵列信号和语音识别等问题。

6.3.1　盲信号处理的概念与分类

多年来,人们主要是通过传感器、信号处理两种方式获取有用的信号。信号与信息处理的任务是从大量的数据中提取所需的信息,即源信号分离。由于源信号未知,且多传感器传输的混合信号复杂,此时,信号处理研究需要一个新方法——盲信号处理(BSP)。

(1)盲信号处理的概念

严格地讲,盲信号处理就是在对源信号和传输通道几乎没有可利用的信息的情况下,仅从观测到的混合信号中提取或恢复出源信号的一种信号处理方法。术语"盲"的解释有两种:一是除观测数据外,其他所有的系统信息都未知;二是在盲信号处理中,源信号如何混合是未知的。实际中,对于工程问题,应用一些先进的知识往往可以简化盲处理方法且能提高处理效率。

盲源分离的一般表达如下:一个多输入多输出的非线性动态系统中传感器测得的

信号为 $\boldsymbol{x}(k)=[x_1(k),x_2(k),\cdots,x_m(k)]^T$,找到一个逆系统,以重构估计原始的源信号 $\boldsymbol{s}(k)=[s_1(k),s_2(k),\cdots,s_m(k)]^T$ 。术语"盲"代表着源信号 $\boldsymbol{s}(k)$ 及其混合形式未知,在这种条件下来求解问题,其输出可由式(6.134)表达

$$y(k)=\boldsymbol{W}x(k)=\boldsymbol{W}\boldsymbol{A}s(k)=\boldsymbol{C}s(k) \tag{6.134}$$

式中,$\boldsymbol{W}$ 为 $r×m$ 的分离矩阵,$\boldsymbol{C}$ 是一个 $r×n$ 的矩阵,一般称之为混合–分离矩阵,$\boldsymbol{C}=\boldsymbol{W}\boldsymbol{A}$ 。

盲源分离模型通用处理模块如图6.39所示。

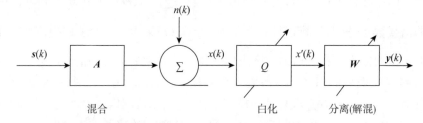

图6.39　盲源分离模型通用处理模块图

盲信号在处理前的信号预处理很重要,其方法包括去均值、幅值归一化或单位化、白化解相关、限制带宽和信号分解等。同时,由于处理算法往往计算量大,并且制约算法的实时实现,因此,提高算法的效率应采用高速硬件。

（2）盲信号处理的分类

在研究盲源分离时,通常不考虑未知分布噪声对信号的影响。在盲信号处理中,按对源信号通过传输通道的混合方式,可以将其分为线性信号盲处理、线性卷积混叠信号盲处理与非线性混叠信号盲处理三类。按照传输通道中噪声特性和噪声混合形式,盲处理可分为有噪声盲处理和无噪声盲处理。目前,盲源分离算法集中在源信号线性混合问题的盲处理。盲信号处理包括盲信号分离、盲辨识和盲反卷积三大类。

盲处理的大部分方法是根据一定的理论构造目标函数。盲处理采用的目标函数主要包括:负熵、互信息量、KL 散度、高阶累计量等。确定了目标函数后,就需要进行寻优处理。盲信号处理与传统信号处理最大的区别是:盲信号处理利用最小的信息获取最大的收益。

（3）盲信号处理的应用

盲信号处理在语音信号、文字处理、无线信号、环境、生物医学信号和图像信号处理等方面都有应用。此外,盲信号处理在诸如地球物理信号处理、数据挖掘、回波抵消、机械故障检测、数据分析及压缩等方面的应用也慢慢发展起来。

6.3.2　盲信号分离的基础

在盲信号分离过程中需要大量的理论基础,包括信息论、盲信号的基本概念、预处理、分离的原则、分离方法等。在研究和仿真算法的过程中,应具备这些方面的知识。

信号模型为 $\boldsymbol{x}(k)=\boldsymbol{A}s(k)$,假设 $\boldsymbol{A}$ 与 $\boldsymbol{s}$ 分别为混合矩阵和源信号。盲源分离的目的是要估计源信号 $\boldsymbol{s}$ 。辨识空间的组成成分是可以产生相同的观测信号的源信号和混合信号。辨识空间的定义为,令 M 代表满足基本模型假设的 $(\boldsymbol{A},\boldsymbol{s})$ 的集合,即辨识空间 $I(\boldsymbol{x},n)$ 。

$$I(x,n)=\{(\boldsymbol{A},\boldsymbol{s})\in\boldsymbol{M}|\boldsymbol{x}(\cdot)=\boldsymbol{A}s(\cdot)\} \tag{6.135}$$

当且仅当满足基本模型假设和 $As(\,\cdot\,) = A\mathrm{oso}(\,\cdot\,)$ 时,才有 $(A,s(\,\cdot\,)) \in I(x,n)$。

可见,辨识空间中存在着不确定性,这是由矩阵 M 引起的。但由于并非所有辨识空间的 (A,s) 都是其本身的最好估计,所以要确定一类可接受的矩阵 M,而不是幅度中与源信号的顺序相关的不确定性。

(1)盲信号的预处理

通常使用的预处理的方法为白化处理和去均值处理。在感测到混合信号时,对其进行盲源分离处理之前,要进行预处理。

(2)信号的去均值处理

信号去均值处理是为了使信号的均值变为 0。已有的多数盲源分离算法都假设信号源的所有分量的均值为 0,所以为使实际的盲源分离问题能符合算法提出的假设,在对混合信号进行盲源分离时要使信号均值化。信号零均值处理的方法为:设 x 为均值不为零的随机变量,用 $x - E(x)$ 代替 x 就可以了。

(3)盲信号的分离原理(见图 6.40)

为了确定分离矩阵 W,按照信息论、统计理论、输入输出信息量和输出信号的独立性等理论知识,建立以 w 为变量的目标函数 $F(w)$,使目标函数 $F(w)$ 达到极值。

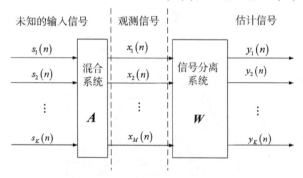

盲源分离问题示意图

图 6.40　盲源分离的模型

(4)盲信号分离的方法

目前,盲信号处理的方法大部分基于二阶统计。对于高斯信号,不相关与统计独立性是等价的,但对于非高斯信号,其比无关条件独立性强,意味着在二阶统计量,包括所有的高阶统计量是相互独立的。因此,仅通过二阶统计量不能彻底解决盲源分离问题。所以寻找高阶统计量并且有了一定程度的发展。积量算法中典型的是由 Herault 和 Jutten 提出的网络神经算法,通常称为 H-J 算法。此算法利用递归网络结构,分离网络输出为:

$$y(t) = x(t) - W(t)y(t) \tag{6.136}$$

H-J 算法得出的结果没有明确的误差函数,使该误差函数全局最小化就能够得到问题的答案。

实际的传感器观测是通过非线性混合信号的源信号,上面提到的基于线性混合的盲源分离算法不再适用。然而,现实生活中非线性混合模型是常见的,因此,非线性混合信号的盲源分离研究得到了很多关注。

在非线性混合信号的盲源分离中,完全非线性混合盲信号的分离是非常复杂的。

现今,非线性混合盲信号分离的研究有两种:一是直接在现有的线性混合盲信号的分离方法中引入非线性扩展;二是提取非线性特征的分离方法。在这些研究中,建立信号的混合数学模型是首要的工作。

(5)盲源分离的数学模型

由于源信号经过传输通道的混合方式不一样,因此大致将盲源分离问题分为三种类型:线性瞬时混合模型、线性卷积混合模型和非线性混合模型。

①线性瞬时混合模型

无噪声的线性瞬时混合模型可以用下式来表示

$$x(t) = As(t) \tag{6.137}$$

式中,$x(t)$表示通过传感器获得的 N 个混合信号,即 $x(t) = [x_1(t), x_2(t), \cdots, x_N(t)]^T$;$s(t)$表示 M 个相互独立的源信号 $s(t) = [s_1(t), s_2(t), \cdots, s_M(t)]^T$;$A$ 表示未知的 $M \times N$ 维的混合矩阵,并且 $M \leq N$,满足混合信号数大于等于源信号数。

线性瞬时混合模型可以用图 6.41 来描述,盲源分离的目的就是建立目标函数,寻找一个最优分离矩阵 W,就可以得到源信号的估计信号 $y(t) = [y_1(t), y_2(t), \cdots, y_M(t)]^T$。线性瞬时混合盲源分离是盲源分离中最基础,也是最简单的,在混合模型可以简化的情况下,瞬时盲源分离是最有效的分离方法。

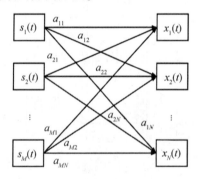

图 6.41　线性瞬时混合模型

②线性卷积混合模型

源信号的瞬时混合模型要求各个源信号同时被各个传感器所接收,然而,在实际情况下,在信号的传播过程中,不可避免地存在信号的时延、反射、散射等不同的路径效应,因此,传感器所接收到的信号就不是简单的瞬时混合,而应该建模为卷积混合。线性卷积混合模型可以由图 6.42 来描述。

用式(6.138)来描述盲源分离的线性卷积模型。

$$x(t) = A * s(t) + n(t) = \sum_{k=-\infty}^{\infty} A(k)s(t-k) + n(k) \tag{6.138}$$

式中,$x(t)$为观测信号;$s(t)$为独立源信号;"$*$"表示卷积运算;A 为未知的线性滤波器矩阵,表示从源信号到观测信号的信号传播路径;$n(t)$表示附加的噪声信号。

③非线性混合模型

非线性混合模型由式(6.139)来描述。

$$x(t) = F[As(t)] + n(t) \tag{6.139}$$

式中,$x(t)$为观测信号;$s(t)$为独立源信号;$n(t)$为噪声信号;$F(\cdot)$为未知的非线性函

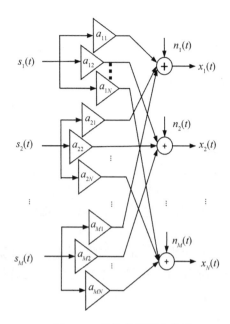

图 6.42　线性卷积混合模型

数;A 为未知的常系数混合矩阵。

如果将噪声 $n(t)$ 忽略不计,则非线性混合模型用图 6.43 来表示。

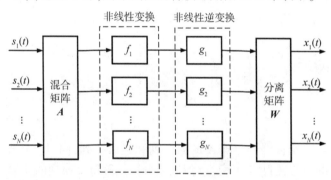

图 6.43　非线性混合模型

(6)盲源分离的基本假设

由于盲源分离问题仅利用混合信号就可以估计出原始信号以及混合通道参数,因此这样的解有无数个,但是并不是每一个解都有意义,若想要盲源分离结果更有意义,就有必要对盲源分离给定一些基本假设条件。

①源信号 $s(t)$ 中最多允许有一个高斯分布的随机变量。

高斯分布的信号呈现出来是完全对称的,当高斯分布的变量经过线性混合后,其并不包含混合矩阵 A 中任意列向量的信息,仍然呈现为高斯分布。当源信号中不只有一个信号呈高斯分布时,盲源分离算法将不能求解。

②各个源信号 $s(t)$ 之间相互统计独立,均值都为零。

各个源信号相互统计独立,也就是说,源信号的联合概率密度就等于各个源信号的边际概率密度的乘积,这种独立性条件是盲源分离的基础条件。

③混合矩阵 A 列满秩,观测信号数 N 大于等于源信号数 M,为了方便,研究中,往往

假设源信号数与观测信号数相等，即 $M=N$。

盲源分离的目的就是找到一个分离矩阵 W，利用公式 $y(t)=Wx(t)=WAs(t)$，估计出源信号 。若想要得到理想的分离效果，根据数学推导，则 $WA=I$，也就是说，分离矩阵 W 是混合矩阵 A 的逆矩阵，这样混合矩阵 A 为列满秩的。

在混合过程中，混合矩阵的列数必须等于源信号的个数 M，行数等于观测信号数 N，如果 $M<N$，混合矩阵 A 将不可逆，$y(t)=Wx(t)$ 也就不可求解。混合矩阵 A 为列满秩时，即 $M \geq N$，盲源分离才有解。

④噪声信号与各个源信号相互统计独立，且为加性的高斯白噪声。

噪声信号与各个源信号相互独立时，可以将噪声当作一个独立的源信号，进行盲源分离。在噪声影响可以忽略时，可以让噪声 $n(t)=0$，简化计算。

(7)盲源分离的不确定性

盲源分离问题是多解的，如果没有一定的先验知识，是不可能实现源信号的完全辨识的，这些缺陷表现在分离出的估计源信号的不确定性上，也就是分离顺序的不确定性和分离幅值和相位的不确定性。

①分离顺序的不确定性

由于独立源信号 $s(t)$ 和混合矩阵 A 是未知的，当同时交换源信号的位置和混合矩阵中相应列向量的位置后，得到的矢量是不变的。所以盲源分离可以将所有的源信号都分离出来，却不能确定估计信号的排列顺序。

$$x(t)=As(t)=\begin{bmatrix} a_{11} & a_{12} & \cdots & a_{1M} \\ a_{21} & a_{22} & \cdots & a_{2M} \\ \vdots & \vdots & & \vdots \\ a_{N1} & a_{N2} & \cdots & a_{NM} \end{bmatrix}\begin{bmatrix} s_1 \\ s_2 \\ \vdots \\ s_M \end{bmatrix}=\begin{bmatrix} a_{1M} & a_{12} & \cdots & a_{11} \\ a_{2M} & a_{22} & \cdots & a_{21} \\ \vdots & \vdots & & \vdots \\ a_{NM} & a_{N2} & \cdots & a_{N1} \end{bmatrix}\begin{bmatrix} s_M \\ s_2 \\ \vdots \\ s_1 \end{bmatrix}$$

$$(6.140)$$

根据式(6.140)，交换混合矩阵 A 的第一列和最后一列，同时交换第一个源信号及第 M 个源信号，得到的观测信号不变。所以当分离矩阵里交换列的位置时，得到的分离信号的顺序就不一样，这就是盲源分离的分离顺序不确定性。

②分离幅值和相位的不确定性

由于源信号以及混合矩阵的未知性，当混合矩阵中的某一列和与之相应的源信号之间交换一个比例因子时，对观测信号也不会产生任何影响，如下式所示

$$x(t)=As_i(t)=\sum a_i s_i(t)=\sum \frac{a_i}{b_i}b_i s_i(t) \qquad (6.141)$$

式中，a_i 为混合矩阵 A 中的元素；b_i 为比例因子。

根据式(6.141)，可以看出分离信号的幅值是由混合矩阵 A 确定的，但是混合矩阵 A 是未知的，所以也不能确定分离信号的幅值；对于复数幅值的信号，也可能会存在相位的不确定性，其相位的不确定性与幅值的不确定性是同样的道理，在此不再赘述。

虽然盲源分离存在着分离顺序、分离幅值和相位的不确定性，但是这并不能影响源信号的识别，因为源信号中的大多数特征信息是隐藏在其波形中的，它们的幅值和顺序并不影响信号的特征信息。

(8)盲源分离的预处理方法

为了提高盲源分离的效率,在对观测信号进行盲源分离之前,首先要对观测信号进行盲处理。一般地,盲处理的步骤有两步:一是去除信号的均值,也称为"去均值",或"零均值化""对中";二是白化处理,也可以称为"球化""圆整"。

①零均值化

大部分盲源分离方法假设源信号须是均值为零的随机变量,这样,在实际的盲源分离应用中,就需要在盲源分离之前去除信号的均值,满足假设条件。去均值是使通过传感器所采集到的观测信号的平均值等于零,这种处理方法可以极大地简化盲源分离算法。假设随机变量 x 的数学期望是 $E\{x\}$,那么信号的中心化处理过程就可以表示为

$$x = x - E\{x\} \tag{6.142}$$

在实际中,利用传感器采集到的观测信号的长度是有限的,所以,在实际计算中,往往利用采集到的样本数据的平均值来替代均值,同样可以达到理想的效果。

对于盲源分离的瞬时混合模型,其源信号均值为

$$E\{s\} = A - E(x) \tag{6.143}$$

对采集到的样本信号进行零均值化处理,同时利用式(6.143),可以知道处理得到的源信号的均值也等于零。

运用上面的方法对混合信号进行零均值化,这样不仅不会影响盲源分离的效果,而且可以提高盲源分离的效率。在去均值处理后使用盲源分离就可以恢复出源信号,如果想要得到精确的分离结果,需要在恢复的源信号上加上 $A - E(x)$ 就可以得到真正的源信号了。

②白化处理

在盲源分离方法中一种常见的盲处理的方法就是白化处理。针对某些盲源分离算法,对其进行白化处理可以有效地提高盲源分离的收敛速度。

白化处理也可以称作球化处理或者是归一化的空间解相关。对向量进行白化处理的算法有许多种,如特征值分解的算法、主分量分析算法、自适应的算法以及稳定的白化算法。其中特征值分解的算法是最基本的,也是最简单的。

对零均值的随机向量 $\boldsymbol{x}$ 进行协方差分解:

$$E\{\boldsymbol{x}\boldsymbol{x}^{\mathrm{T}}\} = \boldsymbol{E}\boldsymbol{D}\boldsymbol{E}^{\mathrm{T}} \tag{6.144}$$

式中,$\boldsymbol{E}$ 是 $E\{\boldsymbol{x}\boldsymbol{x}^{\mathrm{T}}\}$ 的正交矩阵,且由协方差矩阵的特征向量构建;$\boldsymbol{D}$ 是对角矩阵,由协方差矩阵的特征值构建,则 $\boldsymbol{D} = \mathrm{diag}(d_1, d_2, \cdots, d_n)$。

这样利用公式(6.145)就能够获得白化矩阵:

$$\boldsymbol{V} = \boldsymbol{E}\boldsymbol{D}^{-1/2}\boldsymbol{E}^{\mathrm{T}} \tag{6.145}$$

式中,$\boldsymbol{D}^{-1/2} = \mathrm{diag}(d_1^{-1/2}, d_2^{-1/2}, \cdots, d_n^{-1/2})$。

对于相关矩阵来说,其奇异值分解与特征值分解是等价的,也就是说,也可以通过对相关矩阵进行奇异值分解来实现白化处理,其过程与利用特征值分解的过程一致。

白化过程不能保证达到源信号的盲源分离效果,但是明显能简化盲源分离算法。图 6.44 所示为三个源信号的波形,混合矩阵为随机的、矩阵元素大小在[0,1]的矩阵,图 6.45 所示为源信号通过矩阵混合后的信号波形,图 6.46 所示为经过上述白化过程后的混合信号。图 6.46 中的信号基本上与图 6.44 中的源信号波形一致,这个例子形象地

说明了白化过程可以简化盲源分离算法。

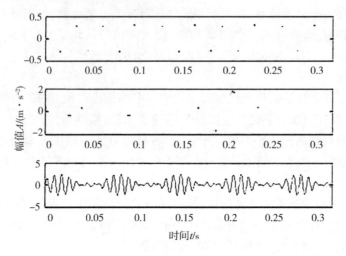

图 6.44　源信号

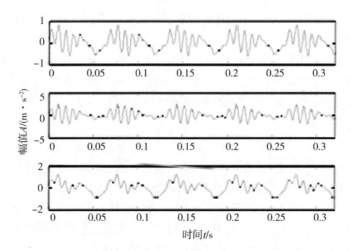

图 6.45　混合信号

6.3.3　盲源分离的经典算法

盲源分离的算法有许多,其中比较经典的算法有特征矩阵联合近似对角化算法、信息极大化算法和独立分量分析算法。盲源分离算法主要包含两部分,即目标函数和优化算法,通过优化建立的目标函数来分离源信号。

(1)特征矩阵联合近似对角化算法

在所有的盲源分离方法中,特征矩阵联合近似对角化方法(JADE)是最具代表性的。这种方法是由法国学者 Cardoso 对 Comon 提出的 Jacobi 方法进行了改进,分离性能大有提高。该方法引入了四阶累积量,并进行了特征值分解,提高了分离结果的稳定性。JADE 的计算步骤如下:

①求得白化矩阵 $\boldsymbol{W}$,并对观测信号 $x(t)$ 进行白化处理。

首先对观测信号 $\boldsymbol{x}(t) = [x_1(t), x_2(t), \cdots, x_N(t)]^{\mathrm{T}}$ 进行自相关处理,即 $Rx =$

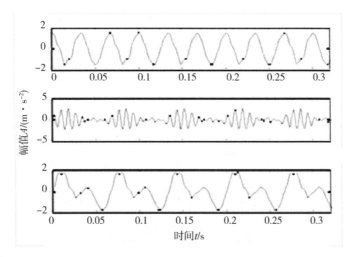

图 6.46　白化后的混合信号

$E[x(t)x(t)^*]$，其中"$*$"表示复共轭，Rx 进行特征值分解得到相应的特征值 λ_i 及特征向量 h_i。白化矩阵 W 可由式（6.146）得到：

$$W = [(\lambda_1 - \sigma^2)^{1/2h_1}, \cdots, (\lambda_M - \sigma^2)^{1/2h_M}]^T \tag{6.146}$$

式中，σ^2 表示噪声方差，是自相关矩阵的 $N - M$ 个最小特征值的平均。

白化矩阵 W 与观测信号 $x(t)$ 相乘，得到白化后的信号 $z(t)$。

$$z(t) = Wx(t) = WAs(t) = Us(t) \tag{6.147}$$

②计算白化信号 $z(t)$ 的四阶累积量。

一个 $N \times N$ 的矩阵 M，它的四阶累积量矩阵 V 为

$$V = Q_z(M) \overset{\text{def}}{\Leftrightarrow} v_{ij} \sum_{k,l=1,n} Cum(z_i, z_j^*, z_k, z_l^*) m_{kl}, 1 \leq i,j \leq n \tag{6.148}$$

式中，$Cum(z_i, z_j^*, z_k, z_l^*)$ 表示 V 中第 (k,l) 个累积量子矩阵的第 i 行第 j 列元素。

③利用联合近似对角化的方法对白化矩阵 $z(t)$ 的四阶累积量进行处理，即可求出矩阵 U。

利用参照函数 $d(U,V)$ 对矩阵进行矩阵联合对角化

$$d(U,V) \overset{\text{def}}{=\!=} \sum_{r=1,n} |\,\text{diag}(U^T V_r U)\,| \tag{6.149}$$

尽可能使参照函数达到最大，这样才能使得集合 $\hat{V}$ 更接近于对角化，从而得到矩阵 U。

$$\hat{V} = \{\hat{\lambda}_r, \hat{M}_r \,|\, 1 \leq r \leq n\} \tag{6.150}$$

式中，$\hat{\lambda}_r$ 代表混合信号分解的第 r 个特征量，$\hat{M}_r$ 代表第 r 个特征向量。

④盲源分离的结果可以利用矩阵 U、白化矩阵 W 以及混合信号 $x(t)$ 得到

$$\hat{s}(t) = U^H Wx(t) \tag{6.151}$$

（2）信息极大化算法

盲源分离中的一个基本问题就是分离信号的独立性，这就需要建立一个目标函数作为度量独立性的基准。而这些目标函数的建立及使用都与随机变量的 KL 散度、信息

熵、互信息、累积量等信息论知识紧密相连。

美国学者 Bell 与 Seinowsk 提出了信息极大化算法,其最重要的一步就是在得到的分离信号之后再添加一个非线性函数处理,如图 6.47 所示,信号 r 并不是最终的输出信号,y_i 才是分离得到的最终信号,非线性函数起到能节的作用,从而使得各个分离信号 y_i 最大可能的独立。

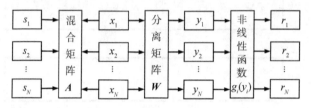

图 6.47　信息极大化盲源分离

自适应处理的目标函数就是能节分离矩阵 W 使 r_i 的总熵极大。总熵为

$$H(\boldsymbol{r},\boldsymbol{W}) = H(\boldsymbol{x}) + \int p(\boldsymbol{x})\log\left[\,|\boldsymbol{W}|\,\prod_{i=1}^{N} g'_i(y_i)\,\right]\mathrm{d}\boldsymbol{x} \tag{6.152}$$

同时对式(6.152)左、右两边 W 求导得到

$$\frac{\partial H(\boldsymbol{r},\boldsymbol{W})}{\partial \boldsymbol{W}} = \boldsymbol{W} - T - \psi(\boldsymbol{y})\boldsymbol{x} - T \tag{6.153}$$

$W(n+1) = W(n) + \mu_n[\,W^{-\mathrm{T}}(n) - \psi(\boldsymbol{y})\boldsymbol{x}^{\mathrm{T}}(n)\,]$ 为能节公式,μ_n 为能节步长。

$$\psi(\boldsymbol{y}) = \left[\,-\frac{g''_1(y_1)}{g'_1(y_1)},\ -\frac{g''_2(y_2)}{g'_2(y_2)},\cdots,\ -\frac{g''_N(y_N)}{g'_N(y_N)}\,\right] \tag{6.154}$$

将能节公式能节分离矩阵 W 代入式(6.152),使目标函数的总熵 $H(\boldsymbol{r},\boldsymbol{W})$ 达到极大,最终利用得到的分离矩阵 W 就得到了分离后的估计源信号。

（3）独立分量分析算法

独立分量分析（Independent Component Analysis,ICA）算法基于非高斯性最大化原理,选择适当的优化算法迭代寻找非高斯性极大的最优解,从而确定解混系统中的各种参数,得到最终的估计源信号。对于 ICA 算法的优化过程,其优化函数大致分为三类:批处理算法、自适应处理算法以及逐层分离算法。

①批处理算法

在优化建立的目标函数时,需不断地进行迭代,直到寻到最优解。而在迭代过程中,每一次迭代都要使用全部的数据信息,每一次都要用样本的平均值来替换数学期望。批处理算法是一次性就可以得到所有的独立分量的一种优化算法。

②自适应处理算法

自适应处理算法是一种在线处理方法,它可以根据在线时不断获得的最新的数据来依次更新解混系统中的参数。在优化过程中,需要迭代时,只使用最后获得的观测样本的平均值就可以,不用对整个样本进行处理,省去了大量的计算。

③逐层分离算法

逐层分离算法不像批处理算法和自适应处理算法那样可以一次性分离出全部的源信号,顾名思义就是按照一个特定的方向来逐步分解,直到所有独立分量都被提取出来。

（4）盲源分离的固定点算法

固定点算法（Fixed-point algorithm）收敛速度快且可靠,它建立在提取信号非高斯性极大化的概念上,采用逐层分离方法,完成信号迭代,从而达到信号分离的目的。

固定点算法是一种快速寻找最优解迭代的算法,与基于神经网络反馈方法不同的是,它采用批处理的方式,在每一次迭代中都需要大量的数据来达到优化的目的。根据建立的目标函数的不同,固定点算法又可以划分为三部分,即基于峭度的固定点算法、基于负熵的固定点算法以及基于极大似然的固定点算法。下面以基于峭度的固定点算法为例进行说明。

峭度（Kurtosis）是随机变量非高斯性衡量的指标,反映了随机变量信号分布特性的数值统计量,是归一化的四阶中心矩。由于采用四阶中心矩比二阶统计量能得到的有用信息更多,所以常常采用随机变量的峭度作为度量非高斯性的准则。

随机变量 y 的峭度定义为：

$$kurt(y) = E\{y^4\} - 3(E\{y^2\})^2 \tag{6.155}$$

呈现高斯分布的随机变量 y 的峭度等于零；呈现亚高斯分布的随机变量 y 的峭度小于零；呈现超高斯分布的随机变量 y 的峭度大于零。并且几个不同分步的信号联合后,每一个信号的高斯性均加强,这可以作为衡量非高斯性的准则。

盲源分离要达到的结果是 $y = w^T x$,用 $w^T x$ 来替换式（6.155）中的随机变量 y,得到的峭度为

$$kurt(y) = kurt(W^T x) = E\{(w^T x)^4\} - 3(E\{(w^T x)^2\})^2 \tag{6.156}$$

对式（6.156）中的 w 进行求导得到

$$\nabla kurt(w^T x) = 4[E\{x(w^T x)^3\} - 3wE\{(w^T x)^2\}] \tag{6.157}$$

在 $\|w\|^2 = 1$ 的约束条件下,让式（6.157）等于零,求得约束条件下极值的解为

$$w = \frac{2}{\beta}[E\{x(w^T x)^3 - 3w\}] \tag{6.158}$$

式中,β 为拉格朗日系数。因此,基于峭度的固定点算法的迭代公式为

$$w^+ = E\{x(w^T x)^3 - 3w\} \tag{6.159}$$

通过式（6.159）对分离矩阵进行迭代直到找到相应的独立分量,也就是源信号,就可以停止迭代了。

6.3.4 盲源分离的性能评价指标

不同的盲源分离算法各有千秋,针对不同的机械状态分离效果也会有所差别。为了评价各个算法对振动信号分离性能的高低,要建立一个评价准则,来客观地描述盲源分离的分离效果。

（1）相似系数

相似系数是用来判断两个信号之间的相似性的,在盲源分离中,用来衡量分离后的估计信号与源信号之间的相似程度,s_i 与 y_j 之间的相似系数为

$$\rho_{ij} = \frac{\text{cov}(s_i, y_j)}{\sqrt{\text{cov}(s_i, s_i)\text{cov}(y_j, y_j)}} \tag{6.160}$$

式中,ρ_{ij} 表示第 i 个源信号与其相应的第 j 个分离信号间的相似系数；s_i 为源信号 s 中的

第 i 个信号；y_j 为分离信号 y 中的第 j 个分离信号；cov（·）表示方差。

由概率论的知识可以得到，相似系数不大于 1。当 $|\rho_{ij}| = 1$ 时，表示源信号与分离信号完全相似，即盲源分离效果很好；当 $\rho_{ij} = 0$ 时，表示源信号与分离信号相互统计独立，也就是完全没有分离出源信号；当 $|\rho_{ij}| < 1$ 时，表示源信号与分离信号具有相似性，并且相似系数越接近于 1，相似性越大，盲源分离的分离效果越好。

（2）性能指数 PI

在实际中，盲源分离方法只能使得混合–解混矩阵尽可能地类似或接近一个广义的排列矩阵，所以，对于盲源分离效果的评定，一种有效的方法就是评价性能指数 PI，通过混合–解混矩阵和广义排列矩阵之间的差别来衡量，定义为

$$PI = \frac{1}{N(N-1)} \sum_{i=1}^{N} \left\{ \left(\sum_{k=1}^{N} \frac{|g_{ik}|}{\max_j |g_{ij}|} - 1 \right) + \left(\sum_{k=1}^{N} \frac{|g_{ki}|}{\max_j |g_{ji}|} - 1 \right) \right\} \qquad (6.161)$$

式中，N 表示混合信号的个数，这里假设源信号数等于混合信号数；g_{ij} 表示矩阵 $\boldsymbol{G}$ 的第 i 行第 j 列的元素，全局矩阵 $\boldsymbol{G} = \boldsymbol{W} \times \boldsymbol{A}$，$\boldsymbol{W}$ 为解混矩阵，$\boldsymbol{A}$ 为混合矩阵；$\max_j |g_{ji}|$ 表示矩阵 $\boldsymbol{G}$ 中第 i 行中绝对值最大的元素。

由式（6.161）可以看出，性能指数 PI 是一个大于等于零的数，并且 PI 值越小，表示盲源分离效果越好。

（3）信噪比

信噪比描述的是有用信号与噪声的比值，用在盲源分离评价上，表示源信号与分离信号的差值与源信号的比值。其定义为

$$SNR = 10\log \left| \frac{\sum s_i^2}{\sum (s_i - y_j)^2} \right| \qquad (6.162)$$

式中，s_i 为源信号 s 中的第 i 个信号；y_j 为分离信号 y 中的第 j 个分离信号；SNR 表示信噪比。

信噪比可以衡量盲源分离算法对每个源信号的恢复能力，其绝对值越大，表示盲源分离的分离效果越好。

以上介绍的三种盲源分离算法的性能指标中，PI 同时考虑了矩阵 $\boldsymbol{AW}$ 的行及列元素的关系，因此较符合衡量算法性能的规律。

6.3.5 盲源分离的算法及其结果

（1）基于最大信噪比的盲信号分离算法

基于最大信噪比的盲信号分离算法是一种全局最优的盲源分离算法。根据盲信号分离效果越好信噪比越大的特点，建立信噪比目标函数，把求优过程转换为广义特征值求解，用求出的特征值构成分离矩阵。信号的混合模型表示为：

$$\boldsymbol{X}(n) = \boldsymbol{H}s(n) \qquad (6.163)$$

盲源分离是由观测信号 $\boldsymbol{x}(n)$ 和源信号 $s(n)$ 的概率分布来恢复出 $s(n)$，即找到一个 $N \times N$ 阶的分离矩阵 $\boldsymbol{W}$，使其输出

$$\boldsymbol{y}(n) = \boldsymbol{W}\boldsymbol{x}(n) = \boldsymbol{W}\boldsymbol{H}s(n) \qquad (6.164)$$

其中，$\boldsymbol{y}(n)$ 为 $s(n)$ 的一个估计，$\boldsymbol{y}(n)$ 为 $s(n)$ 的分离信号。

基于最大信噪比的盲源分离算法是通过确定分离矩阵，从而分离出源信号。在图

6.48 所示的算法过程中,需要注意的是首先建立一个以 W 为变元的目标函数 $F(W)$,如果有一个 W 能使 $F(W)$ 达到最大或最小值,那么该 W 即为所需的解。

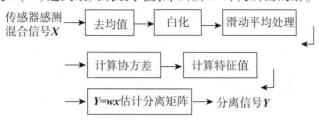

图 6.48 基于最大信噪比盲源信号信号分离算法流程

(2)基于峭度的盲信号分离算法

由于盲信号分离时,源信号的概率密度函数和激活函数难以确定,因此提出了基于峭度的盲信号分离算法。峭度可以称为一个随机变量偏离高斯随机变量的反应程度。通过激活函数的自适应确定,可以有效优化语音分离盲信号算法的性能,提高分离的精度和速度。基于峭度的盲信号分离算法流程如图 6.49 所示。

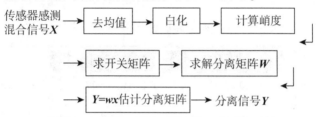

图 6.49 基于峭度的盲信号分离算法流程

(3)基于两种算法的仿真

通过基于最大信噪比和基于峭度的盲信号分离算法得出了两个仿真实例:当源信号为 cdma1frame.mat、扫频信号和正弦信号时,利用这两种盲信号分离算法对源信号混合信号进行盲源分离处理;当源信号为 chirp.mat 信号、扫频信号和正弦信号时,利用这两种盲信号分离算法对源信号混合信号进行盲源分离处理。这些源信号都是通过 MATLAB 软件仿真得到的。这两种算法盲信号分离的结果以图形和表格的形式给出,其中源信号、混合信号和分离信号的时域和频域如图 6.50~图 6.55 所示。对于相似系数矩阵,当它的每行每列都有且仅有一个元素接近 1,其他元素都为 0 时,即可认为该算法的分离效果较为理想。

仿真①如下:

源信号为 cdma1frame.mat、正弦信号、扫频信号,采样速率为 9 830 400 Hz,数据长度为 8 192 个点,通过基于最大信噪比的盲信号分离算法进行分离,得到的结果随机产生的矩阵为

$$AA = \begin{bmatrix} 1.179\ 7 & 0.716\ 3 & -0.078\ 3 \\ -0.385\ 8 & 0.032\ 3 & -2.118\ 8 \\ -1.118\ 7 & -0.865\ 5 & 1.172\ 7 \end{bmatrix}$$

在基于峭度的盲信号分离算法中,求解分离矩阵 W 时,选取的迭代次数为 1 024 次,数据长度为 8 192 个点,分离结果如下:

随机产生的矩阵为

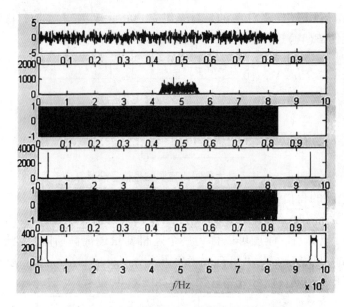

图 6.50   CDMA 帧、正弦信号与扫频信号的时域和频域

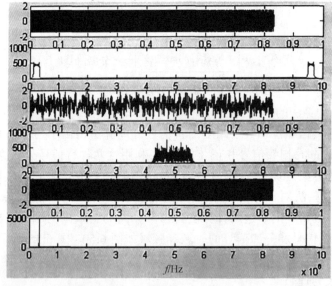

图 6.51   基于最大信噪比的盲信号分离算法后的信号时域和频域

$$AA = \begin{bmatrix} -1.118 & -0.896\ 5 & -1.163\ 1 \\ -0.620\ 3 & 0.135\ 3 & -1.183\ 5 \\ 1.269\ 7 & -0.139\ 1 & -0.015\ 6 \end{bmatrix}$$

仿真②如下:

源信号为 MATLAB 软件提供的 chirp.mat 信号、正弦信号和扫频信号,采样速率为 8 192 Hz,选取的数据长度为 8 192 点,利用基于最大信噪比的盲信号分离算法分离,结果如下:

随机产生的矩阵为

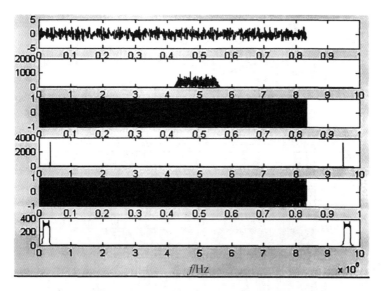

图 6.52　CDMA 帧、正弦信号与扫频信号的时域和频域

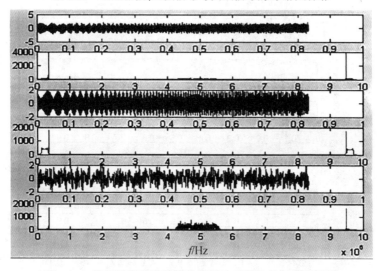

图 6.53　基于峭度的盲信号分离算法后的信号时域和频域

$$AA = \begin{bmatrix} -0.977\ 5 & 2.372\ 5 & 0.701\ 6 \\ -0.446\ 7 & 0.229\ 5 & -0.487\ 4 \\ 1.082\ 3 & -0.266\ 3 & -1.862\ 3 \end{bmatrix}$$

6.3.6　融合小波分解与时频分析的单通道振动信号盲源分离

现有的盲源分离方法对源信号的先验知识要求很少,但是盲源分离要满足一些基本假设条件,如源信号数不多于观测信号数,且源信号是非高斯性、平稳的且相互统计独立的。但是在实际的机械振动中,通常希望用较少的传感器来获得较多的机械设备状态信息,这样在实际的机械故障诊断中,欠定的盲源分离情况或者是单通道观测信号的盲源分离情况往往是更加常见的。

实际机械设备的振动信号往往是非平稳的,因此有必要借助时频分析(Time Fre-

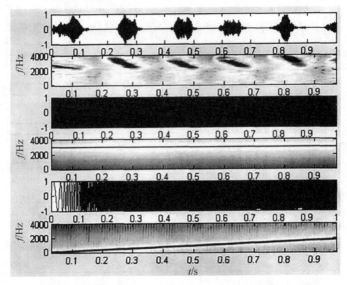

图 6.54　chirp.mat 信号、正弦信号与扫频信号的时域和频域

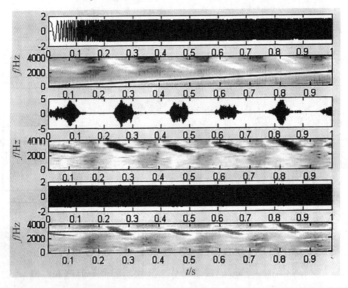

图 6.55　基于最大信噪比的盲信号分离算法分离后的信号时域和频域

quency Analysis,TFA）的特性,将盲源分离拓展到时频域。针对这种机械振动信号的欠定性,且在盲源分离中不能忽略信号的非平稳性情况,提出了利用小波分解与重构来实现信号的升维,重构观测信号。时频分析是处理非平稳信号的有力工具,能够充分描述非平稳信号的特性,对重构后的观测信号进行基于时频分析的盲源分离,可以得到源信号的估计信号。

（1）欠定的盲源分离

在盲源分离中,观测信号个数等于源信号个数,称为正定的盲源分离;观测信号个数大于源信号个数,称为超定的盲源分离;观测信号个数小于源信号个数,称为欠定的盲源分离。在实际中经常会出现观测信号数小于源信号数的情况,有时甚至出现单通道的盲源分离,这就需要对源信号进行源数估计,从而对信号升维,重构观测信号。

①小波变换

小波变换是一种多尺度变换的信号分解方法，它是用一组尺度可以变化的基函数对信号做分析，具有带通滤波特性。小波变换通过选择适当的小波基，并进行调节，从而对信号 $x(t)$ 进行分解，分解成不同频段的信号，正好满足了对信号处理时在各个频率范围内要求相应的分辨率这一基本条件。小波变换用于信号分析，得到不同频段的信号，这样，小波变换就可以将单路时间能列信号拓展为多路高频和低频信号，也就是小波系数能列信号，从而解决盲源分离中的欠定问题；并且小波系数的峭度值比观测信号本身的峭度值要大，即小波系数的非高斯性越强，盲源分离的收敛速度越快，分离效果越好。

对单通道振动观测信号进行小波分解与重构，使得盲源分离的观测信号数大于等于源信号数，满足盲源分离的基本假设条件。

对信号 $x(t)$ 进行一维连续小波变换，定义为：

$$Wf(a,b) = \frac{1}{\sqrt{a}} \int_{-\infty}^{\infty} x(t) \, \psi^* \left(\frac{t-b}{a} \right) \mathrm{d}t = \int_{-\infty}^{\infty} x(t) \, \psi_{a,b}^*(t) \, \mathrm{d}t \tag{6.165}$$

其中，$\psi_{a,b}^*(t) = \frac{1}{\sqrt{a}} \psi \left(\frac{t-b}{a} \right)$，$\psi(t)$ 为选定的基本小波或母小波，可以看到 $\psi_{a,b}(t)$ 是基本小波函数 $\Psi(t)$ 进行移位和伸缩以后得到的函数，a、b 和 t 是连续变量，a 是尺度因子，且 $a > 0$，b 是时移参数，上标"$*$"表示复共轭。

由连续小波变换的公式可知，信号与基本小波经过平移、伸缩、复共轭后进行互相关就可以得到信号的小波变换，工程中采集到的信号一般都是有限的离散小波。对式(6.165)进行离散化处理，就可以得到信号的离散小波变换。

②贝叶斯源数估计

假设观测信号为 $\boldsymbol{x}_f = (x_1, x_2, x_3, \cdots, x_n)$。

对多维观测信号进行自相关分析

$$\boldsymbol{R}_x = E \left[\boldsymbol{x}_f \boldsymbol{x}_f^* \right] \tag{6.166}$$

对 $\boldsymbol{R}_x$ 进行奇异值分解得到

$$\boldsymbol{R}_x = \boldsymbol{V}_s \boldsymbol{\Lambda}_s \boldsymbol{V}_s^{\mathrm{T}} + \boldsymbol{V}_b \boldsymbol{\Lambda}_b \boldsymbol{V}_b^{\mathrm{T}} \tag{6.167}$$

式中，$\boldsymbol{\Lambda}_s$ 为 n 个按降能排列的主特征值，有 $\boldsymbol{\Lambda}_s = \mathrm{diag}\{\lambda_1 \geqslant \lambda_2 \geqslant \cdots \geqslant \lambda_n\}$；$\boldsymbol{V}_s$ 是 $M \times n$ 的矩阵，$\boldsymbol{V}_s$ 矩阵中包含 n 个特征矢量，这些特征矢量分别与 n 个主特征量相对应；$\boldsymbol{\Lambda}_b$ 表示 $M - n$ 个按降能排列的噪声特征值，$\boldsymbol{\Lambda}_b = \mathrm{diag}\{\lambda_{n+1} \geqslant \lambda_{n+2} \geqslant \cdots \geqslant \lambda_M\} = \sigma^2 \boldsymbol{I}$，而 σ^2 等于 $\boldsymbol{R}_x$ 的 $M - n$ 个最小特征值。

要明确源信号的个数，就需要掌握噪声子空间的维数。但是在实际的噪声特征值中 $M - n$ 个最小值不一定是相同的，因此，需要求出其中占有优势地位的特征值，它们的数量就是噪声特征值的个数，剩余特征值就是源信号的数目。

如何确定噪声子空间的特征值是这一过程中的难点，尤其是确定阈值的大小，这就需要运用贝叶斯准则来估计源信号数目。在建立的 MIBS(Minaka Bayesian) 模型的基础上进一步研究得到了贝叶斯准则，该准则也适用于非高斯信号。

若对那些不会随 N 成正比变换的量忽略不计，贝叶斯准则近似为

$$BIC(k) = (\prod_{j=1}^{k} \lambda_j)^{-N/2} \widetilde{\sigma}_k^{-N(l-K)/2} N^{-(dk+k)/2} \tag{6.168}$$

式中,l 为非零特征值的数目,$1 \le k \le l$,寻找一个 $k = n$ 使得目标函数最大,则源信号的个数就是 n 个。

③基于小波分解与重构的欠定的盲源分离

由小波函数可以分别构造 2 个滤波器组 L 和 H:L 是低通滤波器,用于提取原始信号 $x(t)$ 的近似值(低频系数)cA;H 为高通滤波器,用于提取原始信号 $x(t)$ 的细节信息(高频系数)cD;当原始信号 $x(t)$ 第一次经过 2 个滤波器组后,得到了第一层近似值 cA_1 和第一层细节系数 cD_1。之后,将第一层近似值 cA_1 作为下一次分解的原始信号,再次通过下一层高通和低通滤波器组,得到第二层分解,以此类推,若是 N 阶小波分解,就需要将此过程重复 N 次,其分解过程如图 6.56 所示。

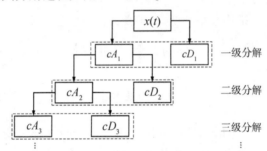

图 6.56　小波分解

设 V_j 表示图 6.56 中分解的低频部分 cA_j,W_j 表示图 6.56 中分解的高频部分 cD_j,那么 W_{j+1} 表示 V_{j+1} 在 V_j 中的正交补。

$$V_{j+1} W_{j+1} = V_j \tag{6.169}$$

显然

$$V_{j+m} W_{j+1} W_{j+2} W_{j+3} W_{j+m} = V_j \tag{6.170}$$

利用小波变换的多分辨率分析进行分解,算法可以描述为

$$cA_j(k) = \sum_{-\infty}^{\infty} cA_{j-1}(t) h_1(t - 2k)$$

$$cD_j(k) = \sum_{-\infty}^{\infty} cA_{j-1}(t) h_h(t - 2k) \tag{6.171}$$

式中,$cA_{j-1}(t)$ 表示待处理的原始信号,相当于图 6.56 中的 $x(t)$;$cA_j(k)$ 表示原始信号的低频信息;$cD_j(k)$ 表示原始信号的高频信息;$h_1(t - 2k)$ 表示低频滤波器;$h_h(t - 2k)$ 表示高频滤波器。

小波分解方法中,cA 保留了原始信号的低频信息或近似值;cD 保留了原始信号的高频信息或细节信息。这利用了小波变换中的多分辨率分析(或多尺度分析)的概念,既体现了信号的概貌,也可以体现细节,是小波变换理论中的重要概念之一。

(2)基于时频分析的盲源分离

考虑到机械故障振动信号的非平稳性,其频谱特性是随着时间改变的,而时频分析是处理非平稳信号的重要工具。充分利用时频分析和盲源分离的优点,对机械振动信号进行分析处理。

基于时频分析的盲源分离主要包括两部分:白化和矩阵联合对角化。

①先利用白化过程分析观测信号

考虑无噪声干扰的瞬时混合模型的盲源分离问题

$$x(t) = As(t) \tag{6.172}$$

其中，$x(t) = [x_1(t), x_2(t), \cdots, x_m(t)]^T$ 是 m 维观测向量；$s(t) = [s_1(t), s_2(t), \cdots, s_n(t)]^T$ 是 n 维未知的相互统计独立的源信号，且 $m \geqslant n$；A 是一个由未知元素组成的混合矩阵。

观测信号 $x(t)$ 的自相关矩阵为

$$R_x = E[x(t)x(t)^*] \tag{6.173}$$

对自相关矩阵 R_x 进行特征值分解，可以求取相应的分解结果，用 $\lambda_1, \lambda_2, \cdots, \lambda_n$ 来表示 n 个最大的特征值，与其相对应的特征矢量为 $h_1, h_2, \cdots, h_n$。假如会受到白噪声的干扰，则噪声方差 σ^2 的估计是 R_x 的 $m-n$ 个最小特征值的平均。白化信号 $z(t) = [z_1(t), z_2(t), \cdots, z_n(t)]^T$，白化信号可以由下式求取

$$z_i(t) = (\lambda_i - \sigma^2)^{-1/2} h_i^* x(t), 1 \leqslant i \leqslant n \tag{6.174}$$

白化矩阵 W 为

$$W = [(\lambda_1 - \sigma^2)^{-1/2} h_1, \cdots, (\lambda_n - \sigma^2)^{-1/2} h_n]^H \tag{6.175}$$

让式(6.175)左端乘一个白化矩阵 W，进行白化处理，获得球化后的混合信号，即

$$z(t) = Wx(t) = WAs(t) = Us(t) \tag{6.176}$$

由式(6.176)可以看出，源信号经过"酉矩阵混合"就可以得到混合信号的白化结果。

②矩阵联合对角化

同时对式(6.172)左、右两端进行时频分析，获得源信号与混合信号的时频分布矩阵的关系为

$$D_{xx}(t,f) = AD_{ss}(t,f)A^H \tag{6.177}$$

式中，$D_{ss}(t,f)$ 表示源信号的时频分布，$D_{xx}(t,f)$ 为混合信号的时频分布，这里的时频变换包括：WVD、PWVD、SPWVD、CWD 和 AF，分别表示维格纳-威尔分布(Wigner-Wille Distribution)、伪维格纳-威尔分布(Pseudo Wigner-Wille Distribution)、平滑伪维格纳-威尔分布(Smoothed Pseudo Wigner-Wille Distribution)、Choi-Williams 分布(Choi-Williams Distribution)和模糊函数(Ambiguity Function)。

将 $D_{xx}(t,f)$ 左、右分别与矩阵 W 相乘，获得白化的时频分布矩阵

$$D_{zz}(t,f) = WAD_{ss}(t,f)A^H W^H = UD_{ss}(t,f)U^H \tag{6.178}$$

由上述求得白化矩阵 W 和矩阵 U，因此，盲源分离的估计信号为：

$$\hat{s} = U^H W x(t) \tag{6.179}$$

(3)融合小波分解与时频分析的单通道盲源分离

在事先不清楚源信号数量的前提下，传感器只采集到单通道混合信号，那么就不能够对混合信号直接采用盲源分离算法，必须先对原始信号的数量进行源数估计。

首先，采用小波变换分解观测信号，然后利用 BIC 准则的源数估计方法估计源信号数量，再根据估计出的源信号数，重构观测信号，将盲源分离的欠定问题转化为正定问题，最后利用基于时频分析的盲源分离算法估计出源信号。结合小波分解与基于时频分析的盲源分离方法，不仅能够处理欠定的机械振动信号，还能够有效地处理非平稳信号。单通道振动信号盲源分离的分离过程如图 6.57 所示。

融合小波分解与时频分析的单通道盲源分离方法的具体步骤如下：

① $x(t)$ 是从传感器获得的单通道振动混合信号，对 $x(t)$ 使用小波分解，求取小波变换的低频系数 cA_1 与高频系数 cD；

②利用小波系数进行信号的重构，得到多维混合信号 $x, x_{i0}, x_{i1}, x_{(i-1)1}, \cdots, x_{(i-n+1)1}$；

③对多维混合信号进行奇异值分解，并根据贝叶斯准则进行源数估计，得到源信号的数目；

④从多维混合信号中选取与源信号数目相同的几维混合信号，重构新的混合信号；

⑤对混合信号进行白化处理，得到白化矩阵 W 以及白化后的混合信号；

⑥计算白化后混合信号的时频变换，这里采用的是平滑伪维格纳-威尔分布；

⑦联合对角化时频分布获取矩阵 U；

⑧根据 $\hat{s} = U^H W x(t)$ 估计出源信号。

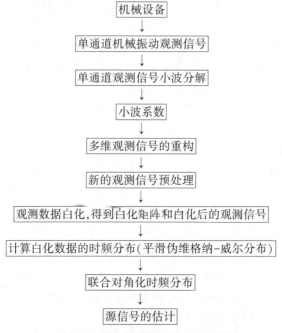

图 6.57 单通道振动信号盲源分离

（4）仿真分析

为了验证上述方法的可行性，构造振动源信号如下：

$$s_1(t) = \sin[2\pi(180t)] + \sin[2\pi(150t)]$$
$$s_2(t) = \cos[2\pi(500t)]\{1 + \cos[2\pi(50t)]\}$$
$$s_3(t) = \sin[2\pi(1\,000t)]\{1 + 1.95\cos[2\pi(150t)]\}$$

(6.180)

$s_1(t)$、$s_2(t)$ 与 $s_3(t)$ 组成了源信号 $s(t)$，其在时域上的波形如图 6.58 所示。

任选一随机矩阵作为混合矩阵 A

$$A = \begin{bmatrix} 0.989\,8 & 0.594\,6 & 0.406\,0 \\ 0.158\,9 & 0.528\,9 & 0.789\,4 \\ 0.295\,4 & 0.587\,9 & 0.681\,2 \end{bmatrix}$$

以线性瞬时混合模型中的 $x(t) = As(t)$ 为基础，将源信号与混合矩阵 A 相乘，得到了3路混合信号,假设由于条件限制,采集到的混合信号只有1路,所以在仿真中从3路混合信号中选取1路信号作为研究对象,其时域上的波形如图6.59所示。

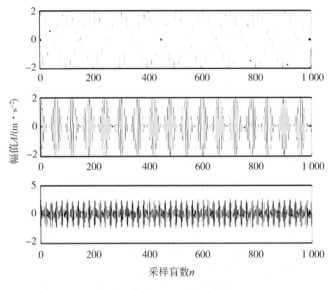

图6.58　源信号时域波形图

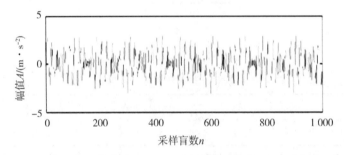

图6.59　混合信号时域波形图

这样,混合信号数为1个,而源信号数为3个,不满足盲源分离的分离条件——混合信号数大于等于源信号数,不能直接进行盲源分离,需要通过一些方法来使得盲源分离的条件成立,采用小波分解与重构,将欠定问题转化为正定问题。对图6.59所示的混合信号进行5层小波分解,其波形如图6.60所示。

从图6.60可以看到,混合信号分解得到了$d1$、$d2$、$d3$、$d4$、$d5$高频系数信号和$s5$低频系数信号,高频系数信号$d5$的波形已经接近平滑,而低频系数$s5$中包含的信息也很少。

混合信号x经过小波分解得到各层小波系数信号,然后与原混合信号x重构,组成新的混合信号$x = [x, d1, d2, d3, d4, d5, s5]$,计算新的混合信号的自相关矩阵,再进行奇异值分解,得到的特征值从大到小的排列如表6.4所示,从而估计出源信号的个数。

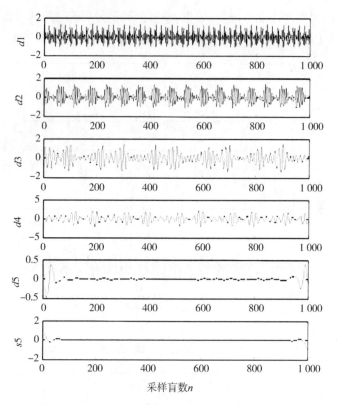

图 6.60　小波分解

表 6.4　相关矩阵的特征值

奇异值	λ_1	λ_2	λ_3	λ_4	λ_5	λ_6	λ_7
数值	507.386 9	258.543 6	187.052 3	43.010 6	9.770 5	$4.154\ 9 \times 10^{-13}$	$4.037\ 8 \times 10^{-13}$

　　由表 6.4 可以看到,基于相关矩阵的特征值分解得到的源信号数是 3 个,经贝叶斯准则验证,确定源信号数为 3 个。

　　小波分解后,利用得到的 $d1$、$d2$、$d3$、$d4$、$d5$ 高频系数信号和 $s5$ 低频系数信号分别与原观测信号 x 进行相关性分析,选择与原观测信号 x 相关系数较大的信号,这里选择 $d1$ 和 $d2$ 分量作为另外两个混合信号,与原混合信号 x 共同构成新的混合信号 $\hat{x}$,其时域波形如图 6.61 所示。

　　考虑到构筑的仿真信号是调频调幅信号,具有非平稳性,单纯的时域或频域不可以全面展现信号的特征,而利用时频分析的特性,可以同时从时域和频域两方面对非平稳信号进行分析,所以对新的混合信号 $\hat{x}$ 做时频分析,其时频图如图 6.62 所示。

　　将时频分析与盲源分离相结合,对图 6.62 所示的混合信号 $\hat{x}$ 进行分离,得到分离结果如图 6.63 所示。比较图 6.63 与图 6.62 能够明确知道,源信号获得了很好的恢复,波形与源信号完全一样。

　　如果没有考虑到信号的非平稳性,而直接对混合信号 $\hat{x}$ 使用盲源分离,得到的分离结果如图 6.64 所示,可以看到分离出来的信号与源信号有明显的差别,其中有一个信号

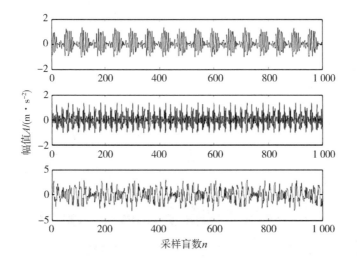

图 6.61　新的混合信号

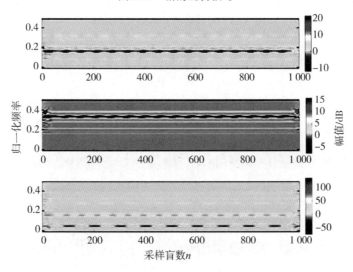

图 6.62　混合信号时频图

并未完全分离出来,还有两个信号中毛刺特别多,波形不平滑,与图 6.62 相比,几乎看不出信号的原型,因此直接使用盲源分离的方法得到的结果很不理想。为了定量地评价单通道振动信号分离性能,针对仿真的三个源信号及分离后的估计信号,利用相似系数作为分析参数,评价分离性能如表 6.5 所示。

　　根据相似系数性质,两个信号的相似系数越接近于 1,两个信号的相关度越高,相似性越好。由表 6.5 可知,将时频分析与盲源分离相结合的方法得到的分离结果与源信号的相似系数更接近于 1,所以时频分析与盲源分离相结合的分离精度要比直接进行盲源分离得到的结果要好。因此,盲源分离算法不能直接处理非平稳信号,但是基于时频分析的盲源分离方法可以,它充分结合了时频分析和盲源分离各自的优点,得到了有效的分离结果。

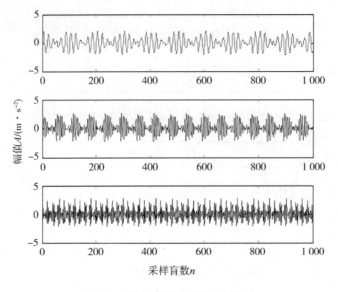

图 6.63　时频盲源分离信号时频图

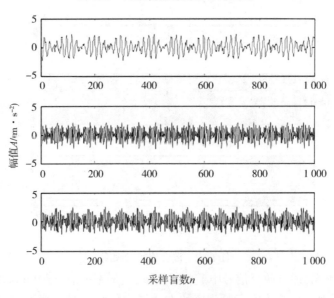

图 6.64　JADE 分离信号

表 6.5　两种算法的相似系数

	$s_1(t)$ $\lvert y_1(t)$	$s_2(t)$ $\lvert y_2(t)$	$s_3(t)$ $\lvert y_3(t)$
融合小波的盲源分离	0.990 8	0.895 7	0.912 0
JADE	0.970 1	0.696 3	0.606 8

6.3.7　基于盲源分离的旋转机械故障诊断分析

　　轴承是旋转机械必不可少且极为重要的结构之一,易损伤,影响着旋转机械的性能,所以必须对轴承进行状态监测与故障诊断。在实际的机械环境中,由于安置传感器的位置不容易设定,或者受直接测量某个部件的振动信号不容易等各种条件的限制,可能只得到一路观测信号。针对这种情况,一般的盲源分离方法常常分离不出有效且准确的结果。因此,采用融合小波变换与时频分析的盲源分离的方法对轴承的内圈、外圈进行故障诊断。

在轴承故障模拟试验中,运用电火花加工技术给轴承内圈、外圈均设置了单盲故障。待测的滚动轴承型号为 SKF6205,故障尺寸为:直径为 0.177 8 mm,深度为 0.279 4 mm。电机转速是 1 797 r/min,转动的基频是 29 Hz,负载为 2.25 kW,滚珠个数是 9 个,振动信号的采样频率为 12 kHz。

当轴承发生内圈故障或外圈故障时,滚动体每次通过故障盲点都会生成一个周期性的脉冲信号,内圈故障频率为

$$f_{\text{inner}} = \frac{r}{60} \times \frac{m}{2}\left[1 + \frac{d}{D}\cos\alpha\right] \tag{6.181}$$

外圈故障频率为

$$f_{\text{outer}} = \frac{r}{60} \times \frac{m}{2}\left[1 - \frac{d}{D}\cos\alpha\right] \tag{6.182}$$

式中,r 表示电机转动的速度;m 表示滚动体的个数;d 表示滚动体的直径;D 表示轴承节径;α 表示接触角。

将轴承参数代入式(6.181)和式(6.182),经过计算可以获得理论的故障特征频率,轴承的内圈故障频率是 162.1 Hz,轴承的外圈故障频率是 107.5 Hz。

假设在盲源分离应用中,由于监测条件的限制,仅仅监测到了一路观测信号,其时域波形如图 6.65 所示,然后对其进行分析、验证。

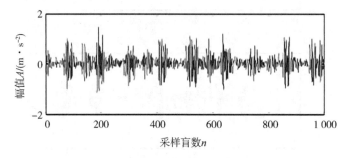

图 6.65　观测信号的时域波形

对如图 6.65 所示的单通道混合信号进行小波变化分析,得到一系列分解后的信号,其与单通道振动信号融合,使混合信号升维,重构得到新的混合信号,达到盲源分离的正定条件。重构后的观测信号的时域波形如图 6.66 所示。

然后利用基于时频分析的盲源分离(TFA-BSS)算法对重构后的观测信号使用分离处理,得到了盲源分离的估计信号的时域波形,如图 6.67 所示。

但是仅从时域图中并不能诊断出轴承是否出有故障,也不能判断出轴承的故障类型,所以需要进一步对估计的源信号进行频域分析,其包络谱图如图 6.68 所示。

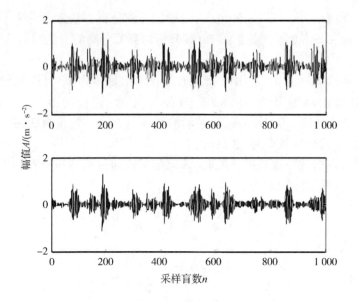

图 6.66　重构后的观测信号的时域波形

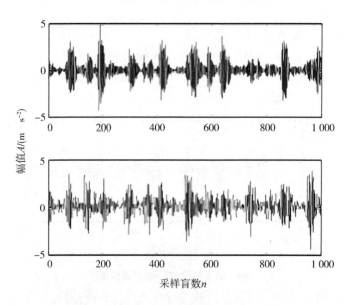

图 6.67　盲源分离的估计信号的时域波形

　　由图 6.68 可以看出,图中第一个包络谱图在 105.5 Hz 和 210.9 Hz 分别出现了峰值,而轴承外圈故障频率的理论值计算结果为 107.5 Hz。105.5 Hz 与理论值 107.5 Hz 非常接近,210.9 Hz 明显对应 2 倍频处,有轻微的波动,可能是实际环境中客观因素的影响,但是仍然可以断定 105.5 Hz 对应着轴承的外圈故障特征频率。图中第二个包络谱图在 164.1 Hz 出现了峰值,而轴承内圈故障频率的理论值计算结果为 162.1 Hz。164.1 Hz 与理论值 162.1 Hz 非常接近,但有差值,可能是因为电机转速无法恒定在 1 730 r/min,而是在 1 797 r/min 附近波动,可以断定 162.1 Hz 对应轴承的内圈故障特征频率。因此,可以初步判定,观测信号中混合有轴承内圈故障信号和外圈故障信号。

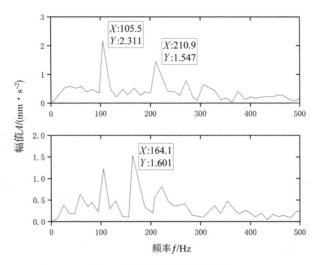

图 6.68　分离信号包络谱图

附录 I

FFT 变换

I.1 MATLAB 中进行连续 FFT 变换

$$X(\omega) = \frac{1}{T} \int_{-\infty}^{\infty} x(t)\, e^{-j\omega t}\, dt$$

I.1.1 连续 FFT 变换代码 1

```
close all;              %先关闭所有图片
Adc = 1;                %直流分量幅度
A1 = 4;                 %频率 F1 信号的幅度
A2 = 0.5;               %频率 F2 信号的幅度
F1 = 50;                %信号 1 频率(Hz)
F2 = 100;               %信号 2 频率(Hz)
Fs = 512;               %采样频率(Hz),根据奈奎斯特定理:采样频率必须大于 2 倍信
                        号频率
P1 = -30;               %信号 1 相位(度)
P2 = 90;                %信号相位(度)
N = 512;                %采样点数,为了方便进行 FFT 运算,通常 N 取 2 的整数次方
t = [0:1/Fs:N/Fs];      %采样时刻
S = Adc+A1 * sin(2 * pi * F1 * t+pi * P1/180)+A2 * cos(2 * pi * F2 * t+pi * P2/180);
                        %原信号
plot(S);                %显示原始信号
title('原始信号');
figure;
Y = fft(S,N);           %做 FFT 变换,结果为 N 点的复数,每一个点就对应着一个频率点
Ayy = (abs(Y));         %取模运算,对数值是求绝对值,对复数是求幅值。这里就是复
                        数转幅度值
plot(Ayy(1:N));         %显示原始的 FFT 模值结果
title('FFT 模值');
figure;
```

```
Ayy = Ayy/(N/2);        %换算成实际的幅度,针对半频谱
Ayy(1) = Ayy(1)/2;      %直流和奈奎斯特频率处还需要除以 2
F = ([1:N]-1) * Fs/N;         %换算成实际的频率值,采到每个点对应的频率
plot(F(1:N/2),Ayy(1:N/2)); %显示换算后的 FFT 模值结果
title('幅度-频率曲线图');
figure;
Pyy = [1:N/2];
for i = 1:N/2
Pyy(i) = phase(Y(i));   %计算相位
Pyy(i) = Pyy(i) * 180/pi;  %换算为角度
end;
plot(F(1:N/2),Pyy(1:N/2)); %显示相位图
title('相位-频率曲线图');
```

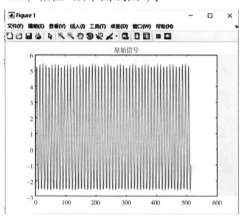

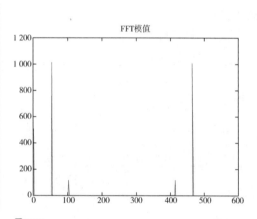

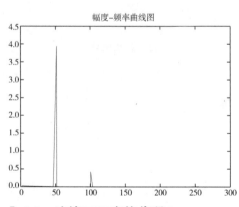

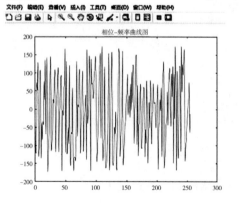

I.1.2　连续 FFT 变换代码 2

```
Fs = 100;%采样频率
L = 150;  %采样个数
t = (0:L-1)/Fs; %时间
S = 0.5 * sin(2 * pi * 20 * t)+sin(2 * pi * 40 * t); %时域信号
X = S+1 * randn(size(t)); %添加随机噪声,也可以不加,下面给出两者对比图
```

```
subplot(2,1,1); plot(t,X,'b.-'); %画出时域信号
title('Signal in time domin'); xlabel('t'); ylabel('x');
hold on; %FFT 变换
Y=fft(X); %fft()之后的频域信号的幅值还需要做一点处理才可以完全对应时域信号
          的幅值
P1=abs(Y);
P2=P1(1:L/2+1);
P2=P2/L;
P2(2:end-1)=P2(2:end-1)*2;
f=Fs*(0:L/2)/L;
subplot(2,1,2); %画出频域信号
plot(f,P2,'r.-');
title('Amplitude Spectrum of x');
xlabel('f(Hz)');
ylabel('|P2(f)|');
```

原始信号

添加噪声后的信号

Ⅰ.2　MATLAB 中进行离散 FFT 变换

N 点序列 $x[n]$ 的 DFT 和 IDFT 定义：

$$X(k) = \sum_{n=0}^{N-1} x(n) \, W_N^{kn}, \, W_N = e^{-j\frac{2\pi}{N}}, \, x(n) = \frac{1}{N}\sum_{k=0}^{N-1} X(k) \, W_N^{-kn}$$

Ⅰ.2.1　离散 FFT 变换例 1

对于 $x(n) = R6(n)$, N 分别取 8 和 32。

代码 1 如下：

```
N=8
x=[ones(1,6),zeros(1,N-6)];
n=0:N-1;
X=dft(x,N);
```

magX = abs(X);

phaX = angle(X) ∗ 180/pi;

k = (0:length(magX)'−1) ∗ N/length(magX);

subplot(2,2,1);stem(n,x);title('x(n)—8 点');

subplot(2,2,2);stem(k,magX);axis([0,8,0,6]);title('|X(k)|—8 点');

代码 2 如下：

N = 32

x = [ones(1,6),zeros(1,N−6)];

n = 0:N−1;

X = dft(x,N);

magX = abs(X);

phaX = angle(X) ∗ 180/pi;

k = (0:length(magX)'−1) ∗ N/length(magX);

subplot(2,2,3);stem(n,x);title('x(n)—32 点');

subplot(2,2,4);stem(k,magX);axis([0,32,0,5]);title('|x(k)|—32 点');

%dft 函数，MATLAB 中定义

function[Xk] = dft(xn,N)

n = [0:1:N−1];

k = [0:1:N−1];

WN = exp(−1i ∗ 2 ∗ pi/N);

nk = n' ∗ k;

WNnk = WN.^nk;

Xk = xn ∗ WNnk;

I.2.2　离散 FFT 变换例 2

　　已知一个 8 点的时域非周期离散阶跃信号，n1 = 0，n2 = 7，在 n0 = 4 前为 0，n0 以后为 1。分别用 N = 32 和 64 点进行 FFT 变换，作其时域信号图及信号频谱图。

n1 = 0;n0 = 4;n2 = 7;N = 32;

n = n1:n2;

w = [(n−n0)> = 0];

subplot(2,1,1);stem(n,w);

i = 0:N−1;

y = fft(w,N);

aw = abs(y);

subplot$(2,1,2)$;stem(i,aw);

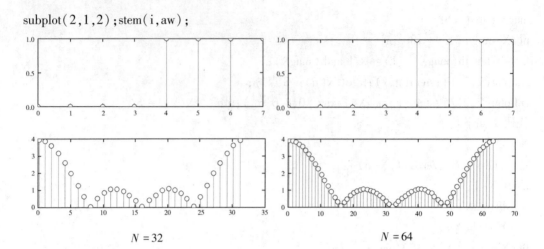

$N = 32$ $N = 64$

附录 Ⅱ

传递函数

频率响应函数表征了测试系统对给定频率下的稳态输出与输入的关系。这个关系具体是指输出、输入幅值之比与输入频率的函数关系和输出、输入相位差与输入频率的函数关系,这两个关系称为测试系统的频率特性。频率响应函数一般是一个复数。

频率响应函数直观地反映了测试系统对各个频率正弦输入信号的响应特性。通过频率响应函数,可以画出反映测试系统动态特性的各种图形,简明直观。此外,很多工程中的实际系统很难确切地建立其数学模型,更不易确定其模型中的参数,因此要完整地列出其微分方程式并非易事。因此,工程上常通过试验法,对系统施加激励,测量响应,根据输入、输出关系可以确立对系统动态特性的认识,因而频率响应函数 FRF 有着重要的实际意义。

Ⅱ.1 FRF 理论及测试

系统在外界激励的作用下会产生一定的响应,对于有阻尼系统来说,在简谐激振力 $f(t)$ 作用下其运动微分方程如下

$$[M]\ddot{x} + [C]\dot{x} + [K]x = f(t)$$

式中,$[M]$、$[C]$ 和 $[K]$ 分别表示系统的质量矩阵、阻尼矩阵和刚度矩阵。简谐激振力 $f(t)$ 可表示为

$$f(t) = A\sin(\omega t + \varphi)$$

其中,简谐激振力 $f(t)$ 可用复数形式表示,复数可以用复数平面上的一个矢量来表示。

如图 Ⅱ.1 所示,长度为 A 的矢量 $\overrightarrow{OP}$ 在实数轴和虚数轴上的投影分别是 $A\cos\theta$ 和 $A\sin\theta$,故矢量 $\overrightarrow{OP}$ 就代表了下列复数

$$Z = A(\cos\theta + i\sin\theta)$$

若使 $\overrightarrow{OP}$ 绕 O 点以等角速度在复平面内逆时针旋转,就成为一个复数旋转矢量(见图 Ⅱ.2)。这一旋转矢量的复数表达式为

$$Z = A(\cos\omega t + i\sin\omega t)$$

根据欧拉公式

$$e^{i\theta} = \cos\theta + i\sin\theta$$

则上式可改写成

$$Z = A\mathrm{e}^{\mathrm{i}\theta}$$

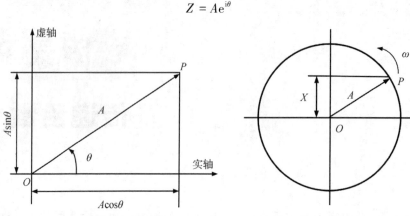

图Ⅱ.1　复数的矢量表示法　　　　图Ⅱ.2　复数旋转矢量

即简谐激振力复数表示形式

$$f(t) = A\mathrm{e}^{\mathrm{i}(\omega t + \varphi)}$$

因为复数激振力和复数响应既是 t 的函数,又是 ω 的函数,故可令复数响应 $x(t)$ 和复数激振力 $f(t)$ 之比为

$$H(\omega) = \frac{x(t)}{f(t)}$$

$H(\omega)$ 即称为频率响应函数或系统的传递函数,其表征的是线性时不变系统输入信号与输出信号之间的关系,是由系统特性确定的参数。若已知系统的频率响应函数,即可通过输入信号求出输出响应信号。

由上式即可得到频响函数公式

$$H(\omega) = \frac{x(t)}{f(t)} = \frac{1}{[\boldsymbol{K}] - [\boldsymbol{M}]\omega^2 + \mathrm{i}[\boldsymbol{C}]\omega}$$

传递函数 FRF 分为直接法和互易法,直接法是采用力锤或激振器直接进行激励,加速度传感器采集输出响应,FRF 测试中的激振的示意图如图Ⅱ.3 所示。

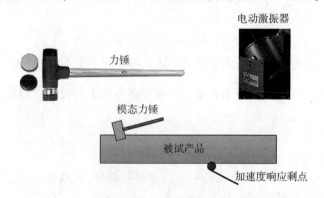

图Ⅱ.3　激振测试

如图Ⅱ.4 所示,根据互易性原理,即在 q 点输入所引起的 p 点响应,等于在 p 点的相同输入所引起的 q 点响应。例如,汽车 TPA 测试在测取空气声的传递函数时,通常采

用互易法,在目标点处布置扬声器,在发动机的六个面处布置麦克风。

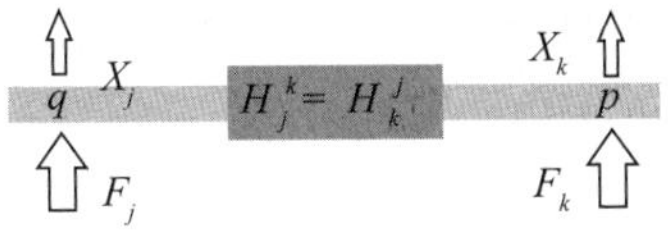

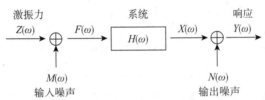

图Ⅱ.4 传递函数互易性

Ⅱ.2 FRF 估计方法

以上频响函数公式是在理想的没有噪声干扰的状况下得出的,而在实际应用中输入、输出信号都有可能存在噪声信号的干扰,这将直接影响评估结果的精度。针对这一问题,各种评估方法被应用在 FRF 测试过程中,FRF 估计精度与所采用的噪声模型和估计方法是密切相关的。一般来说,可以将系统视作含有输入与输出噪声的系统,如图Ⅱ.5所示。

```
激振力          系统          响应
Z(ω)    F(ω)    ┌──────┐  X(ω)    Y(ω)
  ──⊕──────────►│ H(ω) │─────⊕──────►
     ▲          └──────┘      ▲
     │                        │
   M(ω)                     N(ω)
  输入噪声                   输出噪声
```

图Ⅱ.5 含噪声的系统传递

假设一个多自由度系统,有 P 个输入力,L 个输出响应,其实测输出力谱 $f_1(\omega)$,$f_2(\omega),\cdots,f_p(\omega)$;实测输出响应谱为 $x_1(\omega),x_2(\omega),\cdots,x_l(\omega)$。由于实际系统均存在"噪声"干扰,因此在实测信号中均包含着噪声成分。设输入噪声为 $m_j(\omega)$,$j=1,2,\cdots$,p;输出噪声为 $n_i(\omega)$,$i=1,2,\cdots,l$。系统的真实输入和输出为 $u_j(\omega)$,$v_i(\omega)$。输入、输出及噪声分别用向量表示,则有

$$\boldsymbol{F} = \begin{bmatrix} f_1(\omega) & f_2(\omega) & \cdots & f_P(\omega) \end{bmatrix}^\mathrm{T}$$

$$\boldsymbol{X} = \begin{bmatrix} x_1(\omega) & x_2(\omega) & \cdots & x_L(\omega) \end{bmatrix}^\mathrm{T}$$

$$\boldsymbol{M} = \begin{bmatrix} m_1(\omega) & m_2(\omega) & \cdots & m_P(\omega) \end{bmatrix}^\mathrm{T}$$

$$\boldsymbol{N} = \begin{bmatrix} n_1(\omega) & n_2(\omega) & \cdots & n_L(\omega) \end{bmatrix}^\mathrm{T}$$

$$\boldsymbol{U} = \begin{bmatrix} u_1(\omega) & u_2(\omega) & \cdots & u_P(\omega) \end{bmatrix}^\mathrm{T}$$

$$\boldsymbol{V} = \begin{bmatrix} v_1(\omega) & v_2(\omega) & \cdots & v_L(\omega) \end{bmatrix}^\mathrm{T}$$

对于多输入、多输出系统,当系统无任何干扰时,第 i 点的输出谱为

$$v_i(\omega) = x_i(\omega) = \sum_{j=1}^{P} H_{ij}(\omega) f_j(\omega)$$

当系统受干扰时,第 i 点的输出可写成

$$x_i(\omega) = v_i(\omega) + n_i(\omega) = \sum_{j=1}^{P} H_{ij}(\omega)(f_j(\omega) - m_j(\omega)) + n_i(\omega)$$

$$= \sum_{j=1}^{P} H_{ij}(\omega) f_j(\omega) + E_i(\omega)$$

式中，$E_i(\omega)$ 为系统第 i 点的总体误差，它包括输入与输出的测量误差（由噪声干扰及测试偏差引起的）、信号处理误差（如谱分析时的截断误差、泄漏误差等）、非线性因素引起的误差等。

针对不同情况与要求，有一系列的频响函数估计模型及准则。

(1)H1 估计

H1 是最常用的估计类型，它假设输入没有噪声，输出有噪声（见图Ⅱ.6）。因而，所有的激励力测量都是准确的，但输出响应包含噪声。因此，对 N 个响应测量进行最小二乘估计，使得响应中的噪声最小化。由于输入没有噪声，因此在最后计算 FRF 时，用的是输入-输出的互谱比上输入的自谱。

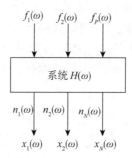

图Ⅱ.6　输入输出系统

此估计模型假设系统无输入噪声，即 $M = 0$，并且输出噪声与输入信号不相关，此时

$$X = HF + N$$

式中，X 为输出向量，$(L\times1)$；F 为输入向量，$(P\times1)$；H 为频响函数矩阵，$(L \times P)$；N 为系统噪声向量，$(L \times 1)$。

对上式等号两边分别右乘 F^H（上角符号"H"表示共轭转置）并求数学期望，可得

$$G_{XF} = HG_{FF} + G_{NF}$$

式中，G_{XF} 为输入输出之互功率谱矩阵，$(L\times P)$；G_{FF} 为输出之自功率谱矩阵，$(P\times P)$；H 为频响函数矩阵，$(L\times P)$；G_{NF} 为输出误差与输入之互功率谱矩阵，$(L\times P)$。

当输出噪声与输入信号不相关时

$$G_{NF}E[N \cdot F^H] = 0$$

因此，对输出误差与输入信号不相关的频响函数估计式为

$$\widehat{H}_1 = G_{XF}\,G_{FF}^{-1}$$

(2)H2 估计

按此模型估计频响函数时，假设只有输入噪声，而且输入噪声与输出信号不相关。此时，估计系统的模型如图Ⅱ.7 所示。该估计模型是由 Mitchell 等人于 1982 年提出的。系统的输出谱与输入谱之间有以下关系

$$X = H(F - M)$$

对上式右乘其共轭转置 X^H，并求数学期望，同时考虑到输入噪声与输出信号不相关，即它们之间的互谱 $G_{XM} = 0$，因此有

$$G_{XX} = HG_{FX}$$

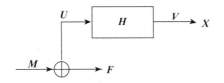

图 II.7　频响函数的输入误差估计模型

故

$$\widehat{H}_2 = G_{XX} \cdot G_{FX}^{-1}$$

（3）Hv 估计

对多输入多输出系统，可根据最小二乘原理、极小化误差矩阵的方法建立频响函数的估计模型。

设实测输入谱向量为 F，$(P \times 1)$，输出谱向量为 X，$(L \times 1)$，可得

$$X - N = H(F - M)$$

$$X - HF = N - HM$$

将上式两边分别右乘各自的共轭转置，得

$$(X - HF)(X - HF)^{\mathrm{H}} = (N - HM)(N - HM)^{\mathrm{H}}$$

用功率谱矩阵表示，上式可写成

$$\begin{bmatrix} -I & H \end{bmatrix} \begin{bmatrix} G_{XX} & G_{XF} \\ G_{FX} & G_{FF} \end{bmatrix} \begin{bmatrix} -I \\ H^{\mathrm{H}} \end{bmatrix} = G_{NN} + HG_{MM}H^{\mathrm{H}} - NHM^{\mathrm{H}} - HG_{MN}$$

由于输入输出噪声不相关，因此，上式等式右边最后两项为零，于是可得

$$\begin{bmatrix} -I & H \end{bmatrix} \begin{bmatrix} G_{XX} & G_{XF} \\ G_{FX} & G_{FF} \end{bmatrix} \begin{bmatrix} -I \\ H^{\mathrm{H}} \end{bmatrix} = G_{NN} + HG_{MM}H^{\mathrm{H}}$$

设输入噪声功率与输出噪声功率有相同的水平，即设 $G_{MM} = G_{NN}$。则上式可写成

$$\begin{bmatrix} -I & H \end{bmatrix} \begin{bmatrix} G_{XX} & G_{XF} \\ G_{FX} & G_{FF} \end{bmatrix} \begin{bmatrix} -I \\ H^{\mathrm{H}} \end{bmatrix} = G_{NN} \begin{bmatrix} -I & H \end{bmatrix} \begin{bmatrix} -I \\ H^{\mathrm{H}} \end{bmatrix}$$

即

$$U^{\mathrm{H}} G U = G_{NN} U^{\mathrm{H}} U$$

$$G_{NN} = U^{\mathrm{H}} G U [U^{\mathrm{H}} U]^{-1}$$

式中

$$G = \begin{bmatrix} G_{XX} & G_{XF} \\ G_{FX} & G_{FF} \end{bmatrix}, (L + P) \times (L + P)$$

$$U = \begin{bmatrix} -I \\ H^{\mathrm{H}} \end{bmatrix}, (L + P) \times L$$

矩阵 G_{NN} 为误差矩阵，从总体最小二乘原理的观点出发，频响函数的最佳估计应使误差矩阵之迹为最小。由上式，根据雷利商原理，矩阵的最小迹即为矩阵特征值中最小几个特征值之和，而矩阵 U 为对应这些最小特征值的特征向量。据此可得

$$\min(Trace\ G_{NN}) = \sum_{r=1}^{P+L} \lambda_r$$

对矩阵 G 进行特征值分解，可得 $(P+L)$ 个特征值及相应的特征向量 λ_r、$U_r(r = 1,$

$2,\cdots,P+L$)。取其最小的 L 个特征值,它们所对应的特征向量构成矩阵 U,$[(P+L) \times L]$。其上半部为($L \times L$)阶单位阵$[I]$,其下半部为($P+L$)阶 H^{H} 矩阵。由 H^{H} 的共轭转置可求得频响函数矩阵 H,此时求得的频响函数矩阵 H 即为最佳估计,称为估计。它既考虑了输入误差,又考虑了输出误差,而且是在总体最小二乘原理的观点上求得的,因此 $\hat{H}_v$ 估计比 $\hat{H}_1$ 及 $\hat{H}_2$ 估计具有更高的精度。

这种估计方法的唯一不足就是需要较多的计算时间,但是在目前的计算机技术条件下,这并不是问题。

包络分析

Ⅲ.1 Hilbert 变换求信号的包络线及代码

$$H(u)(t) = u(t) * \frac{1}{\pi t} = \frac{1}{\pi}\int_{-\infty}^{\infty}\frac{u(\tau)}{t-\tau}\mathrm{d}\tau$$

$$\hat{x}(t) = H[x(t)] = \frac{1}{\pi}\int_{-\infty}^{\infty}\frac{x(\tau)}{t-\tau}\mathrm{d}\tau = x(t) * \frac{1}{\pi t}$$

$$z(t) = x(t) + \mathrm{j}\hat{x}(t) = a(t)\exp[\mathrm{j}\theta(t)], \mathrm{j} \text{ 为复平面中虚数单位}$$

$$a(t) = \sqrt{x^2 + \hat{x}^2}, \theta(t) = \arctan\left(\frac{\hat{x}}{x}\right)$$

$$\omega = \frac{\mathrm{d}\theta}{\mathrm{d}t}$$

$$h(f) = \int_{-\infty}^{\infty}\sqrt{x^2 + \hat{x}^2}\exp(-\mathrm{j}2\pi ft)\mathrm{d}t$$

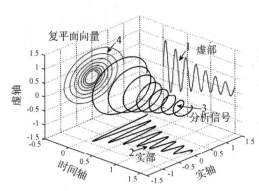

其代码如下：

```
clc
clear
close all
%利用 Hilbert 变换求包络线
fs = 30;
t = 0:1/fs:200;
x6 = sin(2*pi*2*t)+0.4*cos(2*pi*3*t)+0.2*sin(2*pi*4*t);
```

```
x66 = hilbert(x6);
xx = abs(x66);
figure(1)
hold on
plot(t,x6);
plot(t,xx,'r')
xlim([0 5])
hold off
%选取局部最大值,然后进行插值
d = diff(x6);
n = length(d);
d1 = d(1:n-1);
d2 = d(2:n);
indmin = find(d1. * d2<0 & d1<0)+1;
indmax = find(d1. * d2<0 & d1>0)+1;
envmin = spline(t(indmin),x6(indmin),t);
envmax = spline(t(indmax),x6(indmax),t);
figure
hold on
plot(t,x6);
plot(t,envmin,'r');
plot(t,envmax,'m');
hold off
xlim([0 5])
```

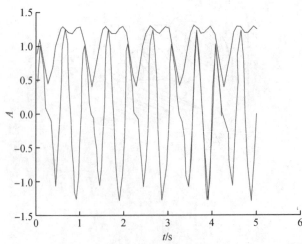

Hilbert 包络线

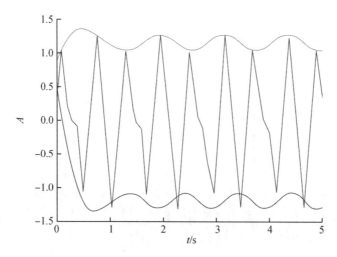

局部最大值+插值包络线

Ⅲ.2 自带函数 convnull 函数

a = rand(50,2);

xx = a(1:50,1);yy = a(1:50,2);

k = convhull(xx,yy);

plot(xx(k),yy(k),′r-′,xx,yy,′b+′)

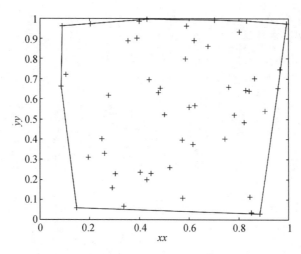

Ⅲ.3 一维离散点画包络线

reshape 函数和 linspace 函数

(1)包络线案例 1 原数据横纵坐标为 frequency 和 Amplitude,都是<2048x1 double>的数据,包络线的生成,需要将原数据分成等宽度的小段,每段取一个最高点所对应的横坐标和纵坐标(如图所示)。比如设定每小段的长度为 d = 4 或 8 或 16(或 2 048 的其他约数),然后运行。

y = reshape(Amplitude,d,2048/d);

y = max(y) ;

x = linspace(0 , max(frequency) , 2048/d) ;

所得 x 和 y 即为包络线的横纵坐标。

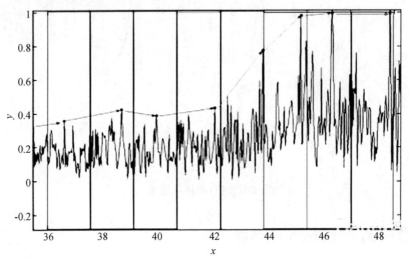

（2）包络线案例 2

a = [1 , 2 , -2 , 4 , 5 , 6 , 2 , 6 , 9 , 6] ;

figure(1)

hold on ;

stem(a) ;

[~ , length_a] = size(a) ;

y_a = reshape(a , 1 , length_a) ;

x_a = [1 : 1 : length_a] ;

plot(x_a , y_a) ;

A = fft(a) ;

figure(2)

hold on ;

stem(A) ;

[~ , length_A] = size(A) ;

y_A = reshape(A , 1 , length_A) ;

x_A = [1 : 1 : length_A] ;

plot(x_A , y_A) ;

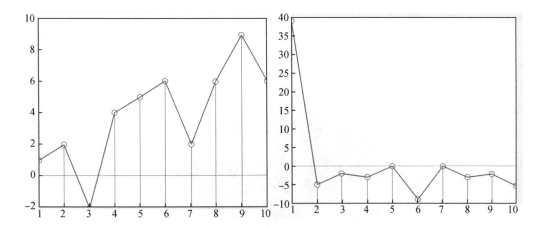

Ⅲ.4 三维空间中离散点的包络面

$$\begin{pmatrix} x \\ y \\ z \end{pmatrix} = \begin{pmatrix} \cos\delta_4 - 2\cos\delta_2 \\ 3\cos\delta_1 - \cos\delta_3 \\ \sum_{i=1}^{4} \sin\delta_i \end{pmatrix}$$

其代码如下：

```
n = 100000;
delta1 = rand(n,1) * 2 * pi;
delta2 = rand(n,1) * 2 * pi;
delta3 = rand(n,1) * 2 * pi;
delta4 = rand(n,1) * 2 * pi;
x = cos(delta4) - 2 * cos(delta2);
y = 3 * cos(delta1) - cos(delta3);
z = sin(delta1) + sin(delta2) + sin(delta3) + sin(delta4);
scatter3(x, y, z, '.')
hold on
n = 100000;
delta1 = rand(n,1) * 2 * pi;
delta2 = rand(n,1) * 2 * pi;
delta3 = rand(n,1) * 2 * pi;
delta4 = rand(n,1) * 2 * pi;
x = cos(delta4) - 2 * cos(delta2);
y = 3 * cos(delta1) - cos(delta3);
z = sin(delta1) + sin(delta2) + sin(delta3) + sin(delta4);
scatter3(x, y, z, '.g')
hold on
```

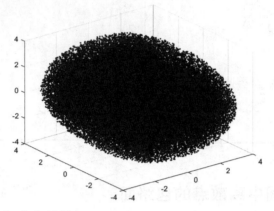

$[x,y] = deal(linspace(-4,4,120))$;

$zMax = 4 * sin(acos(x/4))$;

$[X \ Y] = meshgrid(x,y)$;

$Z = bsxfun(@ plus, zMax, zMax')$;

$surf(X,Y,Z)$;

hold on

colormap hot

$surf(X,Y,-Z)$;

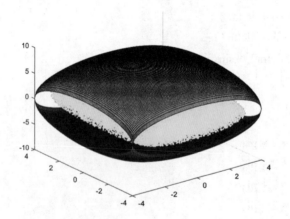

附录 Ⅳ
阶次分析

在现代工业设备中,大到航空航天飞行器,小到钟表器械等都涉及旋转机械(见图 Ⅳ.1),当这些旋转机械处于运动状态时,其本身或与之关联的结构会产生一定幅值的噪声信号,当转速上升或下降时,幅值也会相应变化。一般从噪声信号的测试结果看,噪声信号明显处所对应的频率总是转速或转速的倍数,这种倍数的关系即阶次。

图 Ⅳ.1 转子设备

比如,汽车在行驶状态下,发动机内部曲轴旋转,此时可以将旋转本身看作一种激励。当激励通过结构传递到其他部件(如噪声/振动信号传递到车内)时,测得的响应频率(噪声)与激励频率(发动机转速)是同频率或者是激励频率的倍频。

Ⅳ.1　阶次分析的基本概念

基础频率(Fundamental Frequency)也叫基本频率(Base Frequency),在测定回转体的振动或噪声时把旋转转速作为基本频率。谐振(Harmonic)指在基本频率的整数倍的频率上发生尖峰。

$$Freq = \frac{n}{60}$$

阶次(Order)是旋转速度对应的谐振频率成分的一种别称。与旋转速度相当的基本频率称为第一阶,旋转速度对应频率的 2 倍的谐振频率称为第二阶,以此类推。

$$Freq = n \times Order/60$$

$$Order = Freq \times 60/n$$

阶次的分析(Order Analysis):

①在速度变动时测定;

②显示的图形以阶次而不是以频率作为坐标;

③旋转速度变动时,高频部分会发生 Smearing(模糊)现象;

④不可使用固定的采样频率(Sampling Frequency)。

旋转速度变化时谐振分析:

①Smearing 现象在短时间内旋转速度变动太大时发生;

②进行 FFT 时一个波内发生 Sine Sweep 信号;

③很多频率成分混合在一起;

④特征频率的峰值看不到;

⑤根据旋转速度不同进行 Resampling 或者使用 Kalman Filter。

旋转速度一定时的 Harmonic Analysis 和 Order Analysis 的关系:以 3 000 r/min 旋转的冷却风机为例,Order=1 时:3 000 r/min → 50 Hz,如图Ⅳ.2 所示,旋转速度一定时频谱分析和阶次分析一样。

阶次跟踪(Order Tracking):随着转速不同进行重采样,1 个周期的采样个数固定。

举例:

对于转速轴,每一周期采 5 个样。

3 000 r/min:50 转/s ——250 Hz 采样频率

6 000 r/min:100 转/s ——500 Hz 采样频率

Time(s)——RPM。

Frequency(Hz)——Order。

测试方法:最少需要一个转速通道,可以有多个加速度通道。

测试工况:Run Up/Run Down(和 Run Up/Coast Down)

Run Up:一边增加转速一边测定振动。

Run Down(Coast Down):一边减小转速一边测定振动。

频率对转速的瀑布图(Frequency vs. RPM Waterfall)

瀑布图是沿着转速轴按照较小的转速增量产生的频谱曲线形成的,沿着频率轴的每一条曲线都是在特定转速步长下的单张瞬时谱,将这些谱线按照转速先后顺序堆放在一起就形成了如图Ⅳ.3所示的瀑布图。

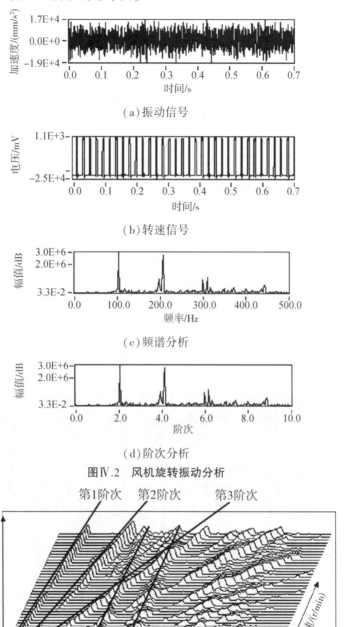

（a）振动信号

（b）转速信号

（c）频谱分析

（d）阶次分析

图Ⅳ.2　风机旋转振动分析

图Ⅳ.3　瀑布图

另外,除了瀑布图,在阶次分析时还有以下平面图:

（1）Color map

图Ⅳ.4与瀑布图类似,只不过Color map是将振动或噪声信号的强弱用颜色来区分,更暗/冷的颜色表示更低的幅值,而更亮/暖的颜色表示更高的幅值,没有了幅值轴,原来的三维图变成二维图,因此更加直观形象。Color map 中确定的关键因素是共振频率和阶次线,阶次线是从原点出发的斜线,共振频率是垂直频率轴的直线,且幅值更高。

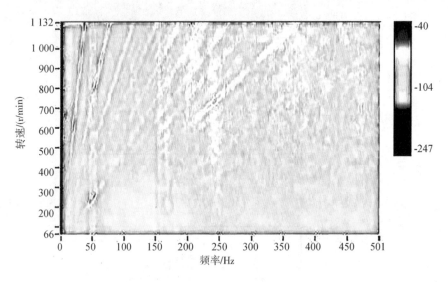

图Ⅳ.4　Color map

（2）阶次切片图

如果需要比较各个阶次在不同转速下对信号的贡献量的大小,在上述两种图形中直接进行比较不容易判别,此时需要把这些阶次作切片,将切出来的阶次放在同一个二维图中进行比较,这就是阶次切片图,在实际分析时也运用得较多。图Ⅳ.5 所示为某款车驾驶员耳旁全油门加速噪声曲线,可以看到发动机的二阶次噪声,即点火噪声对耳旁噪声的贡献量较大,在 4 500 r/min 尤为明显。

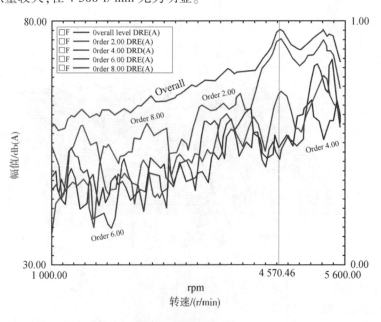

图Ⅳ.5　阶次切片图

IV.2　阶次计算

在旋转设备中,轴系上往往带有阵列部件,引起旋转频率的阶次变换,例如:

(1)风扇叶片

例如,带有 5 个叶片的风扇,转速为 1 200 r/min,主轴频率为 1 200 r/min/60 = 20 Hz,叶片旋转通过频率为 20 Hz×5 = 100 Hz,叶片的通过阶次为 5 阶,即旋转轴每转一圈,将有 5 个叶片通过,则叶片的通过阶次是 5 阶。

(2)单齿轮

该齿轮有 25 个齿,轴的转速为 2 400 r/min,则主轴频率为 40 Hz,啮合频率为 25× 40 Hz = 1 000 Hz,啮合阶次为 25 阶。

(3)传动齿轮

假设大齿轮为主动轴,转速为 300 r/min,小齿轮为传动轴,则

$$传动比 = 从动轮/主动轮 = 12/24 = 0.5$$

$$传动轴的转速 = 输入转速/传动比 = 300/0.5 = 600$$

可以得出传动齿轮主轴阶次:

$$Order = 传动轴转频/主动轴转频 = 10/5 = 2 阶$$

（4）四缸四冲程发动机

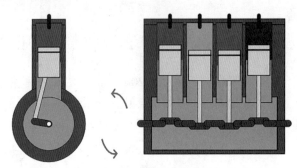

4 个冲程由进气、压缩、做功（燃烧）和排气组成。曲轴每旋转 1 圈，会有 2 个缸发生点火，并由此产生振动、噪声信号的脉冲峰值，因此这种发动机振动噪声的主要频率为发动机转速的 2 倍频，也就是 2 阶。

如果是单缸发动机，曲轴每转 2 圈，完成一次燃烧，因此，点火阶次将是 0.5 阶次，如果是 6 个缸，则点火阶次是

$$6 \times 0.5 = 3 \text{ 阶}$$

发动机的点火频率（Engine Firing Rate）为：

$$EFR = \left[\, 2i/j \,\right] \times \left(n/60 \right)$$

式中，i 为缸数；j 为冲程数；n 为发动机转速（r/min）。

如果怠速时发动机转速在 800 r/min，则此时发动机点火频率约为 26.7 Hz，测出的振动信号在该频率下的幅值会明显偏高，一般车身的第一阶弯曲模态也是出现在 20～30 Hz，因此需要修改车身结构改变弯曲模态频率，或者调整发动机的转速，避免频率重叠。实际情况下，结构频率与激励频率应相差 3 Hz 以上，才可达到良好的避频效果。

Ⅳ.3   阶比分析

针对不同的信号类型（主要针对稳态和非稳态数据）具有不同的处理方式，类似于 FFT、时频分析、小波变换、HHT、短时傅里叶变换等，可以处理很大一部分信号，就其效果而言，却是参差不齐的。本案例进行阶比分析（阶次追踪）。

所谓"阶比"，那就如同阶次一样，涉及旋转件，旋转的特征和转速有关。所以，根据转速特性可分为变转速信号和稳定转速，对于稳定的转速，用 FFT 可以很好地处理；对于变转速信号，可仍从频域（阶次）的角度观测信号的特性，其信号特性对于阶次来说是一一对应的，即阶次是稳定的。由此，进行阶比分析。

以轴承为例，其工作状态主要分为匀速、减速和升速三种状态，单纯分析一种状态并不能将所有的特征表现出来，但对除匀速外的其他两种，用传统的 FFT 并不能准确地识别故障信息，类似图Ⅳ.6。

（1）阶比分析的步骤奈奎斯特采样定理

奈奎斯特采样定理解释了采样率和所测信号频率之间的关系，阐述了采样率 f_s 必须大于被测信号最高频率分量的 2 倍，该频率通常称为奈奎斯特频率 f_N。而对于变转速信号而言，由于采样频率是一定的，随着转速的不断增加，频率不断增加，这样就有可能造成信号失真。因此，阶比分析的关键就是信号转换为角域信号。

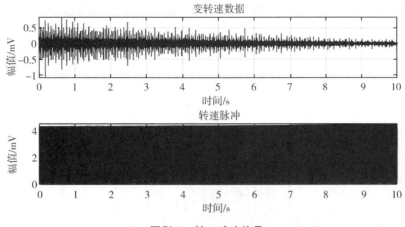

图Ⅳ.6　某一减速信号

（2）阶比分析

阶比分析采样的时候每一圈采样的点数都是一样的，而且位置不变，每当转过一定的角度就会采集一个数据，这便是阶比分析最精髓的部分。阶比分析最终结果的横坐标便是阶比，纵坐标便是幅值强度。阶比的定义是参考轴每转的波动次数。

阶比：$O = 60f/n$，对数据进行分析。

如图Ⅳ.7所示，这是一个加速又减速的过程，用传统的分析方法是不可能找出故障信息的。但需要注意的是，在实际采样的过程中，会或多或少地混入噪声信号，存在各种信号调制、非线性组合等，导致弱信号被掩盖，强信号被填平，最后难以发现故障信号的特征，阶比分析也面临这种问题。图Ⅳ.8是直接对信号进行阶比分析，很难看出存在的故障信息。

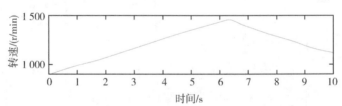

图Ⅳ.7　某转速信号

在图Ⅳ.8中根本看不出任何故障信息，或者说要筛选其中的有用信息，必须要对信号进行前处理，包括滤波、求包络线、边际谱、小波降噪等一些数据处理手段。

处理之后如图Ⅳ.9所示，由此，故障信号清晰显现，倍频程特别突出。

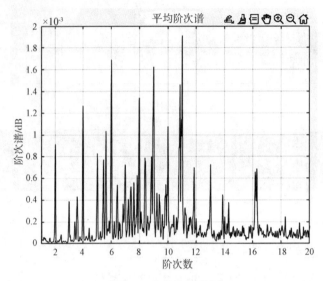

图Ⅳ.8　直接阶比分析

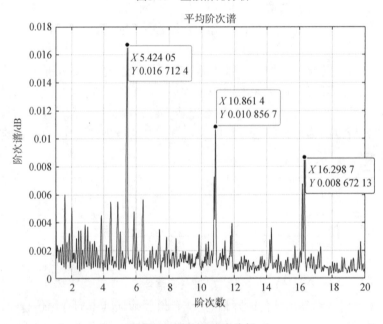

图Ⅳ.9　预处理阶比分析

附录 V

小波分析

V.1 频域特征值提取

```
t_s = 0.004；%采样周期
t_start = 0.001；%起始时间
t_end = 5；      %结束时间
t = t_start : t_s : t_end；
y = 8 * sin(2 * pi * 1 * t) + 2 * sin(2 * pi * 5 * t) + 1 * sin(2 * pi * 15 * t) + 0.5 * randn(1,
length(t))；  %生成信号
len = length(y)；
%生成突变信号
y2 = 10 * sin(2 * pi * 40 * t)；
for i = 1 : len
    if i > = 600&&i < = 603
        y(i) = y(i) + y2(i)；
    else
        y(i) = y(i)；
    end
end
figure
plot(y) %绘制原始信号
[c,l] = wavedec(y,5,'db5')；
%重构 1~5 层细节函数
d5 = wrcoef('d',c,l,'db5',5)；
d4 = wrcoef('d',c,l,'db5',4)；
d3 = wrcoef('d',c,l,'db5',3)；
d2 = wrcoef('d',c,l,'db5',2)；
d1 = wrcoef('d',c,l,'db5',1)；
%重构 1~5 层近似函数
a5 = wrcoef('a',c,l,'db5',5)；
```

```
a4 = wrcoef('a',c,1,'db5',4);
a3 = wrcoef('a',c,1,'db5',3);
a2 = wrcoef('a',c,1,'db5',2);
a1 = wrcoef('a',c,1,'db5',1);
figure
subplot(4,2,1);
plot(a1)
subplot(4,2,2);
plot(d1)
subplot(4,2,3);
plot(a2)
subplot(4,2,4);
plot(d2)
subplot(4,2,5);
plot(a3)
subplot(4,2,6);
plot(d3)
subplot(4,2,7);
plot(a4)
subplot(4,2,8);
plot(d4)
```

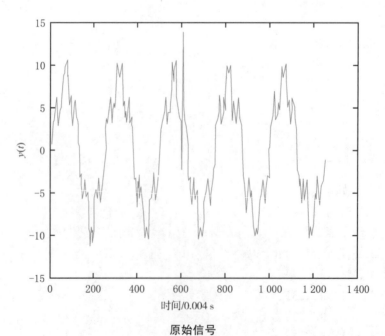

原始信号

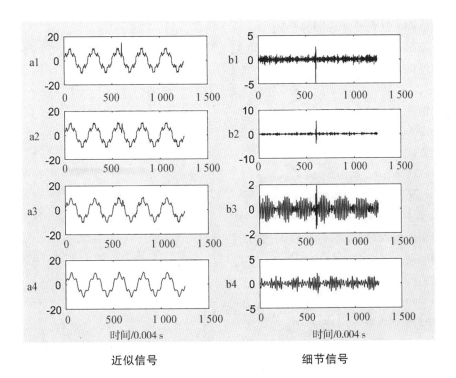

近似信号   细节信号

V.2　小波去噪

V.2.1　图像去噪

```
>> clear
clear all;
load facets;
subplot(2, 2, 1);
image(X);
colormap(map);
xlabel('(a)原始图像');
axis square
%产生含噪声图像
init = 2055615866;
randn('seed', init);
x = X + 50 * randn(size(X));
subplot(2, 2, 2); image(x);
colormap(map);
xlabel('(b)含噪声图像');
axis square
%下面进行图像的去噪处理
%用小波函数 coif3 对 x 进行 2 层小波分解
```

```
[c,s]=wavedec2(x, 2, 'coif3');
%提取小波分解中第一层的低频图像,即实现了低通滤波去噪
%设置尺度向量
n=[1, 2];
%设置阈值向量p
p=[200, 2000];
%对三个方向高频系数进行阈值处理
nc=wthcoef2('h', c, s, n, p, 's');
nc=wthcoef2('v', nc, s, n, p, 's');
nc=wthcoef2('d', nc, s, n, p, 's');
%对新的小波分解结构[c,s]进行重构
x1=waverec2(nc, s, 'coif3');
subplot(2, 2, 3);image(x1);
colormap(map);
xlabel('(c)第一次去噪图像');
axis square
%对nc再次进行滤波去噪
xx=wthcoef2('v', nc, s, n, p, 's');
x2=waverec2(xx, s, 'coif3');
subplot(2, 2, 4);image(x2);
colormap(map);
xlabel('(d)第二次去噪图像');
axis square
```

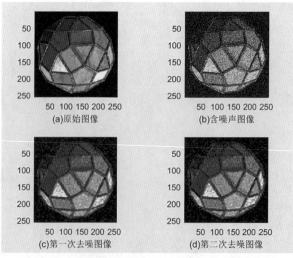

V.2.2　信号去噪

(1)首先使用函数 wnoisest 获取噪声方差,然后使用函数 wbmpen 获取小波去噪阈值,最后使用 wdencmp 实现信号消噪。

```
>> clear
>> load leleccum;
indx = 1:1024;
x = leleccum(indx);
%产生含噪信号
init = 2055615886;
randn('seed', init);
nx = x + 18 * randn(size(x));
%使用小波函数'db6'对信号进行 3 层分解
[c, l] = wavedec(nx, 3, 'db6');
%估计尺度 1 的噪声标准差
sigma = wnoisest(c, l, 1);
alpha = 2;
%获取消噪过程中的阈值
thr = wbmpen(c, l, sigma, alpha);
keepapp = 1;
%对信号进行消噪
xd = wdencmp('gbl', c, l, 'db6', 3, thr, 's', keepapp);
subplot(221);
plot(x);
title('原始信号');
subplot(222);
plot(nx);
title('含噪信号');
subplot(223);
plot(xd);
title('消噪后的信号');
```

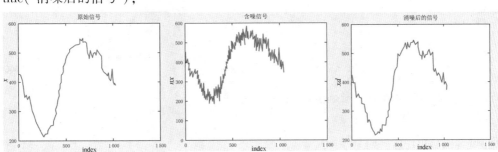

（2）对小波分解系数使用函数 wthcoef 进行阈值处理,然后利用阈值处理后的小波系数进行重构达到消噪的目的。

```
>> clear
load leleccum;
indx = 1:1024;
```

```
x = leleccum(indx);
%产生含噪信号
init = 2055615866;
randn('seed',init);
nx = x + 18 * randn(size(x));
%使用小波函数'db5'对信号进行3层分解
[c,l] = wavedec(nx,3,'db5');
%设置尺度向量
n = [1,2,3];
%设置阈值向量
p = [100,90,80];
%对高频系数进行阈值处理
nc = wthcoef('d',c,l,n,p);
%对修正后的小波分解结构进行重构
xd = waverec(nc,l,'db5');
subplot(221);
plot(x);
title('原始信号');
subplot(222);
plot(nx);
title('含噪信号');
subplot(223);
plot(xd);
title('消噪后的信号');
```

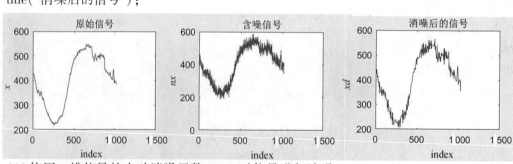

（3）使用一维信号的自动消噪函数 wden 对信号进行消噪。

```
>> clear
>> load leleccum;
indx = 1:1024;
x = leleccum(indx);
%产生含噪信号
init = 2055615866;
randn('seed',init);
```

nx = x + 18 * randn(size(x));

%将信号 nx 使用小波函数′sym5′分解到第 5 层

%使用 mimimaxi 阈值选择系数进行处理,消除噪声信号

lev = 5;

xd = wden(nx,′minimaxi′,′s′,′mln′,lev,′sym5′);

subplot(221);

plot(x);

title(′原始信号′);

subplot(222);

plot(nx);

title(′含噪信号′);

subplot(223);

plot(xd);

title(′消噪后的信号′);

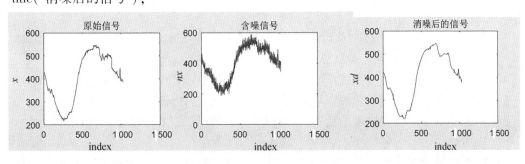

参考文献

[1] 时献江,王桂荣,司俊山.机械故障诊断及典型案例解析[M].2版.北京:化学工业出版社,2020.

[2] 纪国宜,赵淳生.振动测试和分析技术综述[J].机械制造与自动化,2010,39(3):1-5,50.

[3] 李舜酩,侯钰哲,李香莲.滚动轴承振动故障时频域分析方法综述[J].重庆理工大学学报(自然科学版),2021,35(10):85-93.

[4] 袁俊.大型观览车主轴系统声发射信号特征研究[D].南昌:南昌航空大学,2011.

[5] 郑冰环.基于声发射的机械断裂定位研究[D].徐州:中国矿业大学,2015.

[6] 王晓伟.基于声发射技术的旋转机械碰摩故障诊断研究[D].哈尔滨:哈尔滨工业大学,2009.

[7] 朱艳萍,包文杰,涂晓彤,等.改进的经验小波变换在滚动轴承故障诊断中的应用[J].噪声与振动控制,2018,38(1):199-203.

[8] 梁宁.基于分形几何的滚动轴承故障诊断方法研究[D].北京:北京邮电大学,2019.

[9] 赖志慧.基于Duffing振子混沌和随机共振特性的微弱信号检测方法研究[D].天津:天津大学,2014.

[10] 赫金娜.基于盲源分离的机械故障诊断方法研究[D].秦皇岛:燕山大学,2014.

[11] 尚明基.校中状态对船舶推进轴系横向振动影响研究[D].大连:大连海事大学,2021.

[12] 王薪.运行状态下船舶推进轴系横向振动固有频率识别方法研究[D].大连:大连海事大学,2022.

[13] 刘旺.基于声发射传感技术的滚动轴承故障诊断方法研究[D].大连:大连海事大学,2023.